"河北省乡村振兴研究院"智库调研课题"促进乡村振兴
发展有效融合"（项目号：HB21ZK06）研究成果

全面脱贫后

防返贫

长效机制研究

段洪波 ◎ 著

中国财经出版传媒集团

经济科学出版社

Economic Science Press

·北 京·

图书在版编目（CIP）数据

全面脱贫后防返贫长效机制研究/段洪波著．－－北
京：经济科学出版社，2024.4
ISBN 978－7－5218－5711－5

Ⅰ.①全…　Ⅱ.①段…　Ⅲ.①扶贫－研究－河北
Ⅳ.①F127.22

中国国家版本馆 CIP 数据核字（2024）第 058582 号

责任编辑：纪小小
责任校对：刘　娅
责任印制：范　艳

全面脱贫后防返贫长效机制研究

段洪波　著

经济科学出版社出版、发行　新华书店经销

社址：北京市海淀区阜成路甲 28 号　邮编：100142

总编部电话：010－88191217　发行部电话：010－88191522

网址：www.esp.com.cn

电子邮箱：esp@esp.com.cn

天猫网店：经济科学出版社旗舰店

网址：http://jjkxcbs.tmall.com

北京季蜂印刷有限公司印装

710×1000　16 开　14.75 印张　310000 字

2024 年 4 月第 1 版　2024 年 4 月第 1 次印刷

ISBN 978－7－5218－5711－5　定价：60.00 元

（图书出现印装问题，本社负责调换。电话：010－88191545）

（版权所有　侵权必究　打击盗版　举报热线：010－88191661

QQ：2242791300　营销中心电话：010－88191537

电子邮箱：dbts@esp.com.cn）

前　言

　　在过去的几十年里，中国取得了令人瞩目的扶贫成就，使数以亿计的人民脱离了贫困。然而，脱贫并非终点，而是一个全面发展和长远繁荣的起点。为了确保已脱贫人口不会再次陷入贫困的泥淖，我们需要建立起一套科学完善、经得起实践考验的防返贫长效机制。

　　防返贫长效机制是在全面脱贫后的新时期，针对已脱贫人口的特殊需求而设计的一种政策框架。这个机制的核心理念是持续的支持和帮助，以确保脱贫户能够持续提升生活质量，并在自我发展中实现长期稳定的繁荣。

　　建立防返贫长效机制的目的不仅是解决贫困问题，更是为了实现全民共同富裕的目标。这也是贯彻乡村振兴战略的必然要求。通过建立健全的机制，政府能够为已脱贫人口提供持续的援助和服务，包括就业培训、创业扶持、基础设施建设以及健康教育等方面的支持。同时，还需要加强社会组织和社区力量的参与，实现协同推进，形成合力。

　　防返贫长效机制的研究与实践需要充分考虑城乡发展的差异性和多样性。因此，政策制定时需要深入了解贫困地区的实际情况和需求，以制定具体可行的政策措施。此外，还需要注重统筹协调各方资源，形成多部门、多层级的合力，确保政策的有效实施和运行。

　　在全面脱贫后的新时期，全社会都应当认识到防返贫长效机制的重要性，共同努力确保贫困人口的持久脱贫。这需要政府、企业、社会组织和个人等各界力量的积极参与和共同推动。

　　本书将围绕全面脱贫后防返贫长效机制的研究展开，探讨这一机制在新时期的意义、目标和实施路径以及实践效果。通过深入分析已脱贫人口的需求、社会环境和政策支持等因素，旨在为构建富有活力和可持续发展的社会提供有益的思考和建议。

全面脱贫后防返贫长效机制的研究对于推动乡村振兴、实现社会公平和全面发展具有重要意义。唯有通过科学合理的政策设计和切实有效的实施，我们才能够实现贫困人口的持久脱贫，为中国全面建设社会主义现代化强国的伟大事业做出更加突出的贡献。

目　录

第一篇

背 景 篇

第1章

研究背景与价值

1.1　研究背景

　　党的十八大以来，我国的社会主义建设朝着新时代的方向不断稳步前进，中国特色社会主义制度的优势也不断地显现出来。习近平总书记在《坚持把解决好"三农"问题作为全党工作重中之重，举全党全社会之力推动乡村振兴》这篇重要文章中一直强调"将解决好'三农'问题作为全党工作重中之重，举全党全社会之力推动乡村振兴，促进农业高质高效、乡村宜居宜业、农民富裕富足"。在这一引领下，我国的农业农村发展在新时代的全新背景下呈现出快速发展趋势。党中央对扶贫工作高度重视，自提出以来，"精准扶贫"就成为国家扶贫以及全面扶贫的指导方针策略。2014年起，我国连续发布和实施了多项扶贫意见、政策、方案，除此之外产业扶贫、消费扶贫、金融扶贫等多种扶贫创新模式也不断涌现出来，并合理运用到扶贫实践中。在全党的带领下和全国各族人民的努力奋斗下，2020年我国"脱贫攻坚战"的伟大战略决策取得全面胜利，2021年2月，习近平总书记在全国脱贫攻坚总结表彰大会上的讲话上庄严宣告：全中国9899万农村贫困人口成功脱贫，832个贫困县和12.8万个贫困村实现脱贫"摘帽"，绝对贫困和区域性整体贫困问题被成功解决。① 在习近平和全党全国各族人民的共同努力下，我国的农业农村保持着平稳的发展态势，我国粮食总产量不断创造历史新高，农村改革持续深化，城乡一体化、农业农村现代化向前大步迈

---

　　① 习近平：在全国脱贫攻坚总结表彰大会上的讲话 [EB/OL]. 中华人民共和国中央人民政府网站，https：//www. gov. cn/xinwen/2021 - 02/25/content_5588869. htm，2021 - 02 - 25.

进，农村社会保障体系也不断完善，农村收入水平逐步提高。目前我国正处于以下两个关键时点。

1.1.1　脱贫攻坚取得全面胜利

从全国范围来看，自党的十八大以来，农村地区的脱贫工作早已成为农村工作的核心，脱贫工作已经上升到战略高度，紧紧围绕扶贫工作展开。从财政部发布的财政专项扶贫开发工作情况来看，中央财政专项扶贫资金从 2014 年的 433 亿元上升到 2020 年的 1461 亿元，不计其数的扶贫工作人员都在这项伟大工程中奉献自我，可见我国脱贫攻坚的决心。① 在党中央以及中央政府强而有力的领导下，各级党委政府积极响应，采取因地制宜的策略，探索出了许多脱贫攻坚的新路子、新方法，产业扶贫、文化扶贫、健康扶贫等各方面的扶贫工作都取得了显著成效。

1. 产业扶贫带动脱贫工作质量全面提升

脱贫攻坚期间，我国在产业扶贫方面取得了显著成效，是我国独特的覆盖范围最广、带动人口数量最多、可持续性最强的帮扶措施。脱贫攻坚，产业支撑是根本。农业农村部在 2020 年 11 月 27 日发布，截至目前，我国已建成扶贫特色产业基地 30 多万个，在各个脱贫县都具备 2 或 3 个特色明显、带动贫困人口面积广泛的主导产业。② 县级有专家指导、乡村有能人带头致富的特色产业帮扶局面在全国贫困地区已经形成了。为了加强农村产业技术指导，农业农村部大力组建产业技术体系的专家，实地调研，深入研究蔬菜、茶叶、中药材、牲畜等产业，全产业链协同发展。近些年来脱贫攻坚在产业扶贫方面下了"真功夫"，推动形成许多产业发展成果，对于推进我国产业结构优化升级，维护产业链、供应链稳定安全，具有至关重要的意义。产业扶贫是在乡村地区产业发展的契机下提出的，是一种扶贫战略措施，能够积极发挥乡村产业的带动作用，推进我国乡村的产业化速度和质量的提升，并且在此契机下，推动乡村地区产业结构的优化升级，引导贫困地区人口在全产业链的乡村产业下有效地进入市场，最终推动乡村

---

① 2020 年中央财政专项扶贫资金达 1461 亿元 ［EB/OL］. 中华人民共和国中央人民政府网站，https：//www.gov.cn/xinwen/2020－12/03/content_5566565.htm，2020－12－03.

② 产业扶贫取得显著成效　建成各类特色产业基地超 30 万个 ［EB/OL］. 中华人民共和国中央人民政府网站，https：//www.gov.cn/xinwen/2021－04/09/content_5598571.htm，2021－04－09.

贫困地区和人口的增收。

推进农村特色产业转型扶贫，提升农村特色产业转型扶贫的质量，打好农村产业脱贫的攻坚战，这不是一朝一夕能完成的，需久久发力。这就要着力加强推动农村特色产业转型扶贫与推进乡村特色产业扶贫振兴有效衔接，让更多贫困户从农村产业扶贫发展中通过持续稳定发展获得更多的收入，在最大程度上避免脱贫人口重返贫困的情况发生。

2. 易地扶贫搬迁提高脱贫人口生活生产质量

易地扶贫搬迁是我国新时期精准扶贫"五个一批"工程中的重要方案（《关于打赢脱贫攻坚战的决定》）。实现脱贫与生态保护，是我党脱贫理论和实践的难题，也是必答题。习近平总书记为了解决这个难题，运用马克思主义科学方法论，得出了生态扶贫的理论成果和实践经验，将"生态可持续"与"扶贫可持续"两者有机统一，提出了以"绿水青山就是金山银山""生态环境就是生产力"为核心的生态扶贫理论，易地扶贫搬迁正是这一理论的重要实践。我国在"十三五"时期就针对"一方水土养不起一方人"这一资源约束性地域区域的扶贫难题，对将近1000万建档立卡户施行搬迁及安置工作，解决了由于地域问题造成的贫困。易地扶贫搬迁政策的实施，是基于以可持续生计理论、空间贫困学理论、社会公平理论为主的诸多理论与我国实际国情的一场超越理论层面的伟大实践，既是对诸多学科领域理论的融合，更从发展角度拓展了理论的内涵，向世界提供了一个大规模扶贫的现实可行方案。

随着我国经济社会的发展进步，在脱贫攻坚中贫困户如何实现可持续发展成为重点问题，即逐渐地从"输血式"向"造血式"转变。而部分贫困地区，由于先天的自然环境条件以及基本资源的缺乏，"造血"功能略有不足。这些地区扶贫工作如何顺利开展要特殊考虑，而易地扶贫搬迁正好可以解决这些贫困地区扶贫工作的困难，具备治本作用。当前脱贫攻坚已取得全面胜利，易地扶贫搬迁全面提升了扶贫协作工作水平和脱贫质量，对打赢精准扶贫脱贫攻坚战有着重要意义。易地扶贫搬迁政策对解决"一方水土养活不了一方人"的问题做出了巨大贡献，在实施易地扶贫搬迁政策后，更加注重搬迁后人民的生产生活质量，着力提供就业保障、医疗保障、教育保障。在新阶段中，要将易地扶贫搬迁政策制定和实施过程中总结出的可行性经验进行推广，让易地扶贫搬迁政策在我国脱贫攻坚与乡村振兴有效衔接的关键时期发挥其应有的价值。目前易地扶贫搬迁工作取得显著成效，但是，在对易地扶贫搬迁工作的评估中，仍发现存在项目管理不规范、政策执行有偏差等问题，还要提出保障后续帮扶持续性的扶贫措施。

3. 健康扶贫保障贫困人口基本医疗

健康是居民生产和活动的一个重要前提，在脱贫攻坚中，精准扶贫工作的重要组成部分之一就是健康扶贫，健康扶贫在巩固拓展脱贫攻坚成果并同乡村振兴实现有效衔接方面具有重要意义。在健康扶贫方面，贫困人口通过新型农村合作医疗看病，个人缴费部分采取财政补贴的方式，有效缓解了农民看病难的问题。贫困地区医疗卫生机构条件得到改善，带动医疗服务能力提升，缩小贫困地区和发展较好的地区间的卫生资源配置差距，通过建档立卡的方式有效地救治患有大病和慢性病的人群，减小贫困地区个人就医负担，促进健康扶贫举措的落实。自党的十八大以来，国家卫生健康委员会、国家医疗保障局等部门深度推进健康扶贫工程进展，构建健康保障制度，努力攻克贫困人口的看病问题。从健康扶贫的构建机制来看，我国的健康扶贫主要是从预防、治疗和保障三个层面来实施的，以此来降低我国农村人口因病致贫、返贫的发生。

在一系列的政策保障下，我国健康扶贫取得了显著成效，为我国脱贫攻坚和全面建成小康社会都奠定了坚实的基础。未来时期的健康扶贫应及时调整结构，以发展的、动态的眼光看待贫困问题，及时向消化"因病致贫"存量和预防"因病返贫"增量两方面同时发力。也就是说，既要巩固前期精准扶贫的成果，更要解决"因病返贫"的脆弱性问题，进一步缩小城乡之间的健康差异问题。

4. 文化扶贫激发贫困人口内生动力

在脱贫攻坚中，文化扶贫是我国开展扶贫工作不可缺少的部分，对于扶贫长效机制和效果的影响具有重要作用。各级地方政府积极响应中央号召，将本地贫困地区的公共文化服务体系建设纳入经济社会发展的总规划中，同时纳入考核政府政绩评价体系之中，作为实现"五位一体"总体布局的重要任务和内容加以落实，初步建成公共文化服务网络；同时，中央和地方政府加大了对文化基础建设和公共服务建设的投资力度，贫困地区人口文化活动得到了显著的改善，贫困地区农村文化面貌换新颜。另外，以内部培训和外部输出为两大重点方向，为贫困地区的公共文化服务提供有力的人才保障，加强贫困地区文化人才队伍的建设，丰富了贫困群众的精神世界。农民的精神和文化生活中蕴含着农村可持续发展的不竭动力，可以充分调动贫困群众追求美好生活的积极性，目前我国农村文化扶贫工作已经取得了阶段性的效果，整体的扶贫工作质量得到了有效的提升。

2020年中央一号文件提出，坚决打赢脱贫攻坚战。文件要求，巩固脱贫成果防止返贫，为此，要深化做好扶志和扶智，调动贫困人口积极性，激发内生动力。就目前来看，在农村文化建设方面虽取得明显成效，但仍有所欠缺。在部分地区，有些贫困户脱贫以后还是存在不良习惯，物质上脱了贫但是思想上还没有脱贫，过于依赖政策福利，即使在各扶贫主体的帮助下短期内脱了贫，长期来看，还是会因为自己思想懒散而重返贫困。这就对文化扶贫思想建设提出了更高要求。

5. 社会保障扶贫为贫困人口兜底

社会保障体系能够让贫困人口拥有一定的"安全感"，在精准扶贫阶段，各贫困地区针对贫困家庭有效开展相关社会保障扶贫政策宣传，引导和鼓励贫困人口积极参保续保。此外，明确社会保障定位，积极发挥兜底政策作用是社会保障扶贫的重要内容。自改革开放时期以来，我国减少贫困的目标就定位于要消除绝对贫困。在现代社会，对社会保障的固有印象是具备推动经济社会发展、维护社会稳定、保障公平正义的作用，除此之外，社会保障还具备兜底保障、助力扶贫以及防止返贫的作用。因此我国精准扶贫工作取得如此成绩，离不开社会保障扶贫，社会保障在脱贫攻坚中具有重要意义和作用。贫困地区人民参加城乡基本医疗保险可以享受优惠政策，个人缴费部分通过财政予以补贴，以此来保障贫困地区人民"看病难"问题。在门诊方面，全面推行城乡居民基本医疗保险门诊统筹等措施，切实提高贫困地区城乡居民的基本医疗水平，使该地区的基本医疗水平能够得到保障和提升，减轻贫困群众支出负担。

2020 年，脱贫攻坚这一战役全面告捷，我国消除了绝对贫困，这是历史上从未取得过的伟大成就，但是我国目前仍存在不可避免的相对贫困问题，为此建设好新时代防返贫制度是巩固脱贫攻坚成果的重要工作。

目前来看，我国的脱贫攻坚战已经圆满收官，长期以来困扰我国农村地区的绝对贫困现象已经整体消除，农村脱贫工作取得了阶段性胜利。同时，中国共产党带领全国人民与贫困进行艰苦斗争，取得了全世界都可以看到的伟大成就，为全球的扶贫工作做出了巨大贡献，不仅推动我国自身的减贫工作，而且推动了全球减贫工作的历史进程。中国的扶贫成就得到了联合国、亚洲开发银行等组织以及贫困发展中国家和地区领导人的广泛称赞。虽然我国脱贫攻坚的成效十分显著，但是"脱贫攻坚"永远在路上。目前形势不断发生变化，我国采取的扶贫措施也要适时调整，比之前有更高的要求：在产业扶贫方面，要完善产业发展的可持续性与带动性；在易地扶贫搬迁方面，考虑如何建立健全后续帮扶制度与政策；在旅游扶贫方面，要将目光重点放在旅游产品质量的提升上，不断扩大贫困地区旅游市场规模，实现旅游扶贫的综合效益快速增长；在健康扶贫方面，在保持现有政策稳定、连续的前提下，考虑好如何统筹做好优化延续，从源头上遏制因病致贫返贫现象的发生；在教育扶贫方面，将控辍保学从动态转化为常态，考虑如何优化贫困地区教育资源配置，减小城乡教育间的差距，实现均衡发展。要巩固脱贫攻坚战的胜利成果，还需建立全面脱贫后防贫返贫机制，对产业扶贫、易地扶贫搬迁、健康扶贫、教育扶贫各方面进行更加深入细致的研究。

1.1.2 乡村振兴取得重要进展

1. 脱贫攻坚与乡村振兴有效衔接

当前，我国脱贫攻坚工作已经实现圆满收官，全面推进乡村振兴正在书写"三农"① 工作新时代发展的篇章。在党的十九届五中全会中，习近平总书记就指出了要巩固脱贫攻坚的成果，要求要全面做好脱贫攻坚与乡村振兴的有效衔接。作为支持中国农村地区发展的两大战略，党中央和国务院在制定和出台的多项政策文件中不断强调要做好脱贫攻坚和乡村振兴的衔接工作，以脱贫攻坚工作所取得的成效为基础，最终推动乡村地区的全面振兴。由此可见，两大国家战略在制度设计与政策实践方面存在着密不可分的内在联系。"脱贫攻坚战"解决了中国农村地区长期存在的贫困人口的基本生存发展难题，乡村振兴则注重对中国农村物质和精神面貌的彻底更新，在牢牢把握脱贫攻坚的"接力棒"的基础上追求中国农村全方位的脱胎换骨。

我国前期的乡村建设取得令人瞩目的成效，全面脱贫攻坚目标已经达成，新时代乡村建设正站在一个全新的起点。为顺利完成"两个一百年"的重大历史任务、实现中华民族伟大复兴中国梦，在 2017 年党的十九大中，以习近平同志为核心的党中央提出了又一重大战略，即实施乡村振兴战略，这一战略为乡村建设前行道路设立了全新目标。"三农"问题是关乎亿万农民利益的根本性问题，是改革的重点问题。现如今"三农"问题的重点已经由脱贫攻坚转向乡村振兴。在"脱贫攻坚战"的战役打响之时，党中央、国务院对于乡村振兴战略的规划实施也出台了指导性方案。《乡村振兴战略规划（2018～2022 年）》提出乡村振兴战略的20字方针，对其工作方向及内容，从实现农业现代化、推进城乡融合发展以及乡村产业、文化、生态、治理体系等方面均作出具体部署，进而促进农村民生的全面保障和改善以及乡村振兴新格局的构建。我国乡村建设立足实际，高度

---

① "三农"即农业、农村和农民。

重视国内生产，切实保障好农产品稳定充足供应，加快实现农业农村现代化，促进脱贫攻坚与乡村振兴有效衔接与过渡。

随着我国经济科技高速发展，农业农村科技和产业竞争力也受到了科技水平的影响，同时直接影响着创新供给水平。由此来看，在新时代下的乡村建设要坚持农业科技的自给自足与自立自强，加快推进农村地区向现代化发展。中国共产党农村事业在百余年发展进程中，在形成完备理论体系的同时积累了大量的实践经验，带领广大的农民群众不断地从一个胜利迈向另一个胜利。新时代我党将不忘初心地带领十四亿中国人民继续前进。当前，我国已经步入后扶贫时代，立足于精准扶贫的实地调研分析，已经获得了贫困地区人口的基本现状、面临的主要问题等信息，乡村振兴战略可以根据此信息制定更加精准的决策，以此来巩固脱贫攻坚的成果，在步入后扶贫时代后，为我国"相对贫困"问题的解决提供可行性策略。

2. 建设数字乡村服务乡村振兴

数字乡村建设是实现乡村振兴战略、推进我国农业农村现代化进程的关键内容。数字乡村与乡村振兴两者之间存在着严谨而又科学的逻辑关系。信息资源丰富、设备智能化、大数据高速发展的时代背景下，真正想实现乡村的发展及振兴，仅靠人力和传统方式是不可行的，必须实现数字与乡村的结合。数字乡村战略是对乡村振兴实践问题的具体表现，将数字化设备和技术引入乡村，以现代化信息技术为核心力量来推动农业农村发展，关系到乡村振兴中经济、文化、生态等各个领域。数字乡村建设是乡村振兴战略的重要措施，乡村振兴战略可以为数字乡村建设提供有效的指导。乡村发展规律是有效实现数字乡村与乡村振兴结合的关键，将数字乡村建设引入乡村发展的各个方面、各个环节，以解决现代乡村面临的多方面问题，充分利用各种功能效应，为农业生产、农村治理、生活形态、农村文体活动等应用场景赋能，进而实现对乡村振兴的促进。数字乡村的建设需要数据、技术、人才等资源的投入，以形成"数字＋生产""数字＋旅游""数字＋消费""数字＋治理"等多模式发展战略，因此农业农村会迎来新业态、新模式，农业农村现代化需要其支撑，从而有效地促进乡村振兴的进展。

要激发广大贫困群众的脱贫与振兴的内生动力，实现乡村地区的可持续发展，将新时期的中国脱贫工作重心放在以下几个方面，包括内源扶贫、科学扶贫、文化扶贫、教育扶贫、生态扶贫、社会保障兜底等。我国农村地区的扶贫工作持续时间长、投入力度大，长期积累的扶贫实践经验尤其是新时代以来精准扶贫的实践经验告诉我们：农村地区的发展必须立足实际，保持前后政策的不断持续衔接和更新。对于两大战略而言，只有尽快形成相互支撑、良性互动的有效衔接机制，做好建立防贫返贫、稳定脱贫长效机制，乡村地区才能迎来最终的脱胎换骨。习近平总书记在不同场合中曾屡次提到，我们必须深刻认清我国的贫困问题具有持续时间较长、面临的困难较多且情况较为复杂的现实，我们必须要做好在未来很长一段时间都要进行精准扶贫工作的思想准备，虽然到目前为止我国已经全面建成了小康社会并取得了巨大的成功，取得成功的同时，也不能忘记我们与世界发达国家之间经济水平的差距，所以我国依然存在不同地域、不同程度与不同原因的贫苦问题。① 要将短期与长期的扶贫目标结合，不过于看重短期效益并且建立长线思维，有长期攻坚战斗的理想信念与心理预期。目前正是脱贫攻坚与乡村振兴有效衔接的关键时点，有效防止临贫、易贫人群再贫困成为各级政府重点关注和急需解决的问题，建立防贫返贫、稳定脱贫长效机制迫在眉睫。

1.2　研究意义

1.2.1　科学而客观地评价已有相关代表性成果及观点

自新中国成立以来，解决农村贫困问题是历届中央政府的工作重心之一，农村贫困问题也制约了我国的经济发展。计划经济时期，受制于当时的特殊历史条件，政府虽然针对贫困问题的解决出台了一系列的方针政策，但是这些方针政策发挥的作用有限。改革开放以来，农村贫困治理问题影响着经济的建设，因此要提升经济建设就必须关注乡村治理，农村贫困治理问题的关注度日益提升，同时，经济的长足发展为农村贫困问题的解决不断提供物质基础积累，这一时期的扶贫措施在规模、力度、效果方面较之前有较大的改善提升。步入新世纪，在前期有力扶贫政策措施的作用下，我国贫困地区人民的生活水平不断提高，农村人口的基本吃穿问题已得到基本解决，这也意味着我国农村扶贫工作进入了一个新的阶段。针对新农村建设与巩固脱贫攻坚成果等问题，早在党的十五届五中全会就已经有了部署，要调和好多方相关主体的关系，从宏观角度以及发展改革的整体方面来看，这一发展意味着包括了我国现有环境中存在的各个贫困地区与贫困

---

① 习近平：在打好精准脱贫攻坚战座谈会上的讲话 [EB/OL]. 中华人民共和国中央人民政府网站，https：//www. gov. cn/xinwen/2020 – 04/30/content_5507726. htm，2020 – 04 – 30.

人口之间的关系问题；从微观层面来看，这也意味着包括在精准扶贫工作中各方利益关联者之间存在的不可分割的关系。无论是微观层面还是宏观层面，都要考虑如何加快建设防贫返贫、稳定脱贫长效机制。在未来的发展中要进一步深化和坚持协调发展，重点就是要紧密地将自身在发展过程中发现的短板补齐，已达到最终实现全面、均衡的发展的目标，随着精准扶贫工作在我国目前工作中的进一步纵深化开展，已经可以见到在一定程度上取得了一些成果，但是不难发现，在这其中仍然存在一些不协调不均衡等问题，所以，为了促进农村现代化进程，我们必须尽快地将发展中的短板补齐，建立更加健全的机制。

1. 产业扶贫

从有关产业扶贫在脱贫攻坚中所取得效果的研究来看，黄承伟、覃志敏（2013）从产业园区入手，对产业园区所处状况和取得成果进行分析，并对创业园产业化采取的扶贫机制和所产生的减贫效益作出讨论，他们认为在我国扶贫开发的新时点新阶段，贫困地区提出的产业扶贫在农村现代化转型的过程中担任重要角色，与此同时，产业扶贫还能够提高农村贫困人口的自我发展能力，具有双重角色。汪三贵（2014）针对产业化扶贫所做出的研究主要是从解决我国产业结构的优化升级、经济转型政策角度出发，作者运用 1995～2007 年农村贫困地区的数据分析了我国产业扶贫中针对不同产业发展采取不同的发展策略对农村地区贫困减少的效应，并针对我国产业劳动密集程度与产业发展减贫效应之间的关系作出了相应的解释。黄承伟、邹英、刘杰（2017）对我国产业发展在精准扶贫中所出现的实践上的困难和解决路径进行阐述和分析，认为在产业精准扶贫的进程中，要将脱贫攻坚事业与我国的治国策略以及所处市场环境相平衡，与此同时，产业扶贫与区域发展情况、社区治理态势具有密不可分的关系。产业扶贫在稳定脱贫中起到举足轻重的作用，也是根本之策，但是如何发展农业产业问题面临着诸多问题与风险，黄承伟等（2017）的研究为应对农村产业发展面临的问题和风险提出了合理的规避政策，而汪三贵则从产业转型、优化升级方面为反贫困问题的解决提供了一条新思路。脱贫攻坚，产业支撑是根本。产业扶贫其实是一种市场经济驱动力量和政策支持力量的有机结合，是一种市场无形之手和地方政府有形之手的相互作用。发展产业扶贫要利用好市场规律，可以为开展产业扶贫提供强大的市场活力。产业扶贫是资源、资金、劳动力、市场销售之间的桥梁，是贫困地区可持续发展的基础性产业，可以为乡村振兴战略打下良好的基础。

2. 易地扶贫搬迁

从有关易地扶贫搬迁在脱贫攻坚中所取得效果以及目前存在问题的研究来看，张远航（2019）以易地扶贫搬迁中的实际案例为基础，分析易地扶贫搬迁目前所存在的问题以及针对问题得出解决路径。张远航认为易地扶贫搬迁政策在执行中存在偏差，破解政策执行的困境主要有以下几方面的解决方法：一是对易地扶贫搬迁的信息建立有效的管理体系，根据贫困人口的搬迁意愿给予适当的区别、构建易地扶贫搬迁的评估系统以及及时对易地扶贫搬迁的政策执行情况进行反馈。二是适当调整易地扶贫搬迁的政策执行，调整指标分配所采取的方式、合理调整搬迁安置的方式以及对贫困人口的分配采取适度的灵活设置。三是增能赋权，通过电视媒体、网络等多种媒介宣传易地扶贫搬迁政策、加强贫困人口的教育投入，通过文化扶贫政策来推动易地扶贫搬迁政策的执行。四是改进易地扶贫搬迁政策，加强社会保障兜底是易地扶贫搬迁政策的保障，使易地扶贫搬迁与社会保障机制发挥联合效应。黎红梅（2019）以湖南省为例，采用数学模型进行回归分析，从三个角度分析影响参与易地扶贫搬迁贫困人口选择承包地处置方式的主要因素，针对回归分析得出的结论提出建设性的建议，为加快建设易地扶贫搬迁的后续保障工作提供思路，同时也有利于解决后续帮扶问题。曾小溪、汪三贵（2019）针对目前落实的易地扶贫搬迁政策，以及出现的若干问题，提出以下几点建设性建议：采取对搬迁对象进行精准识别、严格控制好住房面积、安置方式合理化、新政策和老政策有效衔接、适当地将搬迁政策放宽以及动员贫困搬迁人口积极参与等措施，过程中的交易成本被大程度降低。目前有关易地搬迁的研究，对于解决易地搬迁工作的落实以及降低易地搬迁成本提出了较为良好的措施建议，但是，在贫困人口完成易地搬迁后仍不能松懈，要保证脱贫成效不倒退，目前学术界对于易地搬迁后续发展问题的关注比较少，把易地搬迁与其他扶贫措施相结合对易地搬迁后续发展问题拓展研究的论述较少。

3. 健康扶贫

针对健康扶贫的研究成果中，学者们大多认为在脱贫攻坚中因病致贫这一贫困因素在贫困地区人口致贫原因中普遍存在。韩凤（2018）认为当前健康扶贫措施在实施过程中仍存在若干问题，并据此提出针对性的建议，指出可以采用"三精准，四方联动"的工作模式，在精准度方面着重把握，做好健康扶贫工作，尽可能地减轻贫困群众的医疗支出负担。"三精准"即精准识别贫困患者、精准治疗以及精准脱贫，"四方联动"即国家卫生健康委员会、人力资源和社会保障局、民政局三方联合起来，外加社会力量积极参与，根据各地的实际需求，出台健康帮扶措施，解决贫困人口因病致贫、返贫的问题。黄国武（2018）从当前的政策制度出发，认为当前健康扶贫显现出医疗卫生服务"不充分、不均衡"、医疗资源分布不均衡等问题，针对上述问题提出了几点建议：一是要发挥上下联动作用，针对不同医院要给出具体的定位和分工，加强各医院之间的协调能力；二是将医疗保障政策与其他政策制度结合起来，保障医疗稳定性，促进贫困人口的良性就医行为；三是在现有健康扶贫政策的基础上，结合各地区特点，建立具有地区特色的健康扶贫机制，提高资源的利用率，致力于为贫困地区群众提供更大、更多的便利条件，提升贫困人口的健康水平。当前关于健康扶贫的文献研究已相当丰富，在关注健康扶贫积极作用的同时，对于健康扶贫存在的问题也进行了深入的挖掘，如健康扶贫带来的"断崖效应"，即由于颁布的医疗保障政策所参考的标准不同，造成贫困人口和非贫困人口之间具有较大的福利落差，这些问题的挖掘对于健康扶贫机制的完善具有积极意义。

4. 文化扶贫

在对文化扶贫的研究中，伍晓俭（2019）在对农村文化扶贫问题的思考中意识到图书馆在社会教育中扮演了重要角色，人类宝贵的知识和精神财富大部分都集中于图书馆文化中，及时满足贫困地区人民的求知欲和阅读欲，通过不断培养和提升民众的阅读素养使群众远离封建落后、消极悲观的负面情绪，为提升农村贫困地区文化素养他提出了几点建议：一是将图书馆的宗旨定位于对贫困地区人口进行引导和教育，传递优秀的文化理念，提高人民思想水平；二是图书馆开展各项活动，激发贫困地区人民的积极性，同时加强人们对于文化扶贫工作的理解；三是结合现有的文化扶贫政策，将图书馆与其他单位及人才联合起来为贫困地区的人民传递先进理念，提供先进技术，充分发挥文化扶贫效应，提升贫困地区人口的文化水平。肖军（2019）则提出文化扶贫不能重形式轻内容。高校文化扶贫工作所采用的形式过于简单，也比较单一，如通过募捐筹集社会闲散资金、大学生按政策到乡下支教、增加文化基础设施、建立支持产业发展场所等表层形式，不同程度忽视村民信息及文化缺乏等问题，不能有效提升贫困群众的文化水平及综合素质，这为从源头解决贫困地区的文化水平问题指明了方向。陈小娟（2020）将文化扶贫与"互联网＋"相结合，提出"互联网＋文化扶贫"的创新模式，网络信息技术能够有效缩小城市与贫困地区之间的差距，加强数字乡村建设，动员贫困地区人口积极参与，实现文化资源共建共享、促进城市和农村间的教育公平。

5. 社会保障扶贫

对于社会保障扶贫的研究中，徐超等（2018）认为在目前已有文献中，许多学者都对社会保障扶贫所产生的效果进行了评价，但主要是在事后测度的基础上进行的，学者们主要把关注点放在社会保障对贫困群众产生的帮扶效果是否明显，而对社会保障预防贫困的作用关注较少。在我国，部分群众可能并没有归属于贫困人口的行列，但是也正处于边缘状态，稍不注意就有可能"因病致贫"或者"因案致贫"。因此，在对社会保障扶贫政策进行效果评估时，还应该考虑社会保障的防贫返贫作用。在大数据时代下，社会保障体系对于保障民生、维护社会稳定具有重要意义，尤其是要特别关注因病返贫、致贫的贫困地区人口，及时监测因病致贫、返贫的边缘人口，对其重点预防，发现问题及时实施帮扶，做到精准防控预警。刘威等（2018）提出，社会保障收入和居民健康水平之间存在着正相关关系，健康水平提高就意味着在未来看病治病等医疗方面有减少支出的概率，这样也就降低了因病导致贫困的概率。公丕明（2017）指出健全和完善农村社会保障制度，做到与目前的经济发展水平相适配，农村贫困人口所需的基本生活必需品需要在最低生活保障、医疗保险和养老保险以及其他救助制度和社会福利方面完善制度供给。张召华、王昕等（2019）通过实证研究发现，社会保障对防止贫困和预防返贫的作用在城市和农村地区都有体现，但是从研究结果来看，社会保障对防止贫困和预防返贫的作用在城市地区更为明显，这说明存在社会保障区域错位的情况。因此在注重扩大农村地区社会保障投入规模的基础上，也要关注社会保障资源的合理分配，将社会保障的兜底作用充分发挥在真正需要的人口上。已有的研究显示，社会保障扶贫具有兜底作用，与此同时，学者们都对构建良好的社会保障体系提出了建议，同时还关注到了社保政策落实的公平有效问题，对于构建公平合理的社会保障体系具有良好的借鉴意义。

1.2.2 拓展已有成果的探讨与突破的空间

当前，我国全面建成小康社会的目标已如期达成，这是覆盖每一个民族、每一个家庭、每一个人的小康，我国已步入后扶贫时代。精准扶贫战略实施以来，中国的农村减贫进一步综合化，形成了包括产业扶贫、教育扶贫、健康扶贫、社会保障等措施在内的新的综合扶贫战略，这一减贫战略具有扶贫和防止贫困的双重含义。目前正处于过渡期，对已实现脱贫的贫困县严格履行"四不摘"① 举措：要继续执行以前的政策，相关部门继续进行监管，继续对已脱贫的贫困户进行帮扶的同时关注边缘易致贫户，继续履行对贫困县的责任，确保脱贫工作的成果得以巩固和加强。要立足于精准扶贫的实地调研分析，摸清脱贫地区及人口的基本现状，掌握当前脱贫地区存在或面临的主要问题，科学精准地制定决策。可以发现，在这段时期内着眼于现有的贫困群体的脱贫问题的同时，我国开始注意到了贫困线之上接近贫困线的贫困群体的问题。在巩固脱贫攻坚胜利果实的基础上，分类指导、因村制宜、精准施策，做好全方位监测，做好事后反馈。

1. 产业扶贫已有成果的探讨及突破空间

目前各地正在由更加注重实现农村产业扶贫全覆盖向更加注重产业长效可持续发展转变，兼顾非特色产业贫困村和非特色产业贫困户的农村特色产业一体化发展和市场需求，让更多贫困户从农村产业扶贫发展中通过持续稳定发展获得更多收入。汪三贵（2014）认为，产业间不同的劳动力密集程度会对产业扶贫措施降低贫困的程度产生影响，因此在贫困地区更应该发展劳动力密集程度高的产业。左停、李颖等（2021）借鉴全国 32 个省 117 个扶贫案例的经验并在此基础上进行了进一步的研究，指出产业发展对于巩固脱贫攻坚成果来说是必由之路，是巩固脱贫攻坚成果进程中的重点所在，一是产业发展在贫困地区实施产业升级，具有显著的防贫减贫效果；二是区域经济的发展也离不开产业发展，产业发展对于保障贫困地区人民收入水平、生活稳定具有重要意义。通过查阅已有文献，当前学者们主要将研究角度放在产业扶贫的困境、产业扶贫的模式上，主要从单一角度出发，研究成果也较少，对于发展产业是通过何种传导机制致使减贫效应发生的相关研究较少，这仍需要我们进行更加深入的探讨。本书从基于发展产业的传导机制角度出发，分别从定性与定量两个层次对产业发展的减贫效应进行研究。

2. 易地扶贫搬迁已有成果及突破空间

易地扶贫搬迁要取得胜利，就务必在脱贫效果可持续性这一硬指标上下狠功夫。脱贫可持续性是否能够达到标准线，其衡量的关键准绳就是脱贫是否稳定、是否可持续。脱贫持续性包括主体、供体和载体三个层面。从易地扶贫搬迁角度来说，主体可持续性就是指易地搬迁的贫困人口拥有持续稳定的脱贫状态，供体

---

① "四不摘"即摘帽不摘责任、摘帽不摘政策、摘帽不摘帮扶、摘帽不摘监管。

可持续性则是为了使得易地搬迁的扶贫对象脱贫而实行的各项政策服务，而载体就是整个扶贫工作的大生态自然环境，三者共同构成脱贫的有机整体。持续性脱贫是稳定的、真实的、坚实的，而非面子工程。黄祖辉（2020）对我国新阶段的易地扶贫搬迁重新思考，目前我国易地扶贫搬迁"搬得出"阶段已取得显著成效，问题就在于如何实现"稳得住"和"能致富"，因此应当做好易地扶贫搬迁后续事宜。本书通过对易地扶贫搬迁后续事宜的调查研究，重点总结成功的经验，提出保障后续帮扶持续性的扶贫措施，对于让易地扶贫搬迁与贫困地区的经济发展相衔接，巩固易地扶贫搬迁成果具有十分重要的意义。

3. 健康扶贫已有成果及突破空间

对于健康扶贫政策，陈菊、伍林生（2019）对健康扶贫如何实现可持续性问题进行分析，认为目前健康扶贫出现的问题主要体现在扶贫对象、扶贫尺度以及扶贫效果上：一是扶贫对象，贫困人口若出现劳动力缺失情况，那么脱贫能力就会受到限制，除此之外，还有可能出现贫困人口过度依赖福利政策的情况，在贫困边缘的人口也会因为福利不均衡而产生抱怨；二是扶贫尺度，在实施扶贫政策的过程中，贫困地区可能会对贫困人口实施"过度"帮扶救助，出现财政压力过大的情况；三是扶贫效果，由于存在医疗风险以及医疗技术的有限性，健康扶贫发挥效能不足，产生的帮扶效果达不到预期，对医疗卫生服务的利用效率不足。本书在已有文献的基础上进行分析，把因病致贫、因病返贫作为研究重点，探寻解决策略，采取对贫困地区人口宣传教育、普及健康扶贫政策、传播健康信息等手段，增强人力物力，加强相关资源配置并提高资金的使用效率，推进健康扶贫工程的可持续发展。

4. 文化扶贫已有成果及突破空间

文化扶贫在我国扶贫攻坚战中深受关注，逐渐走向中心位置，胡守勇（2021）对文化扶贫的已有研究进行回顾，并在此基础上提出展望，通过对已有研究文献进行详细的梳理发现，目前在实施文化扶贫工作中存在着不少的障碍，主要有三个方面：一是某些因素对文化扶贫有制约作用，如某些贫困地区人民缺乏文化自信、文化产业的相关人才缺失、文化产业理念老旧以及文化产业资源要素较为薄弱等；二是文化扶贫的动力不足，如贫困地区对于文化扶贫的内涵理解不足、缺少社会公众的参与、文化扶贫的资源配置不到位、监督和评价机制不完善等问题；三是文化扶贫缺乏效能，贫困地区存在融入困难问题、公共文化设施的供需不平衡问题以及文化扶贫协同性问题等，都制约着文化扶贫发挥出应有的效能。已有的研究成果表明文化扶贫的实践效果要落后于产业扶贫、旅游扶贫等经济扶贫措施的效果，因此文化扶贫需要后续发力，尽快转型升级。耿达（2021）认为文化扶贫是通过给予农村贫困地区和贫困人口文化动能，以此提高贫困人口的内在动力，实现贫困人口的自我发展。目前我国学者对于文化扶贫的研究观点主要分为两个方面：一是文化扶贫在于扶贫先扶志，贫困地区人口的精神世界与文化需求需要文化基础设施的建设以及文化服务体系的构建来改善，避免贫困人口过度依赖于被动福利；二是将产业扶贫作为扶贫重点，认为文化扶贫的关键点在于借助各贫困地区的文化特点，因地制宜地发展文化旅游产业，利用多元主体的协调作用发展文化产业，促进贫困地区人口增收，主要是解决贫困人口的物质缺乏问题。本书针对文化相对贫困问题，提出相应解决措施，使文化普惠于民；针对文化扶贫存在的动力不足问题，找出文化精准扶贫效果不明显的现实原因，为解决相对贫困群体脱贫问题提供新思想、新方向。

5. 社会保障扶贫已有成果及突破空间

在贫困地区，社会保障扶贫作为缺乏劳动力建档立卡户或边缘户的一种最根本的保障方式，满足了农村贫困人口的基本生活需要，但在已开展的社会保障扶贫工作中仍存在着一些不足，曾小溪、汪三贵（2019）指出，通过第三方评估发现在社会保障扶贫的过程中，虽然颁布了"三兜底一保障"的政策，对因病致贫、返贫的问题进行解决，但是也存在过多占用医疗资源、小病大看的现象，这对政府的财政造成了一定的负担。刘玉安、徐琪新（2020）指出从边际效用递减规律来看，社会保障制度具有显著的防止返贫作用，能够在风险发生时提升人们的抵御能力，提供最低的生活生存保障，在社会保障制度完善的情况下，国家不会发生大规模的贫困。但是我国的社会保障扶贫制度目前仍有不足，主要表现为以下三个方面：一是社会保障资源配置不均衡、城乡差距明显，社会保障水平有待提高；二是我国农村贫困地区的社会保障政策衔接不足，在防贫、返贫层面上没有构建有效的网络框架；三是我国农村贫困地区的社会保障政策缺乏灵活性、针对性，被动救济贫困人口产生依赖心理，对于贫困人口脱贫后的可持续性不足。本书针对目前存在的一些贫困户产业就业健康等问题，提出自己的看法与建议，力求为社会保障扶贫工作做得更加细致完善引言献策。

6. 总结

通过梳理已有文献，目前学者们对于产业扶贫、易地扶贫搬迁、文化扶贫、健康扶贫以及社会保障扶贫的研究都颇有建树，我国的扶贫工作在这些关键领域也取得了优异的扶贫成效，可以作为典型的扶贫模式学习和推广。但是不可否认的是，在利用扶贫措施建立全面脱贫后防返贫的长效机制方面仍有不足，建立全面脱贫后防返贫的长效机制除积极推动落实政策外，还要在加强组织建设、发挥我国制度优势、完善治理措施以及提高改革创新能力方面做出努力。

一是建立全面脱贫后防返贫的长效机制，要加强组织建设。在精准扶贫阶段，党对于脱贫攻坚的组织领导和工作能力，是我们能够打赢脱贫攻坚战的重要保障。党中央在脱贫攻坚战中建立并且健全了脱贫攻坚机制以及责任追究体系，层层压实了脱贫的责任，使脱贫攻坚的工作走上正轨、前行方向正确。在建立全面脱贫后防返贫的长效机制进程中，也要重视加强组织能力。保证全党全社会广泛积极参与全面脱贫后的防返贫，进一步增强党的基层组织和领导能力，进一步加强中国共产党对于全面脱贫后的防返贫工作的组织领导，这有利于在建立防返贫长效机制过程中统筹工作全局、协调各方。中央和地方有关党委和部门要按照其工作要求和职责，落实上一级的主体责任，确保主体责任的层层落实，做到合理的任务分工，各司其职，有序推进全面脱贫后防返贫的长效机制的建立健全，构建新局面。

二是建立全面脱贫后防返贫的长效机制，要加强社会动员能力。在精准扶贫时期，我国各地广泛地组织和动员人心并凝聚力量，巩固传承和扩大弘扬中华民族优秀的文化和品德，凝聚最广泛的人心和力量。进入后扶贫时代，加强社会动员能力要体现在防止返贫致贫全过程的各个阶段和关键环节，要大力创办防返贫构建机制的宣传培训教育活动，使群众广泛参与扶贫工作。积极鼓励群众开展庆祝国际消除贫困日等一系列宣传教育活动，组织建立防返贫工作的荣誉表彰制度，表彰全国参与防返贫工作的先进模范，宣传贯彻落实中央关于群众参与防返贫工作的基本政策方略和重大决策部署，推进各地全面脱贫后防返贫的长效机制新模式的经验交流与推广，营造良好的社会和谐环境。

三是建立全面脱贫后防返贫的长效机制，要提高改革创新能力。脱贫攻坚战的伟大胜利标志着我国进入了新的阶段和时代，以习近平同志为核心的党中央为彻底消除绝对贫困、确保全面贫困人民融入和建成社会主义现代化国家而进一步开展精准扶贫工作作出了重大改革战略决策和工作部署。目前是脱贫攻坚成果与防止返贫致贫紧密结合的重要阶段，为贯彻落实这一改革战略决策，从中央顶层设计到有关地方的领导再到基层工作的实践，改革创新要体现在防返贫全过程的各个阶段和关键环节，特别是在贯彻推进防返贫工作的理论、防返贫工作发展方略、建设防返贫工作的制度和管理体系、建立防返贫工作的长效机制等多个关键方面进行重大改革创新。

四是建立全面脱贫后防返贫的长效机制，要提高贯彻落实能力。要建立与防贫返贫任务相适应的财政收入体系，这是确保脱贫攻坚与乡村振兴所有项目能够如期实现的基础。提高全面脱贫后防返贫长效机制的专项政策支持保障力度，解决防返贫工作中存在和面临的突出矛盾和问题，对于防返贫长效机制建设的落实起到至关重要的作用。为此全面脱贫后防返贫长效机制的顶层设计需要着力于建设完备的监督检查体系，综合运用各方面成果加强对全面脱贫后防返贫长效机制构建的监督。

1.2.3 赋予现有学术成果独到的意义与价值

本书充分研读精准扶贫脱贫的相关文献，通过研究产业扶贫、社会保障扶贫、健康扶贫、易地扶贫搬迁、文化扶贫五个方向，创新扶贫方式，完善扶贫开发新局面，丰富精准扶贫相关理论，最终推广扶贫经验，为实现全面脱贫后防返贫提供适当的对策和措施。除此之外，基于对全面脱贫后防返贫机制的研究，对产业扶贫、易地扶贫搬迁、健康扶贫、文化扶贫、社会保障扶贫各方面进行深入细致的研究，对于巩固脱贫攻坚成果、实现精准脱贫具有重要的借鉴意义。综合来看，本书重点采用个案分析法，结合文献研究法、实地调查法等，以调查各地防返贫举措和数据为依托，总结不同地区针对贫困户等精准防贫机制采取的行动以及取得的成效，从产业扶贫、易地扶贫搬迁、健康扶贫、文化扶贫与社会保障扶贫方向对边缘户防贫机制的构建与完善提出意见和建议。

1. 产业扶贫

对于产业扶贫，目前中国的农村产业扶贫由被动式扶贫转向主动式扶贫，目标是从根本上稳定扶贫，充分将产业扶贫的内在动力调动起来。在对目前相关文献研究的基础上，针对不同产业扶贫模式的防贫减贫效果进行归纳、分类，并结合实践调研中的数据加以验证，探索出一个合理的机制，有效地将产业发展与防贫高度结合起来，讨论得出一条有效、有力度的产业扶贫道路。首先在产业扶贫的相关理论基础上，对实地调查的贫困县的相关数据进行分析。结合数据，对产业扶贫的机制、内生动力、效果差异等方面进行进一步阐述，研究产业扶贫与防贫效应的关系，探寻产业发展采取的模式、产业发展地区、产业资金的投入等几项因素对产业扶贫发展的防贫效应的影响。最后对产业化措施对全面脱贫后防贫所产生的作用和效果予以评估，从而总结相关经验，对全面脱贫后如何建设防返贫长效机制提供借鉴。通过相关研究，最终将研究成果应用到巩固脱贫攻坚成果与乡村振兴有效衔接的实践中。

2. 易地扶贫搬迁

易地扶贫搬迁是我国后脱贫时代精准扶贫的重要工作内容，就目前情况看，易地搬迁后续帮扶措施乏力，存在贫困群众内生动力不足、陈规陋习难改等问题，本书要研究的主要是建立防返贫的长效机制，实现易地扶贫搬迁工作体系的平稳转型。因此，对享受易地搬迁的建档立卡户遇到的问题进行分析，探索出具有普遍推广性的方式方法用以提升后续帮扶可持续性。对易地扶贫搬迁模式的防贫减贫效果进行归纳整理，并结合实践调研中的数据加以验证，探索出一个合理的机制有效地将易地搬迁与防贫高度结合起来，总结出一条高效的易地扶贫搬迁道路。分析贫困户易地扶贫搬迁工作的进展情况、工作开展中遇到的问题、针对后续帮扶问题提出的合理化建议以及该政策得以成功运行的经验总结，并将成功经验转化为可借鉴的普遍经验分享至相关省份，为相关省份易地扶贫搬迁工作提供借鉴。与此同时，通过相关研究，整合我国贫困地区的易地扶贫搬迁相关研究，为巩固脱贫攻坚成果与乡村振兴有效衔接进程中易地扶贫搬迁后续扶持这个难点工作提供解决问题的新思路，为相关研究者提供文献支持。

3. 健康扶贫

对于健康扶贫政策，本书拟解决的主要问题是在运用脱贫相关理论的基础上对我国医疗保障制度推进健康预防的成效进行有效评估，依据评估结果得出结论并总结健康防贫相关经验，最终应用于全面脱贫的后续帮扶持续性的工作中，即建立"健康防贫"的预防制度体系，提升健康意识。因此，在参考相关文献的基础上，构建一系列具有针对性、反映客观实际、科学合理的指标。形成一套完整的绩效评估体系，包括制度规范、目标体系、评估指标体系、评估标准体系、评估的方法和流程、评估的组织机构等内容。对健康扶贫模式的防贫减贫效果进行归纳，并结合实践调研中的数据加以验证，探索出一个合理的机制有效地将健康扶贫与防贫高度结合起来，总结出一条高效的健康扶贫道路。通过对数据的分析处理，利用完善的绩效评估体系对样本地区进行扶贫资金绩效的总体评估，针对发现的问题提出建议，最大限度地发挥医疗保障的作用，提高健康扶贫资金的使用效率和发挥扶贫成效。通过相关研究，为巩固脱贫攻坚成果与乡村振兴有效衔接进程中健康扶贫资金的使用提供新思路，为相关研究者提供文献支持。

4. 文化扶贫

贫困地区民众缺少摆脱贫困的文化自信、贫困地区干部和群众对于文化产业理论缺乏充足的认识、贫困地区的文化产业发展要素基础薄弱、贫困地区文化产业人才缺乏、贫困地区公共文化活力不足是造成文化贫困的主要因素，是坚定文化自信的主要障碍。脱贫户返贫的一个很重要的类型就是"观念型返贫"，贫困户之所以贫困，很大一部分原因是受家庭落后观念和周围贫困环境的影响，许多贫困户脱贫以后还是过于崇尚风俗陋习，在思想上甘于贫困并习惯了不劳而获，不论国家给予其多少物质上的帮扶，到头来还是会再次陷入贫困当中。针对这些原因，本书进一步提出了一系列对策。本书拟解决的主要问题就是破除"观念型返贫"，建立防返贫长效机制。与此同时，对不同文化扶贫模式的防贫减贫效果进行归纳、分类，并结合实践调研中的数据加以验证，探索出一个合理的机制有效地将文化产业发展与防返贫高度结合起来，总结出一条高效的文化扶贫道路。

5. 社会保障扶贫

我国经济快速发展，财政实力日益增强奠定了社会保障扶贫政策落实的重要基础，新型农村合作医疗（以下简称"新农合"）、大病医疗救助政策、养老保险等社会保障制度在全国范围内普及开来，土地以及房屋权益也愈加清晰明了，这些都为后脱贫时代，扶贫政策向社保制度体系的平稳过渡绘就了美好蓝图。本书研究拟解决在扶贫政策进入常态化、制度化轨道的背景下，如何更好地发挥社会保障制度的防返贫作用以及制度化功能，解决彻底脱贫和防止返贫问题。在过程中，对社会保障扶贫模式的减贫效应进行归纳、分类，并结合实践调研中的数据加以验证，探索出一个合理的机制有效地将社会保障发展与脱贫高度结合起来，总结出一条高效的社会保障扶贫道路。与此同时，通过相关研究，整合我国贫困地区的社会保障扶贫研究，为巩固脱贫攻坚成果与乡村振兴有效衔接进程中社会保障后续扶持这项工作提供解决问题的新思路，为相关研究者提供文献支持。

建立产业扶贫、易地扶贫搬迁、文化扶贫、健康扶贫以及社会保障扶贫的全面脱贫后防返贫长效机制是时代要求。党的十九届四中全会审议通过的《中共中央关于坚持和完善中国特色社会主义制度、推进国家治理体系和治理能力现代化若干重大问题的决定》，明确提出要"坚决打赢脱贫攻坚战，巩固脱贫攻坚成果，建立解决相对贫困的长效机制"。这一重要宣示，为确保我国现行标准下农村贫困人口实现脱贫、解决区域性整体贫困提供了根本遵循，绝对贫困下运用绝对指标进行扶贫工作，使得绝对贫困现象消失，但是，也留下了不少在贫困线上下浮动的人群，他们极易成为新的贫困人口，或者再度返贫，因此，防贫、防返贫问题刻不容缓。为了解决贫困增量的返贫问题，建立健全精准防贫机制是目前党和政府高度重视的一项工程，也是学术界研究的热点问题之一。本书以原贫困户等为研究对象，对长效防贫机制的构建与完善进行多角度研究，研究具有较强的针对性和前沿性。

1.3　研究思路与研究方法

1.3.1　研究思路

本书的指导思想源于习近平新时代中国特色社会主义思想和党的二十大精神，尤其注重党和国家对于乡村振兴战略制度设计和战略举措内涵的挖掘和内容的详细解读。其中，在理论层面，本书包含的学科门类涉及管理学、经济学等大学科门类下多个子学科；在实践层面，通过对河北省承德市宽城满族自治县、丰宁满族自治县、滦平县以及张家口市张北县、沽源县、宣化区等多个区县的实际走访调查形成河北省全面脱贫后防返贫长效机制构建现状的案例来源；从具体框架构建层面来看，以产业防返贫、易地搬迁防返贫、健康防返贫、文化防返贫、社会保障防返贫五个领域为方向，通过产业扶贫夯实高质量防返贫基础，易地扶贫搬迁建立可持续发展且稳定的生计型长效机制，健康扶贫促进多维度、多层次的健康保障的协同效应，文化扶贫完善文化发扬路径管理、提高文化防返贫效益，社会保障扶贫政策构建社会保障统筹均衡机制几个具体措施对实际案例进行实践研究，客观分析实地调研地区推动防返贫长效机制构建的经验教训，目的在于为脱贫地区真正摆脱贫困、坚决抑制各种原因返贫、实现乡村的长久发展与振兴提供决策参考。本书研究思路如图1-1所示。

1.3.2　总体框架

本书的总体架构由四部分构成。主要内容围绕全面脱贫后构建防返贫长效机制的"措施"与"实践"展开，重点研究分析长效机制构建的必要性、可行性以及构建机制的相关路径，相关理论支撑源于经济、管理、社会学等不同学科领

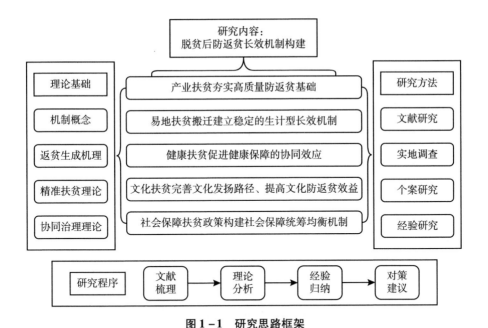

图 1-1 研究思路框架

域。第一部分侧重于分析理论，主要集中于国内相关内容的研究现状与背景，以及"机制"的重要理论基础和可借鉴的国际防返贫长效机制的经验与启示；第二部分是对构建"机制"的相关措施进行系统论证，主要对产业、易地搬迁、健康、文化、社会保障五个领域的现有相关措施进行分析；第三部分则是运用前期实地调研所获数据继续从上述五个领域出发，结合各个脱贫地区自身的实际情况，对"机制"构建的具体措施进行可行性分析；第四部分重点阐述脱贫攻坚与防返贫机制有效衔接的规划及对于"机制"构建的未来展望。

全书秉持理论—实践—理论的认知路线，共分为 4 篇，其中又细分为 12 个章节。第一篇为背景篇，主要分为研究背景与价值及理论基础两部分，其中研究背景及价值部分主要介绍全面脱贫后构建防返贫长效机制同乡村振兴战略相适应的研究背景、研究意义、思路及方法，理论基础部分则包含全面脱贫后乡村振兴背景下构建防返贫长效机制的基本概念及相关原理，通过以上两部分从理论层面构建起对"机制"的详细认知。同时，结合国际社会对于脱贫后构建防返贫长效机制的经验总结我国探索构建"机制"过程中可借鉴的可行思路。第二篇为措施篇，主要从产业、易地搬迁、健康、文化、社会保障五个领域出发，展开论述与分析，并提出了全面脱贫后如何同乡村振兴战略有效衔接构建防返贫长效机制的具体措施。第三篇为实践篇，通过运用调研实际案例结合上述五个领域具体分析措施的可行性，梳理目前我国部分地区构建防返贫长效机制的现状及问题，并将理论用于指导实践，同时对不同地区"机制"的构建工作提出切实可行的建议，以达到为解决在"理论"付诸"实践"过程当中出现的问题制定切实可行举措的目的。最后一篇为研究结论篇，篇章以总结构建防返贫长效机制实施过程中发现的问题与不足之处为主，并对未来工作思路进行了规划与展望。

具体来看，本书第一篇——背景篇包含了3章的内容。第1章为研究背景与价值，对本书研究背景、研究目的、理论来源、研究思路、框架和方法进行阐述。第2章为理论基础，主要是对防返贫长效机制的基本概念以及返贫生成机理理论等相关理论进行介绍，目的在于从不同维度了解返贫的概念、成因、测度等问题，为本书的后续研究提供理论支撑和研究视角。第3章为国外防返贫长效机制的经验与启示。

本书第二篇——措施篇包含了6章内容。第4章为乡村振兴背景下河北省防返贫衔接机制构建，从乡村振兴出发，阐述其与防返贫的关系，指出两者衔接的必要性与可行性，并通过构建衔接机制的整体框架推断出未来工作的开展思路；第5章为产业振兴夯实高质量防返贫基础，从产业扶贫出发，阐明其理论基础，指出产业振兴支持政策及有效举措，为深挖地区产业禀赋、持续推动乡村产业繁荣、激活乡村振兴内生动力建言献策；第6章为易地搬迁建立可持续发展且稳定的生计型长效机制，从易地扶贫搬迁出发，重点阐述脱贫人口易地扶贫搬迁后的就业、创收和基本公共服务保障等后续帮扶工作以及建立易地扶贫搬迁脱贫人口的基层治理和社会融入帮助机制的重要性，真正摆脱贫困，彻底消除返贫风险；第7章为健康扶贫接续促进多维度、多层次的健康保障的协同效应，"因病致贫"与"因病返贫"一直以来都是脱贫攻坚中最大的阻碍，本章立足"健康扶贫是防返贫目标实现的关键"这一基本理论，深挖贫困地区医疗资源配置缺位、公共卫生工作薄弱等突出问题，以此作为"健康扶贫"工作中解决贫困地区"因病致贫"难题、阻断"穷根"，提升患病贫困群众的健康素养，增强患病贫困群众的自我"造血功能"的工作新路径，力求"健康扶贫"成为实现脱贫致富防返贫关键而有效的方式；第8章为文化振兴完善文化发扬路径管理、提高文化防返贫效益，从文化扶贫出发，阐明它的理论基础，分析乡村文化演变及支持政策和乡村文化振兴所面临的挑战，从乡村优秀文化发掘与传承、乡村文化资源盘活等角度设计文化扶贫与振兴衔接路径；第9章为社会保障政策构建社会保障统筹均衡机制，本章从社会保障角度出发，选择扶贫政策中社会保障统筹均衡机制为研究视角，阐述社会保障制度在防返贫，尤其是在保障最脆弱群体、低收入群体彻底摆脱贫困方面发挥的基础性、兜底性作用。

本书第三篇——实践篇包含了 2 章的内容，第 10 章为河北省农村防返贫现状与特征，本章依托前期走访调研所获数据，重点列示出全国脱贫攻坚战打响以来河北省内重点脱贫工作成果及防返贫工作开展现状；第 11 章是河北省全面脱贫后构建防返贫长效机制的案例研究，从产业、易地搬迁、健康、文化、社会保障五个角度出发，依次选取了张家口市宣化区、沽源县，承德市宽城满族自治县、滦平县、丰宁满族自治县作为典型案例进行分析。

本书第四篇——研究结论篇包含了本书的最后一章，随着全面脱贫后乡村振兴战略的实施，构建防返贫长效机制的不断实施推进，立足于新的实践，关于"机制"的理论、经验、问题与反思也随之出现，因此本书最后一章立足于当前全面脱贫后同乡村振兴战略有效结合的防返贫长效机制的构建现状及最新理论和实践，就未来脱贫地区脱贫攻坚与防返贫机制有效衔接须注意到的新问题与重点提出切实的观点。

1.3.3　研究方法

1. 文献研究法

采用文献研究法主要解决本书的理论依据及相关政策问题。在构建防返贫长效机制的全国性战略过程中，笔者需深入挖掘大量学术资料和政府文件，以了解相关政策与制度的发展历程；准确把握这一战略的内涵、运作机制及内部关联。通过查阅学术文献，为成果确定理论支持，同时，通过查阅文献对相关概念进行深入了解，做到准确把握，也对目前学术领域对防返贫机制的研究现状进行概括总结，对于优秀成果进行借鉴学习，对于不完善之处则作为本次研究重点，以通过本书研究对相关理论做出完善与创新。

2. 实地调查法

本研究成果需要实际案例支撑，例如对防返贫长效机制的评估、精准扶贫与长效防返贫机制有效衔接现状评价及衔接措施制定等，均需基于实际案例和数据。笔者通过前往河北省部分脱贫"摘帽"地区实地考察收集数据，以事实案例和调研数据为基础进行归纳、总结，提高问题发现的真实性和对策的针对性。

3. 比较分析法

本研究的部分章节运用了比较分析法。首先，在国际与国内层面的对比上，例如第3章关于国外防返贫长效机制的借鉴，通过比较中外扶贫实践经验，一方面学习国际发达地区减贫模式的先进理念和启示，另一方面吸取国际减贫实践教训并进行反思。其次，在国内地区对比上，由于防返贫长效机制的构建是全国性战略，不同地区的实践过程和结果会存在差异，因此需要对各地区的实践经历及教训进行对比分析，使先进经验得以有效传播，推动防返贫长效机制建设更好地实施。

4. 个案研究法

本研究的部分章节包含大量具体实际案例作为研究内容，例如在第三篇实践篇中，选取了笔者在调查过程中发现的产业、易地搬迁、健康、文化、社会保障五个方面巩固脱贫成果较为显著的五个县（区）进行深入分析。不同地区精准扶贫与乡村振兴实践有所差异，众多个案为问题分析及建议提供实证支持，通过对特定地区特定案例的深入研究，为该地区在全面脱贫后构建防返贫长效机制提出有针对性建议，同时也为其他地区提供参考。从典型个体案例出发，最终总结出具有普遍意义的经验，形成广泛意义上的认识。

5. 经验研究法

习总书记指出，"脱贫攻坚的胜利不是终点"①。脱贫攻坚与全面脱贫后构建防返贫长效机制在最终目标上具有一致性，旨在从根本上解决我国"三农"问题，两者之间存在密切的内在联系。我国过去的消除贫困实践，特别是精准扶贫实践，已为我国农村工作积累了丰富的案例和经验。后续防返贫长效机制建设的开展必须依托现有的扶贫实践经验。因此，在研究防返贫长效机制问题时，我们可以通过总结前期方法，吸取经验教训，实现新阶段下的创新发展。

以上五种研究方法相互补充、相互支持，共同为本研究提供了全面、深入的分析视角。通过文献研究法、实地调查法、比较分析法、个案研究法和经验研究法的综合运用，确保研究成果具有理论深度和实践可行性，为构建防返贫长效机制提供有力支撑。

---

① 习近平：在决战决胜脱贫攻坚座谈会上的讲话［EB/OL］. 新华网，https：//baijiahao. baidu. com/s?id = 1660424992513446354&wfr = spider&for = pc，2020 - 03 - 06.

1.4　本书的主要观点及创新点

在本书的编写过程中，部分理论支撑和研究视角来源于国内外已有的研究成果，但是，在对相关已有文献的整理过程中，也发现了一些不足之处。一是学术界目前的理论研究内容多为政策解读，对于脱贫后期确保贫困户稳定脱贫和防贫返贫、统筹解决乡村贫困问题的研究较少。二是由于目前处于脱贫攻坚胜利初期，虽然脱贫攻坚和防返贫长效机制的构建具有许多共通与互补之处，但是现阶段社会研究的热点仍以脱贫攻坚居多，防返贫长效机制关注度相对较少，理论上的研究多以对领导人讲话、政策的解读为主，同时，实践经验总结的文献数量较少，大都以区域性、总体性的概括为主展开分析，针对性较弱。三是关于脱贫攻坚与防返贫长效机制衔接现状的研究较少。虽然脱贫攻坚与防返贫长效机制的衔接已成为社会共识，但是这些社会共识大都以总体性的概括为主，衔接讲究针对性，如果缺乏对实际案例和数据的分析，这种宽泛性的衔接措施功效将会大打折扣，因此，有必要对当前两者的衔接状况作出阶段性总结，作为下一步制定措施的依据，而当前学术界缺乏这种总结。四是在翻阅国外相关文献时，发现国外对于我国精准脱贫、乡村振兴实践关注度较低，展开研究的内容不多，虽然我国的减贫工作受到国际组织和各国政要的好评，但是，由于缺乏对理论成果和实践经验的总结推广传播，国际学术界普遍对我国乡村发展问题关注度不高，扶贫开发与乡村振兴自然也少有问津。

基于此，有必要对于防返贫长效机制的构建展开研究，不仅具有理论价值，更具有应用价值。

1.4.1　主要观点

（1）保障增收是前提，防返贫长效机制是抓手，乡村振兴是目的。现阶段，我国乡村发展机遇与挑战并存，部分地区脱贫成果尚不稳固，产业基础还很薄弱，脱贫人口经济收入仍不稳定。为此，"防止返贫"在当前及今后一个时期都将是扶贫后工作的重要任务。我们要下好"先手棋"，打好"主动仗"，进一步彰显"防"的预见性，突出"止"的针对性，进一步筑牢防止返贫堤坝，建立健全防止返贫长效机制，有效巩固脱贫成果。

（2）前期脱贫攻坚任务成果与防返贫长效机制的合理高效衔接是构建防返贫

长效机制的重点。当前，我国农村地区的扶贫历程还在持久发力，脱贫攻坚的成果需要防返贫长效机制的巩固与再提高，作为巩固脱贫攻坚成果、构建长效防返贫机制的重要战略举措，防返贫长效机制与脱贫攻坚在政策体系上存在很大的共通性。本书认为保证前期脱贫攻坚任务成果与防返贫长效机制的合理高效衔接首先要做好政策衔接，而政策衔接强调完善和优化。脱贫攻坚，尤其是攻坚后期的精准扶贫讲究短期内的发力，而防返贫长效机制则强调长效持久，必然需要常规性、长效性的措施作为支撑，因此，需要对前期措施做出梳理总结，对于能够接续的扶贫政策继续实施，对于短期政策做出完善和强化以便促使其能够发挥长效支撑作用，对于不适合的举措及时取消或调整。运用已有的扶贫成果完善防返贫长效机制的制度设计，不光运用前者的经验来指引后者的实施，也以后者的制度来巩固前者的成果。

（3）我国实行的脱贫攻坚及防返贫长效机制建设是以"精准扶贫为主、保障收入为辅"，从多方面、多角度开展的，采取产业扶贫、就业扶贫、教育扶贫等方式提高群众自我发展动力，提升收入水平，保障收入稳定，解决绝对贫困问题。全面脱贫后，全国各地都在为巩固拓展脱贫攻坚成果和构建防返贫长效机制上大下功夫，在这一方面正逐步形成成熟可借鉴的体系构建方法，而且国内学者近几年的相关研究也为优化巩固拓展脱贫攻坚成果和构建防返贫长效机制在路径上提供着越来越多的建议和有效的对策。但是，随着社会经济日新月异的不断发展，以及每个脱贫地区的整体情况存有诸多不同，构建符合当地特色、切实可行的防返贫机制工作仍然具有较大提升优化空间。

1.4.2 创新点

本书的创新之处在于首先分析防返贫机制的研究背景及国际上可以借鉴学习的经验与启示，进而重点依托前期实地调研区县所获结果对构建防返贫长效机制的几点措施进行重点剖析。本书基于不同贫困地区实际存在的不同特点，将长效防返贫机制的构建放置于整体层面进行考虑，从产业、易地搬迁、健康、文化、社会保障五个方面入手进行细化分析论证，设计出了脱贫攻坚全面胜利后巩固脱贫成果与构建长效防返贫机制的合理高效衔接路径。

（1）通过对相关政策理论的梳理，建立起了构建防返贫长效机制的具有普遍应用价值的框架体系。通过对"机制"的科学内涵和实际应用的结合分析，从研究现状、经验借鉴、具体实施、未来展望等维度构建了防返贫长效机制的理论分析框架。

（2）以实际案例为基础，对当前防返贫长效机制的构建现状进行阶段性总结，是对当前针对"机制"现状研究较少状况的理论补充，同时可作为针对性施策的依据。

（3）本成果以书籍为载体对防返贫长效机制的构建梳理刻画，相关成果弥补了其在学界研究上的短板，有利于相关理论成果和实践经验的推广传播。

第2章

理 论 基 础

2.1 防返贫长效机制的基本概念

2.1.1 精准扶贫长效机制的内涵

在政府提出精准扶贫的新概念后，我国农村许多地方开始了精准扶贫工作，扶贫措施五花八门。当热度逐渐褪去，优惠政策的效应必然会逐渐消散，届时脱贫攻坚将面临严峻挑战。所以，非常有必要建立起防返贫长效机制。

2.1.2 建立精准扶贫长效机制的必要性

在新的时代，"三农"问题已经发生了转变，不再是解决贫困问题，而是转换成了如何实现乡村振兴。乡村振兴战略并不是一蹴而就的，首先就是要精准识别哪些是贫困人群，然后对贫困群体进行精准的扶持，将贫困彻底消除，杜绝返贫风险的出现，实现乡村的伟大振兴，实现我国的民族复兴。在新的时代、新的时期，针对农村扶贫的基本策略也就转变成了如何精准地进行扶贫。

让老百姓摆脱贫困是一项长期持久的工作，需要我们坚持不懈、循序渐进。而精准扶贫的要求就是要准确、高效，识别并解决农村的贫困问题。只有当农村的贫困问题得到切实的解决，社会的长治久安和平衡发展才能得到保障。在新"三农"问题里，如果想要达到精准扶贫，光是靠单单地投入人力、物力和财力是远远达不到这个目标的，因此就要有一个完善的制度体系来保障脱贫后的成果，防止已经脱贫的人再次陷入贫困，保障已经脱贫的人口真真正正地得到了脱贫，而不是暂时性的脱贫。真真正正的脱贫是农民有稳定的收入、稳定的工作，农民的生活愿望能够通过自己的努力来完全实现，这样才不会因临时的救助补贴脱离贫困线，时间一长又再次陷入贫困生活。真正的脱贫状态是有科学、合理、完善的制度，为脱贫工作做保障，不会因为政府减少人力、物力和财力而使农民的生活发生变化，只有达到这样的状态，农民才真正地摆脱了贫困，才是效果显著的脱贫。

2020 年虽然已经实现了全面脱贫，完成了这一伟大的历史使命，脱贫攻坚取得伟大的胜利，但是目前依然存在一些贫困群体，防返贫任务依然艰巨，一些生活在特殊环境的贫困人群，他们的生活状态并没有得到太多的改善，临时的救助并不能解决他们的实际问题，这样的群体贫困因素比较复杂，问题比较多样。针对这类特殊群体，单纯基于人力、物力和财力远远不够，要真真正正地发现贫困的内因，对症下药、因地制宜，发现农民真正的"痛点"，治理时才能掌握真正的要点，才能达到乡村振兴的关键点，这些就必须建立起精准的防返贫长效机制。

当前扶贫过程中存在许多问题：一是农村扶贫工作偏重经济活动，忽视了社会活动的建设；二是当前对于农村扶贫项目的开发中存在一些难题；三是精准扶贫存在"浮动式扶贫"问题；四是扶贫工作面对的对象面相对不够广，涉及面不大，群体不多。

2.1.3　以乡村振兴助力脱贫攻坚，形成预防和减少贫困的控制长效机制

扶贫工作中存在很多困难，如果想要取得实质性的成效，就必须步步为营、脚踏实地，打好基础。建立起一个长期稳定循环的、可持续的长效机制，这就要求广大扶贫工作者和社会参与者以及贫困群体自身把握核心要点，按照国家扶贫工作的相关要求，因地制宜，采取不同的措施，保障精准扶贫工作顺利进行并完成。贫困群体、扶贫主体以及扶贫资源作为脱贫攻坚的三大核心要素，要牢牢把握好三者之间的关系，不容发生疏漏。

1. 贫困群体的识别认定要精准

在扶贫工作开展过程中，要围绕精准扶贫开展工作，做到有依据。其中农村

贫困与脱贫成为重要的脱贫标识，只有发现农村贫困的真正原因，追根溯源，找到贫困的"痛点"，才能明确扶贫工作的重点，才能对症下药解决实际问题。一是对照绝对贫困标准建档立卡；二是建立自下而上的贫困评估报告机制，不同的时代背景下，对贫困的定义是不一样的，贫困不是绝对的，而是相对的，要提高识别贫困的能力，知道哪些是真正的贫困主体，在建档立卡的基础上，大力推行贫困评估报告机制；三是购买第三方社区服务，监督每一个案件的办理过程，使每一个扶贫工作都处于严密的监督之下。

2. 开拓多元化扶贫主体，激活现有扶贫主体动力

从脱贫攻坚的角度看，党和政府需要在脱贫攻坚中发挥领导和动员作用。要想顺利完成脱贫攻坚任务，需要动员扶贫主体，实施多元扶贫举措。当前，农村仍是贫困问题较为突出的地方，必须抓住机遇，紧紧抓住乡村振兴战略带来的诸多利好。

（1）以党和政府为主导，发挥党政主导作用。

（2）制定吸引企业入驻或投资的优惠政策。

（3）乡村振兴创造扶贫新机遇。

一是乡村振兴和利益联结机制的催发；二是发展新型多元经营主体，新增就业岗位，使村民收入水平得到提高；三是利用乡村振兴吸引优秀人才返乡，为建设美丽乡村贡献力量。

3. 扶贫资源的传输要高效精准

（1）扶贫资金筹集措施多元化。在精准扶贫过程中，政府部门的主导作用至关重要，同样不能低估的还有公众的影响力，要通过社会各界的力量，在不同的方面收集各种帮扶资源，不仅限于资金，从而调动社会各界团体、组织对精准帮扶的积极性和兴趣。

（2）构建扶贫资金的有效传递机制。扶贫活动要实现预期的效果，核心就是要有相应的扶贫资金，并使资金可以更高效地投入扶贫主体和减贫主体，所以扶贫资金传递机制至关重要。在中国全面推进乡村振兴战略、全面建设小康社会的新时代背景下，彻底减少资金贫困，已经成为中国精准扶贫项目解决的主要课题。而精准扶贫在新的历史背景下有新的要求，必须建立科学完善的防返贫长效机制，为农村防返贫工作提供有力的回应和动力保障。

2.2　返贫生成机理理论

贫困群体再次陷入贫困的风险生成原理是指返贫风险最开始很小，很容易被人忽略，然后风险会慢慢地酝酿、积累，等再次发现就已经变成了一个庞大的问题。学习贫困群体再次陷入贫困的生成机理，有助于对返贫风险进行识别和判断，这是防止返贫风险爆发的首要工作。

2.2.1　自然因素无法预测

首先，严重的自然灾害对农民的生产生活会造成无法估计的损害，农业活动源于自然，受制于自然，依赖于自然，农业生产活动在自然灾害面前处于弱势。降水的多少、天气温度的高低，都会影响农业的生产活动，自然灾害是贫困的重要成因之一。即使在科技飞速发展的今天，有些自然灾害也无法避免，只能考虑从其他方面进行改善。薄弱的农业基础设施也让农村难以抵抗自然灾害发生造成的影响。自然灾害问题不仅仅是我国面临的主要农业问题，世界各国即使是发达国家也摆脱不了自然灾害的影响，可见农业生产活动相比较其他活动更加受制于自然风险。加之我国农村人口比例相对较大，如果自然灾害频繁，那么最终受到的影响必然是无法估量的。如果在没有任何防备的情况下突发自然灾害，如天降冰雹、气温突降，农民将会收成锐减，最终可能会爆发很严重的社会问题。自然灾害与农民贫困有着密不可分的关系，自然灾害频频发生会加深农民的贫困程度。

其次，自然灾害会特定的发生在某一个区域，与当地的贫困有着密不可分的关系，例如在我国降水频繁的南方地区，夏季来临时往往面临的是洪涝灾害，而北方地区面临的则是干旱灾害。根据统计，2015 年以来自然灾害频发的地区中，包含了 62.1% 的贫困地区①，这并不是巧合，这些贫困地区地处偏僻荒凉的沙漠、山区，无法进行规模性的科学技术改造，灾难来临时又无力抵抗，这就对农民的生产生活造成了巨大的影响，自然风险也就成为这些地区贫困的重要因素。并且，在当今科技飞速发展的时代，我国虽有一些科技手段可以应对自然灾害，比如兴修水利，但是在沙漠、山区等地，人烟稀少、道路崎岖、环境复杂无法开

---

① 政策性农业保险的精准扶贫效应与扶贫机制设计 [EB/OL]. 搜狐财经，https：//business. sohu. com/20180212/n530815556. shtml，2018 - 02 - 12.

展大规模的水利工程，以至于贫困群体无法应对自然风险。

最后从贫困农民本身出发，由于资源缺乏，经济能力较弱，面对自然灾害无力对抗，在生存都会受到威胁的情况下，更无法顾及农业发展，每次灾难来临时，即使已经实现脱贫的人，生活在这种环境下，面对突如其来的灾害也会束手无策，这部分人群也可能是发生返贫的主要人群，再一次卷入"脱贫—灾害—返贫"的无限循环。

2.2.2 基层政府扶贫政策执行偏差，使减贫成效面临"内卷化"困境

防返贫风险大规模存在的原因有很多，其中在绝对脱贫治理过程中，一些政府主体在执行国家的政策时多多少少会有一些偏差，以至于形成了诸多的负面外部性。

第一，中央政府与地方政府制定存在差异化的目标。两者在治理上存在着逻辑上的差异，准确地对贫困群体进行帮扶是一个全面的政策，包含了方方面面、各个层级，上级部门负责战略制定，然后由基层政府和下级单位对接，中央政府作为我国的最高行政管理机构，在制定帮扶贫困人群摆脱贫困的总目标和政策体系时，要充分考虑到农民的利益，处处想农民之所想、急农民之所急。地方政府作为中央政府处理脱贫问题的重要力量，在执行国家的扶贫政策时，与贫困人群接触最多，与基层组织进行直接对接，因此地方政府在其主要负责的扶贫工作中往往更清楚贫困问题的根本所在，在执行国家的政策时有更多的自主权和行动权，在面对扶贫工作中出现的风险时，地方政府官员更多的是选择规避的策略改变策略的实施方向。以至于在扶贫工作治理过程中，中央和地方之间存在着较大的差异，在解决贫困问题的方向上存在偏差。

第二，贫困地区存在的扶贫微腐败问题在一定程度上影响分配扶贫资源的公平问题。在不同的地区，微腐败的轻重情况不同，在投入扶贫资源时也会产生较大的差异，最终影响预期效果的实现。扶贫资源的配置也是市场资源的配置，会存在较大的机会成本，这也会带来另一个负面的影响：为了争夺扶贫资源各个地方政府之间会出现恶性竞争的情况，最终扶贫资源就会变成高价的稀缺资源，为了获取国家在扶贫资源上的分配权重，欺上瞒下、虚报数据等行为便会出现，最终的扶贫效果也不会达到满意的程度。不仅如此，一些地方政府在开展扶贫工作时滥用职权，会更加倾向于投入有利自身的资源，爆发出"精英俘获"的现象，导致扶贫资源的浪费。

第三，压力造成地方政府的非理性化行为。中央在完成 2020 年底消除绝对贫困政策目标的过程中，采取了传导压力、落实责任的措施。在监督、问责、升迁的压力下，一些地方政府官员在脱贫攻坚过程中，对上级考核存在"重拳出击"的形式主义，害怕被问责，真正的脱贫攻坚实践工作没有得到有效落实，陷入以政绩为目的的政治逻辑比拼。在隐性激励的驱动下，一些基层官员看到的更多的是眼前的短期利益和局部发展，缺乏大局观和长远发展的战略意识，如形式主义的文字材料、数字化的脱贫攻坚等，使脱贫成效陷入有增长无发展的"内卷化"困境。

2.2.3　政府行政逻辑代替市场逻辑，贫困农户缺乏市场风险应对能力

反贫困是世界各国都在思考的问题，政府这一重要角色经过多年来多国反贫困的历史证明，在消除贫困的过程中发挥了不可替代的作用。在防返贫过程中需要调动各方面的资源，而只有政府才能调动各方面的资源。市场化的资源再分配，资源往往会分配给资本，贫穷的农民得不到市场资源的最终结果只能是贫穷的人愈来愈贫穷，掌握资本的人反而愈来愈富有。2020 年实现全面脱贫的伟大胜利，这一巨大功绩主要归功于党的领导才能和动员能力，解决了其他国家无法解决的贫穷难题。但过分依赖强调政府的干预作用，必然会对部分市场机制的作用产生挤压，由此带来一系列弊端。

一是扶贫资源的分配作为一种行政行为，体现了国家主体解决贫困问题的坚强意志，在扶贫工作中扶贫资源的供给方必须无条件地服从，即将人力、物力、财力、商机等资源点对点输送到贫困群体，跨越所有中间环节，避免中间环节造成资源浪费。农民只是被动地接受，然而这种治标不治本的扶贫方式，解决的不是贫困问题的根本，无法满足农户的现实需要，以至于一些扶贫项目并不能帮助贫困人群解决问题，虽在短期内能够做到提升农民的收入水平，但是从长远来看无法保证农村长期生产生活的需要。

二是市场经济逻辑会对政府扶贫的项目和产业产生直接影响。市场经济逻辑和发展规律涉猎广泛，发展扶贫产业也应遵循这一规律。比如，市场经济活动存在一定风险，如果贫困农民群体参与扶贫项目，面临的也是风险挑战，这就要求贫困农民有风险承受能力。但是，很多扶贫项目都是政府引导的，属于行政项目，遵循的是行政规律和逻辑，有些地方政府官员在制定贫困产业项目时，单方考虑自己的行政逻辑，在制定扶贫项目时，往往忽视了市场的行为，使得扶贫产业项目与市场经济活动缺乏紧密的联系，最终导致扶贫产品难以与市场融合在一

起。一些地方政府官员在选择产业项目时，出于经济利益和逃避责任的考虑，热衷于选择那些容易出政绩、立竿见影的产业项目，避开那些能让农民真正受益，但又需要投入大量时间和精力的项目，导致扶贫产业难以实现可持续发展。

三是贫困群体不熟悉市场经济活动规律，风险承受能力较弱。市场活动是适者生存，贫困群体与市场活动之间存在信息不对称，所以在进行市场经济活动时，很难获得较好的收益，当市场风险来临时，农民无法预知风险，使贫困群体抵御风险的能力大大降低。

2.2.4　局限于精神贫困和能力贫困，造成脱贫户缺乏内生动力

虽然2020年脱贫攻坚任务取得了全面性的胜利，但是不代表着农村贫困问题得到了彻底的根治。随着脱贫攻坚进程的推进，也随之产生了新的问题，部分脱贫户出现内生动力不足的问题。分析可知，这一问题是由多方面因素造成的。

文化因素是指贫困地区的农民群体文化，这种文化与物质财富的冲突较大。处于贫困生活状态的部分农民并不认为自己是贫穷的，他们认为社会发展一定是有快有慢的，因而他们没有摆脱贫穷的需要和欲望，也没有摆脱自我满足的思想。在这种群体文化的熏陶下，贫困地区的部分农民还没有从贫困的主观需求中摆脱出来，造成内生动力不足。内生动力不足这一问题在交通闭塞、环境复杂、信息化发展缓慢、教育水平不高的地区表现得最为严重。这是由于深度贫困地区受社会历史文化、地理空间、宗教传统、生产生活方式等因素的影响，逐渐形成了一种区域性或群体性的亚文化。生活在亚文化的环境中，贫困人口很难理解主流文化所宣传的价值理念及其生活方式，他们的日常生活以低质量物质供给的生存性均衡为基础，具有保守的生活方式和懒散的生活态度等"穷文化"特征。由于贫困群体的后代仍生活在这一文化环境中，其价值观念和行为规范在日常生活中不断强化，并直接影响下一代，由此造成了贫困现象的代际传递。

政策性因素是指在政府"输血式"扶贫政策下，不仅没有激发农民的奋斗需求，反而更容易使贫困农民产生福利依赖倾向，无法实现可持续脱贫效果。在诸多扶贫举措中，主要包含两大类，一类是特色产业的发展，另一类是政府转移支付。为解决贫困问题，各级政府和帮扶单位制定了多种直接与被帮扶贫困户对接的优惠政策，或多或少都会让贫困户有一种"不劳而获"的感觉。因此，在政策帮扶的情况下，尽管已经保障了群众的基本生活，但"福利效应"的背后却是对贫困农户懒散行为的一种"鼓励"。往往导致扶贫政策目标偏离，出现"养懒汉""搭便车"等不良现象，加剧了贫困户"等、靠、要、懒"的思维路径依

赖，形成"能力贫困—精神贫困"的恶性循环。

2.3 乡村振兴理论

2.3.1 乡村振兴

2020 年，我国的脱贫攻坚任务取得了全面的胜利；2021 年，《中共中央　国务院关于全面推进乡村振兴加快农业农村现代化的意见》再次提出"全面推进乡村振兴，加快农业农村现代化"。乡村振兴是以农民为主要群体，在其生活和生产的乡村，从事以农业为主的产业活动，为实现乡村现代化建设战略目标而开展的一项社会工程。

1. 基本概念

乡村振兴是全面建成小康社会战略目标的新时代背景下我国政府为了乡村建设提出的政策，强调了农业经济在我国经济发展中的重要基础地位，是改革开放以来我国政府针对国情与矛盾做出的又一次重大的战略部署，体现了我国政府对农民、农村、农业的高度重视，意欲解决农业产业不合理、农业技术落后、农业发展不平衡等问题，缩小城乡之间的贫富差距，构建富强、民主、文明、和谐、美丽的社会主义现代化新乡村。

2. 乡村振兴提出的背景

我国作为一个人口大国，目前的人口总数已经超过 14 亿人。当前我国农村人口仍然占有较大比重，如何惠及如此庞大的农村人口，使其过上幸福生活，是我们避免不了的难题，也是我国长治久安的重要课题。此时国家提出乡村振兴战略，实际是在提醒我们，我国的国情已经到了必须进行乡村振兴的阶段，这是我国要振兴农村的决心。

就农村的就业比例问题而言，发达国家如美国的就业比例为 1.3%，其他发达国家在 3%、4% 左右，而我国的就业比例为 26.5%。[①] 当前我国农业产业劳动

---

① 和发达国家的分产业全面对比，差距不仅在工商业，农业差距更是大 [EB/OL]. 腾讯网，ht-tps：//new. qq. com/rain/a/20210113A08OAJ00，2021 – 01 – 15.

生产率较低。从国内产业间对比来看，根据国家统计局 2020 年数据，我国农业劳动力生产率仅为 44047.92 元/人，二三产业的劳动生产率则分别高达 178045.03 元/人和 154156.76 元/人，而我国农业劳动生产率低的主要原因在于农业剩余劳动力转移受阻，农业劳动力占总劳动比重高达 23.59%。根据世界银行数据，除中国外的其他中高等收入国家该指标平均水平仅为 17.31%，若按照这一水平计算，则农业劳动生产率将达到 60053.43 元/人。从高收入国家的情况来看，其农业劳动力占比的平均水平仅为 2.75%。这既体现出我国比起高收入国家的农业劳动生产率水平还有不足，但同时也体现出农业现代化的实现将为我国开拓出更多经济增长的空间与可能。① 截至 2020 年，我国的城乡差距高达 2.56，即便是非洲的低收入国家乌干达，其城乡收入也只有 2.3 左右。② 我国在教育、医疗等基本保障方面与其他国家相比也存在一定的差距，农民现代化差距较大。我国曾出现过"民工潮"，虽然部分农民进入了城市，但仅仅是人口的流动，并不是真正的城镇化。目前我国农民中有专业技能或受过职业教育的人较少，文化水平较低。这些问题影响着我国经济社会发展的全局。

构建新发展格局我们必须要走乡村振兴之路。目前国际形势动荡不安，保障粮食安全的极端重要性更加凸显。我国的经济循环方式是加快构建以国内大循环为主体、国内国际双循环相互促进的新发展格局。扩大内需是促进国内大循环主体的前提，乡村振兴战略的提出，可以充分激发经济增长潜力。统计显示，农民愿意把更多的新增收入用于消费，这就意味着新发展格局有了强力的支撑。有关数据表明，从我国的增量资产产出率可以看出投资边际效率下降趋势明显③，只有增加农民基础设施投资，将农村集体资产融入国民经济循环的新格局之中，才可以形成城乡联动的新发展格局。

2.3.2 乡村振兴的意义

1. 实施乡村振兴战略是新时代解决我国社会主要矛盾的迫切要求

现阶段我国的社会矛盾已经发生较大转变，最大的不平衡出现在城镇与农村

---

① 补齐"三农"短板 为大循环提供支撑 [J]. 广州日报, https://baijiahao.baidu.com/s?id = 1729976273291525164&wfr = spider&for = pc, 2022 - 04 - 13.

② 贺雪峰. 如何理解现阶段中国城乡差距——兼与叶兴庆、李实商榷 [J]. 社会科学, 2022 (06): 137 - 145.

③ 回亮. 释放农村消费市场潜力促进乡村全面振兴. 经济参考报 [N]. 2021 - 07 - 13.

之间,最大的不充分是"三农"发展的不充分。只有实现乡村振兴才有助于实现社会主义现代化,建设社会主义现代化强国。

2. 实施乡村振兴战略是国家实行对外开放政策的重要抓手

现阶段现代市场经济体系运行存在着深层次的矛盾,为了解决这个矛盾,需要国内、国际两手抓,为此,我国制定了国内、国际双循环的经济发展模式,相较于国际经济循环模式存在着不稳定因素,国内循环更加安全可控,因此乡村振兴战略可以达到更多更好的福利效果,可以为对外开放的经济战略打下坚实的基础,提高我国的国际竞争力和影响力。

3. 实施乡村振兴战略是呼应新时期全国城乡居民进步的重要内容

目前我国的农业发展、新农村建设以及农民的文化教育历史问题突出。乡村群众与城市居民都向往美好的生活,都希望接受更多的科学文化教育。乡村振兴战略的实施,呼应了新时代城乡居民对新发展的期待,可以提高农业现代化水平和助力社会主义新农村建设,促进农民文化水平的提高。

4. 实施乡村振兴战略本质上是解决"三农"问题的重要举措

现阶段我国存在"农业不发达,农村不兴旺,农民不富裕"的问题。乡村振兴战略的实施,就是为了解决这一问题。通过树立新的发展理念,达到"三生"①的协调,促进"三业"的发展,最终建设成"看得见山、望得见水、记得住乡愁、留着住人"的美丽乡村。

2.3.3 乡村振兴的内容

乡村振兴战略的目标是按照产业兴旺、生态宜居、乡风文明、治理有效、生活富裕的总要求,建立城乡融合发展机制体系。到 2035 年,乡村振兴取得决定性进展,实现农业农村现代化;到 2050 年,乡村振兴全面实现农业强、农村美、农民富。乡村振兴战略包括七大内容②,分别是:

---

① "三生"指生态、生活、生产。

② 习近平:决胜全面建成小康社会 夺取新时代中国特色社会主义伟大胜利——在中国共产党第十九次全国代表大会上的报告 [EB/OL]. 中华人民共和国中央人民政府网站,https://www.gov.cn/zhuanti/2017-10/27/content_5234876.htm,2017-10-27.

1. 重塑城乡关系，走城乡融合发展之路

国务院提出的《关于建立健全城乡融合发展体制机制和政策体系的意见》中指出城乡融合发展的根本目的是重塑新型城乡关系，走城乡融合发展之路。我国当前的主要矛盾是人民日益增长的美好生活需要和不平衡不充分的发展之间的矛盾。因此走城乡融合发展道路是解决社会矛盾的必然选择。

城乡融合发展。一个国家的现代化程度的重要标志是城乡融合发展的程度。西方发达国家的发展经历了由工业化起步到城镇化再到农业现代化，最后信息化的过程。根据目前形势来看。工业化我国已经实现，城镇化也有很大的发展，信息化也得到了极大的普及，唯独在农业现代化方面存在短板。要按照实现两个一百年奋斗目标的战略部署，与乡村振兴战略规划紧密衔接，分三步走来实现。第一步，到2022年城乡融合发展机制初步建立，促进城乡要素自由流动。第二步，到2035年城乡融合发展机制完善，农业农村现代化基本实现。第三步，到本世纪中叶，城乡融合发展机制成熟定型，乡村全面振兴，基本实现共同富裕。

补齐短板，公共基础服务设施成果共享。面对城乡公共服务不均衡、基础设施差距大、产业发展水平以及城乡居民收入等之间的差距问题，必须加快解决上述问题的短板，促使乡村与城镇共同发展。

重塑工农城乡关系，发展县域经济乡村产业振兴是关键。县城作为连接城市与乡村的重要结合部分，连接着工业和农业，连接着农民和市民。乡村产业是发展县域经济的关键，当前乡村产业发展的重点是解决质量效益不高、产业链链条偏短、产业基础设施薄弱、连接不紧密四方面的问题。

建立县域倾斜体制机制，打牢乡村振兴重要保障。重塑工农城乡关系，要正确认识乡村的重要性，打破长期以来重工轻农、重城轻乡的思维定式。需要通过优化现代乡村产业布局、加强乡村振兴人才支撑、创新乡村产业发展用地新路径、建立多元稳定的投入保障机制、推进城乡公共服务均等化、符合条件的农业转移人口真正实现市民化等措施来构建县域倾斜体制机制。

2. 巩固和完善农村基本经营制度，走共同富裕之路

党的十八大以来，以习近平同志为核心的党中央对农村的经营制度做出了进一步强调与深化。党的十九大报告中明确提出：要巩固和完善农村基本经营制度，深化农村土地制度改革，完善承包第三权分制制度，保持土地承包关系稳定并长久不变，第二轮土地承包到期后再延长三十年。巩固和完善农村基本经营制

度，是乡村振兴的根基。① 要从三个方面出发：

第一，坚持人民至上，无论基本经营制度怎么改变，制度的本身是服务于农民，不能让农民的利益受损。尊重基层创造，要大力支持农民在实践中进行探索，同时要想巩固和完善农村基本经营制度，也需要农民的不断探索创新。在经营制度改革中，人民的利益是放在首位的。

第二，要坚持实事求是。农村基本经营制度的改革是要实地走出来的，而不是凭空想象的，要符合我国的国情和生产力的发展水平。坚持实事求是，就是要根据实际的生产力发展分统结合，理性引入社会资本，开展集中经营，避免资本无序扩张，善始善终加强资本的审查管理，引导资本服务于农民，而不是损害农民利益。土地流转速度、经营规模适中，避免盲目快速大规模土地流转，最后经营不善导致土地回流。

第三，坚持守正创新，坚持"三固化，三创新"。"三固化"即在社会主义特色产权制度安排不变、农村集体经济组织成员承包土地权利不变、家庭承包经营为基础不变三方面固化，"三创新"即创新发展新型农村集体经济、创新小农户分散经营与新型农业经营主体规模化经营的利益连接机制、创新社会化服务供给机制。要做好"三固化，三创新"，就要探索土地所有权、承包权和经营权的权利束细分体系，探索土地承包权退出流转机制，探索新的经营方式。

3. 深化农业供给侧结构性改革，走质量兴农之路

《关于落实发展新理念加快农业现代化实现全面小康的若干意见》首次提出"农业供给侧结构性改革"，农业供给侧结构性改革要在土地制度、农业结构、粮食体制三方面下功夫。

（1）土地制度改革。

纵观新中国成立以来我国农业发展的历史，都是从土地制度开始的，土地制度是粮食增产、农民增收的基础。

当前土地制度改革面临三个问题：一是长久不变的现实问题，二轮承包责任制的权责利"长久不变"，这就导致一系列的具体问题或操作性问题的出现。二是例如宅基地等其他土地的固定化、财产化是否需要长期不变等问题。三是农民财产权益的保护问题。因此，土地改革要重点放在以下方面：

第一，全面落实农村土地承包经营权的规定。通过实地测量和图像解析等技

---

① 完善农村基本经营制度　夯实乡村振兴发展根基［EB/OL］. 大河网，https：//theory. dahe. cn/2022/07 - 11/1058027. html，2022 - 07 - 11.

术手段，明确每个农户承包的具体土地面积，以便对第二轮土地承包制度进行优化调整。实现农村土地所有权、土地承包权与土地经营权的"三权独立"。

第二，改革集体经营建设用地。将农村集体经营建设中的闲置土地，根据同地同价原则进行交易买卖，在增加集体经济效益的同时缓解城镇建设用地不足问题。

第三，改革宅基地制度。根据农民意愿，针对全部搬迁至城内的农户家庭，将其农村中闲置的宅基地用于交易。

第四，革新土地征用制度。对土地收用体制的改进是土地制度变革的核心和难题，涉及各方面的复杂关联。需要明确区分土地征用的目的。严格划分公共利益和商业性质，针对不同用途的土地征用，其价格应满足农民需求并与市场价值相符，同时健全相关的利益保护措施。

（2）农业结构调整。

历史上我国农业结构已经发生过两次重大的调整，第一次调整解决种植业中粮食结构比重过高问题；第二次调整针对低质量农产品供过于求，高质量产品供给远远不够的情况。目前我国农业结构存在的主要问题是：饮食安全方面的农产品主要依赖于进口；由于人口红利逐渐消失、劳动力成本上升，农产品失去国际竞争力；人地矛盾冲突，人畜粮食供给不均衡。针对上述农业结构存在的矛盾，农业供给侧结构性改革下农业结构调整应从两方面入手。

第一，农业经营结构调整，农业经营结构应与农业资源禀赋相适应。通过发展新型农业经营实体和建立现代农业社会化服务机制，来塑造创新型农业管理体系。这一体系的形成有助于当前双重经营模式逐步向"集体所有权、家庭承包制、多样化经营方式"的改进演变。加固领军企业与各类农户之间的联系，应建立健全现代农业社会化服务体系，以弥补农业供给侧结构性改革中的不足之处。

第二，调整农业产业结构。产业结构的优化需依据国内外市场和资源条件，推动农业产量与收益的增长，并从四个方面来挖掘农产品优质化、安全化和农业生产的可持续性。

①树立粮食和大国土观念。我国是一个人口大国，粮食是国家的生命线，将人均400千克粮食作为宏观调控线①，随着居民食物结构的变化进行动态调整。

②促进粮食作物、经济作物、饲料三种农作物种植结构协调发展。平衡三类农作物的播种比例，充分发挥耕地及其他土地资源的优势，解决畜牧业饲料需求问题，同时缓解因食品安全导致的农产品进口压力。

---

① 国际公认的粮食安全线。

③促进一二三产业融合互动。农民收入持续快速的增长难度远大于城镇居民收入的增长，一二三产业融合发展就是一个解决该矛盾的重要突破口。

④充分利用国内外两种资源、两种市场。做大做强国内优质农产品，增加国际竞争力，提高农产品出口量。优化进口农产品布局，丰富进口农产品的多元化和多样化，创造条件影响国际农产品市场的走势。

（3）粮食体制改革。

目前我国粮食体制存在三个问题。第一，粮食产量与粮食进口粮同步增长，粮食作物产量持续增长，饲料作物供给乏力。第二，国内粮价高于国际粮价，粮食市场竞争力不足。第三，农业结构优化延迟，粮食产业收益趋稳定，但其他产业经营风险较大，收益性不稳定，边际土地逐步向粮食产业转移。针对上述粮食体制改革存在的弊端，应从三个方面进行改革。

第一，让市场调节粮食生产和供给，理顺粮食价格，保留必要库存。

第二，粮食补贴政策与粮价脱钩，粮食补贴向种粮大户、家庭农场、农民合作社等主体倾斜。粮价成本根据市场情况动态调整，确保农民收入不随市场变化而变化。

第三，树立粮食安全观。利用国际市场确保粮食安全，将粮食安全观念由生产转变为必要保障。

4. 坚持人与自然和谐共生，走乡村绿色发展之路

乡村振兴要走出一条绿色的发展之路，就要遵循人与自然是生命共同体的生态思维模式；遵循"绿水青山就是金山银山"的科学发展理念；遵循促进和实现人的全面发展的价值追求。

乡村振兴的发展是可持续的发展，并不是破坏式的发展，自然界的可持续性才是乡村振兴的可持续性。乡村的一切活动源于自然，没有了大自然，一切发展等于"0"，敬畏自然、尊重自然、顺其自然是乡村振兴的前提。劳动过程不能脱离自然而进行，农民的劳动活动时间与作物的生产时间都与自然运行周期紧密联系，要以社会和自然界的有机统一作为发展原则，管理好自然界的临界值，科学规划和生产。习近平总书记提出的富强、民主、文明、和谐、美丽的社会主义现代化强国，就体现了人与自然之间的关系。乡村振兴的发展也必须按照增值经济资本与增值自然资本统一的原则。人与自然之间的关系，其中人是重要的参与者，要满足人对自然的需求，享受自然的成果，把人民对美好生活的向往和优美生态环境的需要紧密联系在一起也是乡村振兴中不可或缺的一环。

5. 传承发展提升农耕文明，走乡村文化兴盛之路

乡村是中国文明的根基，我国是一个拥有五千多年农耕文明的国家，在这五千多年之中，乡村文化起着重要的作用。如今乡村文化失衡危机影响了乡村的振兴，需要宏观和微观层面紧密研究新时代的乡村文化兴盛之路。

尊重优秀的传统乡村文化。乡村文明是我国民族文明史的主体，中华优秀传统乡村文化是我们国家的软实力，随着"空心村""空巢老人""留守儿童"等现象的出现，优秀的传统文化面临着巨大的挑战，一些优秀的传统习俗、鼓舞人心的民歌、吃苦耐劳的精神等乡村文化在不断消失。对于这些文化，我们要积极保护，同时也要警惕传统陋习和封建迷信，切忌因为糟粕的文化，断送了精神命脉。

传承农耕文明。由于工业文明的不断发展，一边是传统乡村社会生产生活和乡土伦理交往方式在退出历史舞台，另一边符合现代社会的文化系统还没有形成。传承优秀的农耕文明成为传统的农耕文明与先进的现代化农村文明的桥梁，同时也是乡村文化兴盛之路。五千多年来我国乡土文明之所以长盛不衰，是因为劳动人民汲取了其中的智慧和力量。因此在传承乡村文化时要把集中符合现代化的元素提取凝炼出来，并将其赋予时代的背景和条件，充分融入现代化社会发展，构建新的乡村社会共同体。

以新发展理念探索乡村文化兴盛之路。乡村振兴中文化有着其他社会要素不可替代的作用，必须贯彻创新、协调、绿色、开放、共享的发展理念，突出农民的主体地位，在文化传承中要倾听农民的意愿，必须与农民同呼吸、共命运、心连心，要体现出在乡村中农民才是真正的主人。乡村文化的传承要与社会主义核心价值观的培育紧密结合，把社会主义核心价值观的理论逻辑与乡村振兴中的行动逻辑结合起来，在这个过程中要做到农民主动地学习靠近而不是被迫接受。

把糟粕陋习关进制度的笼子，建立自治、法治、德治的乡村治理体系制度规范和保障乡村文明建设。"以规立德，以德净气"，强化农民对乡村文化的认同和学习，有效约束陋习，形成良好的村风民俗，确保中国特色社会主义乡村振兴道路的制度文化在乡村社会的建立和维护。

6. 创新乡村治理体系，走乡村善治之路

治理体系和治理能力现代化是国家政治的未来发展方向，而乡村治理是治理体系的基础和重要组成部分。要建设好乡村治理体系，单单从某一方面治理是不行的，需要从自治、法治、德治三方面进行治理，简称"三治合一"。自治是

"三治合一"的主要内容，法治是保障底线，德治是辅助工具。完善乡村治理体系，要从治理理念、治理机制和治理方法三方面进行。

治理理念是乡村振兴战略的思想保障。通过学习、宣传、教育来引导基层干部和基层民众认识到乡村治理的重要性，通过治理体系来规范秩序确保"三农"工作顺利开展最终达到乡村振兴的目标。

治理机制是制度保障。要探索建立乡村治理工作长效机制；健全完善责任机制，落实目标，考核内容，激发工作潜力；健全工作机制，实行县乡村 3 级纵向联动和部门横向联合互动机制，形成自上而下的督导体系，有序开展治理工作。

治理方法是有效之举，方法决定了效率。乡村治理体系建设也要讲究方法，要加强组织建设，不断提升基层队伍能力，吸引科技人才和致富能手，加强对基层干部的监督，净化乡村社会环境；制定有效措施，推动工作创新发展，在工作思路、工作方法和工作载体上要进行创新，紧密结合依法治理；改变治理方式，注重工作效果，结合实际、因地制宜、对症下药，切不可照搬照抄别人的模式。

7. 打好精准脱贫攻坚战，走中国特色减贫之路

精准脱贫举措是乡村振兴战略的基础，是完成乡村振兴战略的前提任务。在党的领导下、各个主体的参与下、全国人民的奋斗下，2020 年制定了协同推进保障措施与实施路径，并且在思想产业、人才、文化、生态、组织、社会等方面协同保障了乡村振兴伟大战略的发展，实现了精准脱贫，打好了乡村振兴的坚实基础。

2.4　协同治理理论

20 世纪 70 年代初期，协同治理的研究开始逐渐进入大众的视野，经过数年的不断发展，该项理论的研究成果已收获颇丰，但是近年来，世界各国的研究学者对该项理论的内涵理解方面开始出现了不同的声音。如多纳休（Donahue）认为：社会各界对协同治理的理解有所出入，但是，根本的方向没有错误，都是认为在国家制定扶贫总目标后，社会中的各个主体，如政府、工商业部门、国有企业非营利组织等都朝着这个目标努力奋斗。[1] 扎待克也认为协同治理是社会各界

---

[1]　Donahue D J, Zeckhauser J R, Breyer S. *Collaborative Governance：Private Roles for Public Goals in Turbulent Times*［M］. Princeton University Press，2011.

各行业的责任，共同遵守社会制度，共同完成国家制定的预期目标，为增进各个主体之间的合作而同努力。① 在各个国家学者的共同努力研究下产生了目前所形成的协同治理理论，这一理论在学术界和社会界掀起广泛的影响，被广泛地应用于教学和实践等多个领域。从整体上看，协同理论具体指社会之中各个单独的利益经济体，基于某种设定的共同目标，各个主体共同参与、共同治理，集百家之优势，扬长补短从而有效提高效率，数倍放大公共利益。这个理论的特点主要表现在以下几个方面：协同治理的参与主体数量众多，同时该理论还认为在治理过程中，不仅政府是治理主体，非营利的组织、私营的企业以及全社会的公民也是共同治理的主体，这些主体都有自己的优势，在相互之间可以弥补各自的不足之处，实现最终的有效协同，成几何倍数的增强治理的效果。在治理主体众多的背景下，起主导作用的还是政府，社会非营利组织、合伙企业以及公民等虽然也是治理的主体，但是只能起到辅助的作用，不能替代政府的主导地位。各主体之间也不是简单的机械合作，而是根据环境的变化而变化，可以在面对问题时及时做出调整，在治理过程中可以灵活处理，提升治理措施的有效性。从协同治理的公共角度来说，协同治理是为灵活地应对在计划之外出现的诸多问题，最终促进治理效果和提升公共利益。

新中国成立以来，党对"三农"问题十分重视，特别是党的十九大召开之后，社会各界对"三农"问题都广泛的重视，并且不断呈现上升趋势，脱贫攻坚任务的胜利远不是让两千多万处于贫困线之下的贫困人口脱贫，而是在脱贫攻坚的推进中提升了贫困地区解决贫困问题的水平，并且为后人和国际社会治理提供了一个借鉴的方法和体系，极大地推进了中国崛起的进程。然而在我们为已经取得的巨大成就振臂一呼的同时，不得不承认当前的乡村治理路径依然存在许多的不足和缺陷，其中最主要的就是在解决脱贫攻坚的过程中，参与的主体远没有预计的那么多，例如在解决某项问题时并没有充分积极地调动社会各界的力量，各个主体之间分工不清，这些问题如果不能及时解决将会严重影响我国乡村治理的进程。这就说明不断加强社会各界在参与乡村治理工作中的参与感，对乡村治理具有重要的影响。在乡村振兴的大背景下，健全农村治理多元参与机制是提升农村治理水平的重要一环。

纵观学术界对协同治理理论的相关研究，我们不难发现国内与国外的研究结果存在着诸多的不同。从国外学术界的已有研究成果来看，因佩里亚（Mark

---

① Simon Zadek. *The Logic of Collaborative Governance：Corporate Responsibility，Accountability，and the Social Contract*［M］. Cambridge：Harvard University，2006.

T. Imperia）认为该理论是"一些利益不相关的主体，例如非营利组织、私营企业、合伙企业、上市公司以及社会公民，他们之间的利益并不是相同的，如果制定的一个目标与他们毫无关联，这些主体将会失去积极性，此时协同理论就要进行指导，控制和协调他们的行为和利益关系"① 的一种治理理论；艾莉森·加什（Gash A. A.）② 的观点是协同治理的论述和基本原理包含众多方面，但是它主要研究微观和宏观两个层面；史蒂芬·佩奇（Page S.）③ 将协同理论付诸实践，在一项研究中调查了参与的公民，通过研究重点解释了在居民日常生活中协同理论是如何运转的。从我国学术界研究的方向来说，协同理论已经根据我国的自身情况解决了很多现实的问题，例如余亚梅、唐贤兴④在政策能力方面将协同治理作为指导理论进行研究。方舒⑤针对三社联动工作中存在的困难，运用该理论进行了深度分析，并找到了解决的方法。赖先进⑥通过协同治理理论成功进一步研究了国家治理现代化背景下的协同治理理论和框架。李艳琼⑦根据这一理论成功探究了基层民主协商制度现实实现的困难和建设方向。协同治理理论在我国得到了广泛研究，但是一个重要的问题我们必须注意到：协同治理理论在我国"三农"问题上还有很大的发展空间，需要学术界的专家学者在协同治理理论的指导下对多元主体参与机制进行深入研究。

近年来，乡村振兴战略正在一步步展开，基于协同治理的多元主体参与机制得到了很好的应用实现和提升，为协同治理解决乡村问题提供了很好的实践案例，并为乡村振兴提供了强大的内生动力，但乡村治理多元参与机制运行过程中还存在一些问题，如在我国一些脱贫地区，作为乡村振兴主力军的公益部门，却没有真正参与到乡村治理工作中，未能有效推动乡村振兴进程。这些问题在一定程度上阻碍了中国乡村振兴的进程。面对这些问题，我们必须及时思考，如何用

① Imperia，Mark T. Using Collaboration as a Governance Strategy：Lessons from Six Watershed Management Programs ［J］. *Administration and Society*，2005（03）：281 – 290.

② Gash A A. Collaborative Governance in Theory and Practice ［J］. *Journal of Public Administration Research and Theory*，2008（04）：543 – 571.

③ Page S. Integrative leadership for collaborative governance：Civic engagement in Seattle ［J］. *Leadership Quarterly*，2010（02）：246 – 263.

④ 余亚梅，唐贤兴. 协同治理视野下的政策能力：新概念和新框架 ［J］. 南京社会科学，2020（09）：7 – 15.

⑤ 方舒. 协同治理视角下"三社联动"的实践反思与理论重构 ［J］. 甘肃社会科学，2020（2）：157 – 164.

⑥ 赖先进. 治理现代化场景下复合型协同治理及实现路径 ［J］. 理论视野，2021（02）：62 – 68.

⑦ 李艳琼. 整合与共治：乡村治理现代化背景下基层协商民主的实践困境与建构路径 ［J］. 百色学院学报，2020，33（04）：105 – 113.

好协同治理理论，优化乡村治理在乡村振兴过程中的多元参与机制。因此，在阐释协同治理理论的基础上，有必要对乡村治理实践进行深入探讨，探讨乡村治理过程中多元参与机制的现状、问题、问题产生的原因、趋势和优化方式。

乡村精英是掌握着诸多才能的人，他们有极强的管理能力、超高的文化素质，能够准确掌握国家颁布的各种信息。了解市场活动规律的是一群懂得经营、会管理的主体。而作为乡村协同治理的重要参与者，社会组织提供了诸多的服务和设施，弥补了乡村政府在提供公共服务方面的不足。例如漳州市某村形成了"基层党组织＋农村合作社"主体管理模式，改变了农村的发展格局，形成了"点动成线、线动成面、面动成体"的发展格局，带动了农村三产的产业链，合作社遍地开花。农业生产活动百花齐放，电商销售有序展开；旅游产业繁荣昌盛，形成了一接二、二连三的产业链；农业经济健康发展。从上述模式带来的优势，可以看出如果在乡村治理过程中有多个主体共同参与，并且各个主体之间相互协同、取长补短，弥补在乡村治理过程中存在的不足，可以极大促进乡村的发展。

2.4.1 农村治理多元化参与机制的不断发展和健全

当前，乡村治理更加强调以民为本，服务和管理是相互依赖、相互协作的，具体表现在：一是基层政府服务能力明显增强。二是催生了参与主体多元化的民主协商、共同合作的治理结构。三是自我治理体系呈现多层次发展态势。乡村建设活动的推进有效营造了宜居的生活环境。根据行业具体规划制定以及各地区实际发展要求，培育具有区域特色的旅游业，加强森林保护、河道清洁以及对农村卫生环境的整顿和提升，使乡村公共卫生设施、产业、服务等各方面都有较大提升，真正营造了山清水秀、景色宜人、宜居宜业的乡村生活环境。防返贫长效机制，解决的不单单是农民的经济问题，也要解决乡村的卫生健康问题。因此，在卫生环境方面也要建立相关的机制，要加快改变乡村的村容村貌，宣传医疗卫生知识，帮助广大村民养成良好的卫生习惯，打造宜居宜人的美丽乡村。同时，协同治理的多元参与主体要可持续、稳定的为乡村助力。参与主体不单单要提供经济助力，在文化、组织、人才、生态等全方面都要与基层政府相互配合。在众多治理范围中，人才还是起到主要作用，因此，要加强人才振兴，特别是要挖掘乡村中的能人贤人，让其发挥自己的优势，政府要做到知人善用，做好乡村治理过程中的中间人、代理人。另外政府要善于治理，这就对参与主体提出了要求，单靠政府一个人的力量是无法治理好乡村问题的，一定要加强和引导社会各个主体参与其中，集思广益将自己的管理经验、管理方法、管理理念引入乡村治理过程中。只有在多元主体参与的机制下，乡村振兴才能更加理性、完善的发展。要继续加强和改进基层组织建设，以党建为统领，这个要点不能变，乡村振兴战略这个战略方向不能变。在政务服务工作中，创建党员服务排头兵，在技术政策、监管帮扶、就业等方面精准扶贫，真正做到先进带后进、先富带后富。乡村振兴要根据自己的环境发展有特色的行业，古建、山水、溪流、美食都可以成为旅游的资源。加大与旅游相关的基础设施投入，让旅客来得舒心、住得舒心、吃得舒心、玩得舒心。引导农村开展专业合作社，农户小组竞相参与，共同致富。

2.4.2　乡村治理多元参与机制运行中的薄弱环节

首先，多元参与机制的治理体系，其主体责任与贫困需求的重合度还未达到高度一致。一些地区发展缓慢，对于多元化的参与式治理体系还无法理解，以至于在一些乡镇推行乡村治理措施，并不能达到高效的参与。这主要是因为在乡村治理过程中，没有明确各个主体的责任，以至于在参与的过程中，这些主体的工作内容和工作需求并没有达到高度一致，也必然导致在乡村治理过程中其所做的工作无法取得良好的效果，也无法承担应承担的责任。在这一机制中职责和需求没有达到高度一致的主要表现是：村委会在乡村振兴过程中，没有站好自己的位置。管理农村事务的主要载体是村委会，但在一些地区，村委会行政过度的问题比较严重，严重影响了乡村振兴战略中多元参与机制的实施，作为村级组织，村委会在村中本身就承担着自我治理的角色。但是在多元参与机制下，乡村组织放弃了自己的地位和角色，给村民造成了一种疏远的感觉，导致村民难以听从村委的安排，无法投入乡村治理过程中，这就严重影响了乡村振兴的进程。此外，在乡村发展缓慢的背景下，即使某些村落有自己的民间组织，也会受制于发展缓慢的因素，为了寻求发展，更多的是依赖于村委会，在乡村治理过程中处于盲目摸索状态，并不能单独存在，在乡村治理多元化的过程中，也并没有起到多大的作用，导致乡村治理结构处于不均衡的状态，职责与需求不能高度吻合。

其次，在乡村多元参与机制中，文化振兴缺席，随着我国社会的不断发展，网络变得越来越发达，丰富了人们的世界、改变了人民的生活方式、丰富了人民的娱乐生活、方便了人民的出行。但是也产生了诸多弊端，主要表现在网络上遍布的信息鱼龙混杂，网络上传递的奢靡享乐之风、懒惰之风等腐朽思想也融入了乡村生活。加之一些村民对其抵制力较弱，对优秀的文化不能发扬，相反还会产生抵触的心理。这些种种情况都表明在一些地区如果想要实现乡村振兴，文化振兴首当其冲，文化振兴面临着巨大的挑战。如果这些问题不能够得到很好的解决，文化振兴就不能实现，农村治理的多元参与机制就不能得到有效落实。从总体上看，在多元参与机制的治理下还没有实现有效的文化振兴协同。

最后，参与协同治理的主体运行效率不一，有的效率高，有的效率低。这就严重影响了协同治理的平衡性。乡村振兴的参与主体众多，涉及的行业领域也比较广泛，如果要同时提升各个参与主体的运行效率，实现各个领域之间需要的有效联动，均衡发展必不可少，需同步完成治理进程。例如在农村生态环境保护这一方面，协同治理的参与方呈现出的效率就有所不同，整体的运行效率较低。并且在一些环境恶劣的地区，多元参与主体体现出的效能无法起到推进作用。随着我国人口的不断增加，社会对农产品的需求不断增大，使农民不得不大量使用化肥，这一方法严重破坏了生态环境。但是部分地区的领导和农民并没有意识到问题的严重性，认为大量使用化肥可以提高产量，有助于推动乡村经济振兴，但是他们严重的忽略了乡村生态振兴。总体上看，在乡村振兴的各个领域，发展进程和方向各不相同，集中发展较为缓慢的是生态环境保护，在这个环节，因为环境保护并不会带来太多的利益，因此参与的主体较少，阻碍了乡村振兴整体多元参与机制的效能。

2.4.3　加强乡村治理多元的思考

1. 多元参与机制的建设基础有待夯实

当前城乡发展差距较大，农村资源大量向城市倾斜，这些资源中既有物质资源，也有人力资源，虽进一步推动了城市发展，但同时也使得乡村治理资源日益匮乏，为多元参与机制提供可靠基础的难度加大。另外，随着国家日益重视教育，民众的受教育程度普遍提高，许多农村居民也因此能够获得更多的教育机会以提高自身素质，而这些高素质的人才大多选择离开农村，到更有资源的城市就业、生活。即使是文化程度不高的青壮年，为了获得更高的经济报酬，也会选择到城镇务工，此时留在农村居住的大多是老人、妇女和孩子。在部分地区乡村治理多元参与机制运行过程中，各治理主体平时沟通交流较少，在突发事件发生时协同建设、有效配合较差，导致多元参与机制建设基础不够牢固。

2. 多元参与机制的相关机制有待优化

农民作为我国社会发展的一支主要的力量，在乡村振兴过程中也是重要的主体，但是由于传统思想根深蒂固，很大一部分村民并没有主人翁的理念，民主意识也不强。村中的各种事务本来需要全体村民共同参与，形成最终的结论，但是在调查过程中，部分村民对于村委会做出的决定毫不知情，完全没有参与其中，至于监督作用更是化为空谈，监督机制形同虚设，没有行使和维护自身权利的自觉性。村干部是乡村治理过程中管理好本村村民的重要主体，但是有部分村干部滥用职权，服务意识不强，更谈不上有何治理能力。更有甚者，某些地区官是官、民是民的思想依然根深蒂固，乡镇政府在多元参与机制的工作中没有转变自己的工作职能，只听从行政命令，选择性地进行乡村治理，并没有严格执行相应的策略，对农村的事务更是放任不管、任其发展，乡村政府对管理职能越位、错位、缺位等问题视而不见，这些种种问题无疑给乡村治理增加了繁重的成本，严重影响了多元参与机制的运行效率和效果。

第3章

国外防返贫长效机制的经验与启示

3.1 国外防返贫问题的研究

3.1.1 对脱贫的研究

由于发展路径和制度环境的差异,以及国外产生贫困的原因和返贫的表现与我国不同,因此国内外针对防返贫问题的研究也存在差异,我国对防返贫现象的分析重点是探讨如何摆脱贫困问题的实现路径。首先,关于贫困原因的讨论,国外学者从微观层面和宏观层面做了具体的阐述。在微观层面,奥本茨等学者认为,现在发展中国家经常出现贫困和返贫现象,是因为存在大量的低基本素质的劳动力。[①] 这些学者认为,严重低下的整体素质是发展中国家贫困现象的根源,也是其存在返贫风险的关键原因。在宏观层面,奥本茨认为,贫困人口所处的环境是导致他们治理贫困问题困难的根源。他认为,要想摆脱贫困,需要转移贫困人口,将他们转移到自然环境较好、经济条件较好的地区,或者让当地资源不断完善和优化。[②] 人类学家路易斯认为,贫困或返贫只会发生在特定人群中,这类人群本身就带有一种贫困文化,所以再多的政策支持对这类人群也无济于事。[③] 也有研究表明,经济资本的缺失才是造成贫困以及脱贫后返贫的关键诱因。例如,在"循环积累因果关系"理论中,其提出者将收入低的原因归咎于没有形成

---

①② 郝嘉玉. 资产建设视角下牧区防止返贫长效机制建设研究 [D]. 内蒙古:内蒙古大学, 2022.
③ 楚永生, 石晓玉. 宏观视角下贫困理论的演进及其意义 [J]. 理论学刊, 2008 (02):55−59.

充足的资本和不均匀的收入分配，低收入的结果带来教育、科技、文化和卫生水平落后，直接降低了此地区居民的生活质量，进而造成贫困的恶性循环。① 一些学者还提出了社会环境致贫论，汤逊德（Townsend）认为整个社会建设和经济建设的结果都会对贫困产生重要影响："发展中国家贫困人口屡屡陷入贫困的根本原因包括基础设施建设落后、贫困群体就业机会不足和分配方式不公平等，同时一些政府只追求效率的扶贫方式也会迫使贫困人口过度依赖社会福利。"② 美国经济学家纳尔逊认为，"低水平均衡陷阱"之所以出现，是为了平衡持续增长的贫困人口数量和不断增长的社会经济之间的不协调关系，他认为持续增长的贫困人口数量对社会经济增长带来的正向收益具有抵消作用，若这种抵消作用得不到改善且一直处于持续循环之中，将导致发展中国家贫困人口数量常年持续不减或有增无减的现象。国外学界在防返贫的路径方面的意见不一。持自由主义观点的学者认为，市场自发的力量可以使资本主义经济自然趋向均衡，从而使贫困人口摆脱贫困。如密尔顿·弗里德曼认为，在不损害市场自然竞争、扰乱市场秩序的情况下，可以对特定群体提供负所得税，维持低收入者的最低生活水平，也有利于提高该类群体参与工作的积极性。③ 有学者主张，贫困问题应该由政府从宏观层面介入。例如，在"大推动理论"中，罗森斯坦·罗丹认为，只有国家才具有主导地位，有权力和能力在全国范围内实施一定的投资，从而帮助贫困地区摆脱贫困，进而促进经济的全面快速发展，确保其平均增长。④ 冈纳·缪尔达尔等则提出了地区发展不平衡战略，即通过在一些地区优先发展某些领域来带动"欠发达地区"在该领域的发展。⑤ 也有学者阐述了实施有效扶贫的具体路径，如舒尔茨认为，国家应当重视人力资本的作用，通过加大教育培训投入来提高人口素质，是强化贫困人口福利非常有效的方法。科迪和科罗斯（Coady D and Grosh M）从教育和健康方面扩展了扶贫方式的新思路，他们认为优质的教育和健康的体魄能促进收入的提高，可以通过这种方式提高贫困群体的收入水平、生活水平从而彻底脱离贫困。⑥ 阿比吉特·班纳吉提出了摆脱贫困的新思路，即用正确的信息引导贫困群众做正确的事情，特别是在扶贫模式的研究上，"穷人的信仰"

---

① Richard R. Nelson，李德娟. 欠发达经济中的低水平均衡陷阱理论［J］. 中国劳动经济学，2006（03）：97－109.

② 楚永生，石晓玉. 宏观视角下贫困理论的演进及其意义［J］. 理论学刊，2008（02）：55－59.

③ 卢周来（译）. 贫穷经济学［M］. 上海：上海文艺出版社，2002：20－33.

④ 陈郁. 罗森斯坦—罗丹·"大推动"理论述评［J］. 经济学动态，1987（09）：57－60.

⑤ 尹伯成. 缪尔达尔和他的循环积累因果原理［J］. 世界经济文汇，1987（05）：69－71.

⑥ Coady David，Grosh Margaret，Hoddinott John. *Targeting of Transfers in Developing Countries：Review of Lessons and Experience*［M］. 2004－08－01.

应该转变。① 国外的研究大多集中在经济学发展领域。王卓将国际上主流的扶贫模式分为三类，第一类是"发展极"模式，该模式主要参考巴西和墨西哥，即通过集中使用资本和发挥技术的创新作用，集聚形成潜力巨大的发展群体，以知识和技术的共享带动周边地区的发展，最终促进地区经济的整体发展；第二类是"满足基本需求"模式，该模式主要参考印度和斯里兰卡，提出了短期和长期消除贫困的两种方法，即直接向贫困人口提供卫生保健、教育、健康服务和适当营养以及通过加快经济增长实现贫困人口劳动生产力和收入水平的提高；第三类是"社会保障计划"扶贫模式，该模式主要参考欧美国家，以社会保障体系为核心，该模式认为，"政府应当通过财政手段努力实现国民收入的再分配，如今这一模式已成为发达国家反贫穷的主要措施之一"。②

3.1.2　对防返贫的探索

目前，国际上对返贫问题的研究较少，且主要参考动态的贫困理论。该理论诞生于 20 世纪初，并从 70 年代的美国开始兴盛，最终于 80 年代被国际学术界普遍接受（Lv，2007）。贫困动态论强调的是，贫困家庭在时间维度上会呈现出贫困、脱贫、返贫的动态转化，这种周期性变化过程包含了单位时间内贫困状态与非贫困状态的转化信息（Bane and Ellwood，1986）。贫困研究通过对贫困的动态分析，从单纯的脱贫研究延伸到脱贫与返贫并重的研究范畴。拉瓦雷（Raval-lion，1988）按时效性将贫困粗略划分为两种状态，即暂时性贫困与持久性贫困。而休姆和谢帕德（Hulme and Shepherd，2003）在此基础上将贫困状态细分为五种状态，即长久、经常、胶着、偶然和从未。动态性分析贫困问题不仅要考虑贫困群众个体层面的因素，还要考虑区域差距。个体贫困动态分析的研究对象是个人、家庭以及群体（Rigg and Sefton，2006；Carter and Barrett，2006）；区域贫困动态分析则关注区域贫困深度指标的时间变化规律、区域贫困的空间格局与时空演变等（Lietal，2019；Luoetal，2021）。

罗伯特（Robert，2005）认为贫困具备普遍性和暂时性，脱贫和返贫处于动态的变化过程，返贫就像脱贫一样普遍。格斯塔等（Gusta et al.，2009）对中国省级面板数据实证检验后发现，农户的慢性贫困比例会高于短暂性贫困。这说明，完成脱贫后的贫困人群仍然存在较高的返贫风险，依旧是下一步战略的重点

---

① 阿比吉特·班纳吉. 贫穷的本质 [M]. 北京：中信出版社，2013：1-10.
② 王卓. 中国人口贫困研究 [M]. 成都：四川科学技术出版社，2004：69-72.

关注群体。哈维（Harvey，1983）基于全球中低收入国家数据，通过实证检验发现治理不善和自然灾害会加剧返贫风险。对于返贫风险的应对，科迪和科罗斯（2014）提出防返贫不应只从补助方面考虑，提升教育和健康水平来降低返贫风险更有效。卡尔兰等（Karlan et al.，2014）认为只有长效的金融扶贫模式才能够帮助贫困人口脱贫致富。

相较于返贫问题，国际学界关于脱贫理论与减贫措施的研究则更为丰富（Zhang and Wan，2006；Ravallion and Chen，2007；Montalvo and Ravallion，2010；Liuetal，2016）。根据世界各地降低贫困所采取的措施可以发现，因地制宜地采取脱贫政策可以有效改善贫困人口收入状况，降低贫困发生率。经研究发现，财政支出对提高贫困人口收入、改善贫困状况具有重要作用（Gittle，2010）。有学者研究证实了菲律宾的食品补助政策在脱贫方面的效力，结果显示，实施该政策的脱贫效果明显比未实施该政策的脱贫效果强（Conchada and Rivera，2013）。伊迈等（Imai et al.，2015）则认为非农就业补助可有效改善贫困人口收入状况。

对贫困的定义及成因研究。阿马蒂亚·森（Amartya Sen，2004）将贫困定义为："一个家庭的所有成员的劳动所得，在家庭开支方面，不能够满足其整个家庭的开支"。他指出，家庭之所以处于贫困状态，根本原因是其所拥有的收入低到不足以维持其最低生理需求。弗利特（Vliet，2015）认为懒惰思想、学历低、自身基础能力低、没有努力奋斗的精神等是贫困发生和存在的首要原因。

对防止返贫的研究，威廉·阿瑟·刘易斯（William Arthur Lewis，2014）认为可以转移剩余劳动力，促进管理模式的转移。通过对二元经济模型的梳理和分析发现，过去我们的劳动力采用的是传统管理模式，在后精准扶贫时代，可以向现代管理模式进行转移，这样可以有效的改善返贫问题。塞缪尔（Samuel，2015）认为：首先可以从农村地区入手，但是要坚持能力建设的观念，而非用物质投入来解决反贫困问题。在具体措施上，维利特（AfVan Vliet，2015）认为，对于脱贫群众如何应对他们的返贫风险，可以从教育和就业两个方面来改善，一是增加教育资金投入，重视教育。二是增加就业技能培训，提高创收能力。多伊奇（Deutsch J.，2005）等认为，加大教育和培训力度，进而提高人口素质不失为改善贫困的最有效途径。

防返贫作为脱贫后的一项重点工作，对于其学术方面的研究相对单一，主要包括两个方面：致贫原因和措施，而预防返贫的研究尚处于起步阶段，对返贫风险和预防措施的研究较少，所以这也给本书的研究提供了空间。中国现在已经进入了后精准扶贫时代，对返贫风险的研究以及防止返贫措施的研究，可能是今后一段时间研究的重点。

3.2 农业保险减贫路径研究

国外学者认为，在农业保险减贫的实现路径方面，有三条思路：一是"稳"农民收入。农业保险可以在发生自然灾害以后对农民的损失进行补偿，保障农民利益，稳定农民收入，降低贫困风险（Ravallion and Jalan，1998）；同时，为产量提供风险保障的农业保险可以保障因减产导致收入减少带来的风险，将因减产而损失的那部分收入弥补给农户（Carriker et al.，1991）。英尼斯等（Innes et al.，2013）认为具有转移支付性质的农业保险财政补贴可以促进农村经济增长，提高农民收入水平。二是"推"农业生产。农业保险可以在自然灾害等问题发生时给农民提供风险保障，对农民进行补偿，有了农业保险的兜底后，农民愿意投入更多的资金用于农业扩大产量，既提高了农民的生产积极性，又增加了农业产出，进而提高农业收入。三是推动融资增信。农业保险通过提供信用担保能够为银行提供保障，从而提高涉农融资相关业务的服务水平，同时也能够帮助农户振兴产业和发展技术，实现收入水平的提高（Gine and Yang，2009）。

卡里克等（Carriker G. L. et al.，1991）指出农业保险通过对灾后农民进行保险补偿，以减少自然灾害给农民带来的经济损失，是被多国政府认可的一种反贫困措施。具体地，内吉和维克里（X. Giné and Vickery T. J.，2007）提出农业保险对降低农户因灾致贫和因灾返贫风险具有明显作用。雷蒙德（Raimund M. et al.，2010）认为保险是应对灾难性致贫风险（如洪水或飓风）的有效方法，并建立破产模型探讨了对前述风险下贫困陷阱的避免方法。哈米德、罗伯茨和莫斯利（Hamid SA，Roberts J. and Mosley P.，2011）通过研究小额医疗保险对孟加拉国农村地区减贫的影响，得出小额健康保险与家庭收入、粮食充裕程度、非土地资产所有权及高于贫困线都具有正相关关系。洛伊等（Loewe M. et al.，2013）通过分析约旦的小额保险实施情况，得出推行小额保险是减少城市贫困人口和近贫困人口的有效方法，建议民间机构和商业机构在改革社会保险和社会救助计划的同时寻求合作。

朱挺等（As Fa WA and JP Jütting，2007）以塞内加尔为例，分析了健康保险在减贫中的潜在作用，但由于贫困户无任何医疗保险的保障，因而提出健康保险的覆盖范围应囊括最贫困的人口。德克和维尔姆斯（Dekker M. and Wilms A.，2010）重点研究了乌干达地区的健康保险问题，并估计了保险对其他风险管理策略的替代性，发现保险可以有效替代其他非正式风险管理方法并有效降低贫困人口返贫风险。肯尼等（Wherry L. R.，Kenney G. M. and Sommers B. D.，2016）重点研究了公共健康保险的潜在减贫效果，研究结果表明公共健康保险计划具有明显减贫效果，能够为有孩子的低收入家庭创造短期和长期的减贫福利。科伦曼和雷勒（Korenman S. D. and Rernler D. K.，2016）将全民健康贫困衡量标准（HIPM）运用于美国马萨诸塞州医疗改革试点的构建，研究健康保险对贫困人口的影响，结果发现公共健康保险福利和保费补贴能够明显降低贫困率。约翰斯顿、艾米莉等（Johnston Emily M. et al.，2020）通过分析 2014 年美国平价医疗法案（ACA）推出的扩大医疗补助计划（该计划将参与州的成人医疗补助资格提高至原来贫困线的 1.38 倍）对贫困中的新母亲（过去 1 年内完成分娩）的影响，得出该计划能有效扩展新母亲的保险覆盖范围，从而缓解其分娩后因缺乏保险保障而更加贫困的状况的结论。

在保险扶贫研究过程中，通过大量试验，充分证明了保险扶贫可以使贫困地区贫困人口大幅度减少，可以深度贡献于解决贫困问题。2016 年，詹岑（Janzen et al.，2015）对肯尼亚贫困地区的游牧民族进行研究，并且发现，在鼓励贫困人口进行适当投资建设的过程中，保险扶贫发挥了至关重要的作用，其效果要比直接以现金方式进行补贴扶贫更为显著。在防贫保险的机制上，詹岑（2015）再一次印证了防贫保险对农民的收入是有保障的，防贫保险可以在不确定的自然灾害面前为农民提供切实有效的保障，这振奋了贫困群体抗击贫困的信心，使他们无后顾之忧。巴雷特等（Barrett et al.，2018）引用的动态资产贫困线表明，风险损失使贫困边缘群体长期均衡趋向于贫困水平，保险对风险损失的补偿效应保护了其资产损失，进而达到防贫的效果。

美国作为世界上最发达的国家，其在解决贫困问题上采取的金融支农模式对我国有借鉴意义。美国在保险方面的金融智能模式是需求导向型，主要针对贫困农户在生产经营过程中遇到的贷款问题，有了这种模式，美国的农民会一直看好农业经济，通过金融贷款可以缓解资金问题。美国以需求为导向的金融支农模式获得了圆满成功，也为别国提供了可行的参考，非常适合其他国家学习。

首先，美国出台了金融政策，支持农民从事农业生产活动。农业融资与保险是美国政府帮扶农民的两条主要路径。美国政府引导银行和其他金融机构向农户提供贷款服务，并与保险公司联系，为农户提供保险保障。这些举措都有法规政策的支持。这样一来，农民有了国家的支持，就可以挽起袖子加油干，不怕行业没保障。同时，国家也勒令银行减免相应的利息。并且在购买农业保险方面，政府提供了 50% 以上的补贴。

其次，农村金融服务体系全面发展。在供需两方面的经济规律指引下，农村贷款制度和保险保障体系已经建立。这在很大程度上降低了农民在从事农业生产活动过程中的风险，同时也为农户扩大生产力提供了资金保障。

最后，美国政府也在积极开发与农业相关的多元化金融产品。在贫困地区，农民若想获得相应的贷款，需要有一定的抵押，如果抵押的物品质量差，以后的贷款就比较困难了。但这一问题在美国的金融智能模式下得到了有效解决。农民可以用没有产出的农产品进行抵押，这种抵押品可以在某些专有的财务公司借出资金，解决资金需求方面的问题。由于社会的不断发展，农民对金融理财的需求越来越多样化，这衍生出更多的理财产品服务。银行通过提供多样化的理财产品，帮助农民主动脱贫、减贫。这种模式在其他国家已有所推广。

3.3　国外经验如何匹配我国乡村振兴战略

我国政府和金融机构组织可以借鉴前述研究经验，加大力度开发适合我国农村地区的金融产品，为满足农户的金融需求提供更加多元的金融产品和服务，充分发挥金融在助推农村防返贫、乡村振兴发展中的作用。

由于各国的发展状况和制度环境不同，贫困的成因和特点也不同，使得脱贫后我国与各国的发展规划和方向也不同。因此，在借鉴国外防返贫经验时，需要考虑我国的实际情况，不能一味照搬照抄，需因地制宜，发展具有中国特色的长效防返贫机制。防贫保险措施确实是发达国家行之有效的办法。发达国家金融机构发达，财政支持有力，农业生产者经济收入较高，购买防返贫保险有一定的经济实力。中国的金融机构相对于发达国家来说，还有一定的发展空间。中国的土地种植环境复杂，平原、丘陵、林地、沼泽环境多样，而且中国南北跨度大，自然灾害频发。基于中国的环境状况，保险理赔的概率比较大，这就存在保险机构会不会愿意进入农村市场的问题。我国农民数量庞大，人均土地少，经济收入较低，部分农民没有多余的收入购买防贫保险。因此，在借鉴国外的防返贫保险措施中，如何让金融机构进驻农村市场，积极为农民提供保险服务，是实施保险扶贫措施的重要一环，也是农民开展农业生产活动的重要保障。针对中国庞大的农村人口、农村居民收入较低的这一特点，金融机构在制定保费时，应全面压价，保证农民买得起。同时，为刺激农户的购买欲，理赔金额应高于农户的生产收益，避免农户产生得不偿失的思想。

　　在贷款服务上，可参考发达国家的做法，如提供多样化的金融服务，农民在贷款的时候用自己的农产品做抵押，但是这个环节需要国家制定相关的法律规定。推动农民扩大自身生产规模，创新农产品品种，提高市场参与度，促使农民在经济活动过程中发挥重要作用。

第二篇

措　施　篇

第4章

乡村振兴背景下河北省防返贫衔接机制构建

4.1 防返贫与乡村振兴的关系

2015年11月23日，中共中央政治局审议通过了《关于打赢脱贫攻坚战的决定》。同年11月27～28日，习近平总书记在中央扶贫开发工作会议上特别强调，消除贫困、改善民生、逐步实现共同富裕，是社会主义的本质要求，是中国共产党的重要使命。[①] 2019年3月5日，国务院总理李克强提出要打好精准脱贫攻坚战。同年10月，国务院决定成立国家脱贫攻坚普查领导小组。2020年底，经过多年持续努力，中国如期完成了新时代脱贫攻坚目标任务，向全国人民上交了一份满意的答卷，创造了彪炳史册的人间奇迹。

2020年，我国打赢脱贫攻坚战，如期实现全面小康的目标。但脱贫攻坚结束后，"三农"问题依然存在，中央对此也高度重视，明确提出，要防返贫，并有效衔接乡村振兴。脱贫攻坚与乡村振兴两大战略之间存在进阶式关系。首先，乡村振兴是巩固脱贫攻坚成果的需要。对于中央提出的打赢脱贫攻坚战，需要从经济角度和政治角度全面分析。站在经济的角度，如果农村的贫困问题得不到有效解决，不仅拖住农村发展的后腿，还会降低城乡全局发展的速度。站在政治的角度，解决农村的贫困问题，是建党初心，也是执政之基，更是制度自信，能够

---

① 习近平在中央扶贫开发工作会议上强调　脱贫攻坚战冲锋号已经吹响　全党全国咬定目标苦干实干 [EB/OL]. 共产党员网，https：//news. 12371. cn/2015/11/28/VIDE1448712003094483. shtml，2015－11－28.

充分体现以民为本的需要。现阶段脱贫攻坚的任务已经圆满完成，但标准低、基础差、发展不均衡的问题依然存在，所以想要防止农村困难群体再次返贫，必须推动乡村振兴，才能实现中央"脱贫"初心。其次，乡村振兴是实现农村长远发展的必由之路。农村想要长远发展，脱贫只是基本性工作，即解决绝对贫困问题，重要的是需要振兴，即解决相对贫困问题。乡村振兴不仅是文化、生态、基础设施、社会治理的全面提升与改善，更是农村经济从量到质的飞跃。只有农村发展做实做强做硬，才能带动农村全面提升，实现乡村振兴，所以，农村不仅要脱贫，更要激发内生动力、提高发展能力、把握外部机会，推动农村经济发展，进而实现乡村振兴的目标。最后，乡村振兴是实现社会公平和共同富裕的需要。中国社会一直存在的城乡差别、区域差别、贫富差别等越来越成为抑制农民发展动力的因素，也进一步加大了社会矛盾。脱贫攻坚虽然在一定程度上缓解了社会贫困问题，但是贫富差距问题尚未得到根本解决，仍然是实现共同富裕的阻碍。但从整体来看，推动农村经济发展，促进共同富裕，实现乡村振兴才是农村发展的必由之路。

4.2　防返贫与乡村振兴衔接的必要性与可行性

4.2.1　防返贫与乡村振兴衔接的必要性

目前，我国城市与农村的发展存在明显的不平衡，并且随着社会的发展和利好政策的实施，这种理论上本应该缩减的城乡差距在有些地区甚至不减反增。可以从"信息不对称"理论来分析这一现象。虽然目前互联网已经入乡，但是与城市相比，农村相关的配套设施和专业化的人员还是比较缺乏的，所以在信息获取和应用方面依然存在信息获取不全面、不及时，信息应用不到位、不充分等问题，使得城市随着社会的发展和利好政策的实施发展迅速，而农村的发展速度不及城市，这就致使有些地方的城乡贫富差距越来越大，这样的现象对社会稳定很不利。为了解决这一问题，国家提出了两大战略以发展农村经济。虽然乡村振兴与脱贫攻坚在重点工作目标与过程、服务对象等多方面存在差异，但是两者都是国家为了解决农村发展问题所制定的战略。目前，我国已经打赢脱贫攻坚战，意味着在物资和资金方面已经对贫困农村进行精准帮扶。下一步将重点巩固脱贫攻坚成果，激发农村内部活力，鼓励农村人口自食其力、自力更生、自主劳动，从根源上解决贫困问题，促进乡村振兴发展。站在脱贫攻坚向乡村振兴过渡的关键时间节点，我国提出的防返贫具有承前启后的重要作用，所以有必要完善防返贫和乡村振兴的衔接机制，以巩固脱贫攻坚成果的方式将脱贫基础打牢，在此基础上实施乡村振兴战略才能保障实施效果。以下将从基层实践的现实需要、制度衔接的理论诉求和社会主义的本质要求三个方面对防返贫与乡村振兴衔接的必要性进行阐述。

1. 基层实践的现实需要

第一，防返贫与乡村振兴在实施过程中存在联系不紧密、动态监管不到位等问题，且这一现象随着时代的发展、农村人口意识的提升更为明显。再加之乡村振兴战略政策的发布，致使防返贫工作不能得到重视，实施不到位。为了确保准确、及时地将脱贫工作中积累的成功经验有效运用到乡村振兴战略中，需要重视两者的衔接工作，在现有成果的基础之上，根据当地的实际情况，因地制宜地制定出适合当地的发展方案。

第二，脱贫攻坚成果的区域性差异导致乡村振兴发展不同步。虽然我国已经打赢脱贫攻坚战，但由于各地区的贫困程度、脱贫方案等存在差异，脱贫的难度和复杂程度也有所不同，导致最后的脱贫攻坚成果存在区域性差异，进而影响下一步的乡村振兴战略安排。在经济欠发达的农村，返贫致贫的风险很大，应当重点巩固脱贫成果，动态监测返贫致贫对象，而对于发展较好的非贫困地区，当地政府在重点发展乡村振兴，忽视了防返贫工作，这就为协调与实施不同地区间的目标、方案等增加了难度。

2. 制度衔接的理论诉求

进一步了解防返贫和乡村振兴的内在联系，厘清两者的作用机制，也将有助于探索如何将两者进行有机衔接。防返贫与乡村振兴之间存在紧密关系，强调了两者之间的互动性、关联性，防返贫工作是乡村振兴的基础，乡村振兴是防返贫工作的重要体现，两者的共同作用才能促进脱贫攻坚战略向乡村振兴战略的发展。

目前，我国的农村发展方向是通过质量兴农战略、共同推进农村三产融合、引进现代农业生产模式和技术、推动农村可持续生产与种植、提升农民素质道德修养等措施建设农村治理体系并保障农民生活水平。而这些都是以贫困地区人民的物质生活和资金需求有保障为前提的，脱贫攻坚已经在物质和资金方面取得显著成果，如何有效利用这些成果发展农村，关键在于防返贫工作的实施，防返贫工作的实施效果直接影响乡村振兴工作的开展以及发展目标的实现。

就防返贫与乡村振兴的政策结构而言，防返贫的工作成果为乡村振兴发展奠定了基础，为乡村振兴工作的开展提供了可能。乡村振兴工作是防返贫工作的重要体现和延伸，因为，防返贫工作巩固了脱贫攻坚成果，为农村地区的乡村振兴发展解决后顾之忧，使得乡村振兴工作开展更加顺利。就落实防返贫工作和实施乡村振兴的主体而言，两者针对的对象具有一致性、重叠性，在制定主体方面也存在一致性。防返贫和乡村振兴由党和政府制定，同样也由党和政府领导实施，该两项战略政策是为农民群众服务的，因此，要重视农民群众的需求，号召动员各方力量为乡村振兴做贡献。防返贫工作使得脱贫攻坚取得的扶贫绩效更具有效性和持久性，乡村振兴则需要在此基础上进一步促进农村地区发展。

3. 社会主义的本质要求

共同富裕是最终目标。要有效实现我国的共同富裕，就必须有力消除现阶段存在的两极分化问题，一个重要途径就是发展生产力。如今，贫富差距和城乡差距日益扩大的问题是中国较为突出的社会问题，也是我国急需解决的重要问题之一。为了进一步缩小我国的贫富差距和城乡差距，维护农民的根本利益，脱贫攻坚战略和乡村振兴战略相继提出。目前，城乡发展不平衡、农村发展不足成为农村发展的主要矛盾，也是实现脱贫攻坚向乡村振兴过渡需要破解的难题。中国地区发展差距较大，不同发展水平地区的发展起点、发展条件、发展目标等各不相同，使得现有的乡村振兴目标不能过于理想化。党的十八大以来，在党和政府的带领以及全社会人民的共同努力下，我国的扶贫工作取得了显著进展，如期完成脱贫攻坚的任务，积累了丰富经验。现阶段，应该将脱贫积累的成功经验结合实际情况应用到乡村振兴战略中，而在这一过程中，防返贫工作的桥梁作用不能忽视。如何保证脱贫人口的可持续发展，如何保证脱贫后的农民不返贫，如何提高脱贫人口的内在发展能力等问题依然存在。加强防返贫动态监测机制构建和防返贫工作实施旨在巩固脱贫攻坚成果和解决"三农"问题，为促进乡村振兴战略的实施做好充足准备。由此可以看出，应该加强防返贫工作与乡村振兴战略的衔接，使脱贫攻坚的成果和经验更好地为乡村振兴服务。从社会本质来看，可以说两者的有机结合是有必要的。

综上所述，我国在脱贫攻坚与乡村振兴有效衔接的过程中之所以面临困境，其直接原因是在推进脱贫攻坚与乡村振兴过程中理论与实践存在不符，以及存在衔接实践零散化的问题，而防返贫工作的实施有助于解决这些问题，促进两项战略的顺利开展。防返贫属于短期性战略，需要在短期内完成任务，而乡村振兴是一项长期目标，需要进行长期的规划与长期的战略部署和安排。因此，有必要做好防返贫工作与乡村振兴的有效衔接。目前我国正处于完成防返贫工作的重要时期，各项协调和衔接机制不完善、不系统，下一阶段的基本政策和体制框架缺乏实践，如何从脱贫攻坚向乡村振兴过渡都是需要解决的问题，这也说明了防返贫工作与乡村振兴不可避免要实现有机结合。

4.2.2　防返贫与乡村振兴衔接的可行性

打赢脱贫攻坚战后，国家紧接着对防返贫工作进行了周密部署，以河北省为例。自防返贫工作部署以来，作为脱贫攻坚工作重点实施省份，河北省对防返贫工作也高度重视，紧随政策脚步，制定及时且符合当地化的政策文件。河北省建立防返贫动态监测和帮扶机制，且帮扶效果明显。据河北省乡村振兴局发布的信息，截至2021年底，全省共有防止返贫监测对象4.56万户、10.73万人，其中，2.82万户、6.53万人（约62%的防返贫检测对象）在相关部门的动态监测和帮扶下已经消除了返贫致贫风险①；2020年以来，全省没有发生返贫致贫现象。这说明防返贫工作的开展具有可行性且至关重要。接下来将从四个方面来研究防返贫工作与乡村振兴衔接的实施可行性。

首先，防返贫工作与乡村振兴衔接在时间上具有实施可行性。立足于早，建立防返贫预警机制。充分利用原有的脱贫数据库，建立完善的脱贫攻坚建档立卡信息系统和第三方评估成果，对脱贫户、贫困边缘户进行风险评估，并进行科学的动态监测。此外，还需要重视跟踪回访工作，将这项工作做好，在机构设计方面，应当保证脱贫后扶贫机构在一定时期保持机构不撤、责任不减，及时对相对贫困的人口建立防返贫监测台账，及时进行跟踪回访，对相关信息进行全面把握。除此之外，需要对不同类型的人员采用不同的机制进行分级管理，建立对应的分级预警机制，根据风险程度对检测对象进行分类，对于返贫致贫风险程度大的A类农户应当给予重点关注，对于B类和C类农户应当进行重点监测，促进稳定脱贫和农业农村发展。当然，在整个防返贫工作开展过程中，农户的发展意愿和行动的转变也是重点关注的内容。为了尽快实现脱贫攻坚向乡村振兴的过渡，还应特别注重对农户产业振兴、生态振兴、文化振兴、组织振兴和人才振兴的意识与能力培养。

---

① 河北省完善落实防止返贫监测和帮扶机制［EB/OL］. 人民网，http：//he. people. com. cn/n2/2022/0212/c192235－35131235. html，2022－02－12.

其次，防返贫工作与乡村振兴衔接在程度上具有实施可行性。立足于准，建立防贫识别机制。延续脱贫攻坚的精准原则，防返贫工作同样需要对脱贫攻坚成果进行精准巩固，乡村振兴更是要从产业、生态、文化等五个方面规划精准发展道路。建立通畅的信息沟通与报送制度，既包括政府与村镇干部之间的信息沟通与报送，也包括村镇干部与村民之间的信息沟通与报送。以村为单位划定网格片区，选聘专业的人员进行管理，构建横向到边、纵向到底的信息监测体系，实现上下级的信息共享互通。此外，需要针对返贫致贫风险等事项建立标准且严格的精准识别办法。推行进村入户测算收支、乡镇审核、县级认定等方法对返贫致贫户进行精准识别。提高识别机制的精度和管理制度的执行效率，对不同类型的农户做到分类管理、分类指导、分类施策。另外，还需要制定精准化的农村发展方案，补齐农村地区发展短板，整体提高发展水平，因地制宜地推动农村地区乡村振兴战略实施。

再次，防返贫工作与乡村振兴衔接在效果上具有实施可行性。建立稳定防返贫机制。明确相关利益联结情况，建立稳定的利益联结机制，明确防返贫工作和乡村振兴仅靠政府的指导和农户的配合是不够的，还需要社会相关利益者的参与。推进农业农村发展，鼓励龙头企业、农民合作社、家庭农场将脱贫户和贫困边缘户纳入产业利益链条中，稳定农户的增收水平和长期收益。此外，为进一步提高防返贫工作和乡村振兴的衔接效果，需要提高农户的"造血"功能，拓宽相对贫困人口的就业渠道，充分发挥帮扶企业和公益组织的作用，丰富就业形式，为全劳动能力、半劳动能力、无劳动能力者提供相应的工作岗位和公益岗位，稳定就业与灵活就业相结合，政府视情况给予基本的生活补助，保证能满足其基本生活需求。除此之外，还应当建立长效的双扶机制，加强对农户的思想教育，转变农户的思想观念，使其从思想上想就业想增收想发展，扶智扶志相结合，对风险级别下降的脱贫户，通过宣传等形式传递正能量，加强风俗文化建设，辅助防返贫工作实施。

最后，防返贫工作与脱贫攻坚衔接在行动上具有实施可行性。立足于实，建立兜底救助机制。防返贫工作需要结合当下发展趋势，运用数字化设备、信息化系统、全能性人才，创新兜底救助的方式。针对防贫对象的不同需求，采取个性化医疗救助、教育救助等，增加精准防贫救助的层次，扩大服务范围，真正做到缺什么补什么。领导阶层还需要完善兜底救助保障体系。有关部门需要根据当地情况及时出台相应的防返贫政策，建立综合保障体系，协调好以社会保险、社会救助等制度为主，以社会帮扶、社工助力为辅的工作运作机制，降低脱贫户和边缘户的返贫风险，让返贫人口享受到党委、政府的政策阳光。除此之外，相关部门应尽快向农村地区引入数字技术，借助数字技术的赋能作用加快防返贫工作与乡村振兴的衔接，助力乡村振兴发展。

综上所述，防返贫工作与乡村振兴的有效衔接在理论上和实践中都具有可行性，在现有的防返贫工作和乡村振兴发展中已经取得明显的成效，并且在当下的关键时期，两者衔接的时效、程度、效果和行动都直接影响下一阶段的工作实施。所以，防返贫工作与乡村振兴的有效衔接关乎农村地区未来发展，需要各类主体引起高度重视，相关部门需要把控两者的衔接工作，为乡村振兴的稳定发展奠定基础。

4.3　河北省防返贫与乡村振兴衔接机制构建

4.3.1　防返贫与乡村振兴衔接机制整体框架

改革开放至今，我国的农村贫困问题逐步得到解决，在党的领导下，我国如期完成贫困县全部脱贫"摘帽"的任务。但在助力贫困人口脱贫的同时，还应及时并且科学、有计划地建立起全面脱贫后的乡村振兴机制，构建防返贫与乡村振兴之间的有效衔接。基层政府建立乡村振兴长效工作机制是稳步推进乡村振兴战略的必要前提，只有彻底解决乡村发展的问题，才能促进乡村振兴战略的有效实施。只有实现了贫困人口的稳定增收，才能充分利用脱贫攻坚的成功经验，才能为乡村振兴创造必要的前提条件，因此，建立完善的衔接机制，才能更好地指导我国精准脱贫工作的后续巩固工作，以达到有效遏止贫困问题再发生的目的。

全面脱贫后乡村振兴机制，根据字面理解，"机制"一词寓意为：能够使某个或某些特定的制度正常施行并且可以发挥出预期功能的有益搭配。它有两个基本条件：一是制度体系，这对规范、稳定、配套等指标有着较为严格的要求；二是有"动力源"，只有保障了足够的动力，才能使相应的制度有效、平稳地运行，也就是说，要有某个固定的组织或者个体对制度的推动与运行进行有效监督，以保障制度的正常运转。除此之外，为了确保衔接机制的长期运作，还必须将衔接保持在某种可控范围内且一直长期发展。总而言之，防返贫与乡村振兴机制的构建是多方面的，它的完整搭建与运行必然包括生态、文化、社会、经济、能力等各个相关的领域与方面，是指在政府、社会、贫困主体等多元主体的共同参与下，借助扶贫机构和帮扶组织的力量，为农村贫困群体的收入提供可持续性保障，帮助贫困群体获得可持续性收入，进而促进农村产业的可持续发展。两者的衔接具有可持续性和相对稳定性，是在农村贫困治理过程中能够产生长期效能的操作办法，整体的衔接思路如图 4-1 所示。

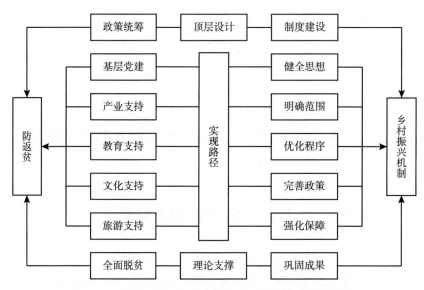

图 4-1   河北省构建脱贫攻坚与乡村振兴衔接机制思路

为了适应新形势和新变化，必须从政府和市场两个层面有效地实现防返贫与乡村振兴之间的有效联系，并在政府领导与市场决策之间建立良好的协调关系。在政府管制和控制方面，重点是稳定外部支持和投资机制，以确保支持不会松动、投资不会减少，并且计划、政策、监督和工作的统筹都得以规划完善，不断地完善市场大环境，更新工作机制；在市场机制层面，重点是培养农民的内生动力和发展能力，充分调动其积极性和主动性，清除绝对贫困，缓轻相对贫困，从而达到农村的全面振兴，缩小城乡差距，推动城乡一体化，提升要素市场化配置水平。必须强调，乡村振兴工作的开展应注重贫困地区发展，并为巩固防返贫工作提供支持，以乡村振兴的目标为导向，促进农村长远发展。

4.3.2   河北省防返贫与乡村振兴衔接机制工作开展思路

为了确保防返贫工作成果在乡村振兴中得到充分利用，在构建河北省防返贫与乡村振兴衔接机制时，从产业、易地搬迁、健康、文化和社会保障五个方面展开具体研究，并根据五个方面各自的特征，设计符合河北省发展目标的衔接方案。产业方面以稳定销路和创新产品为主要任务，易地搬迁方面以建立可持续发展且稳定的生计型长效机制为主要任务，健康方面以促进多维度、多层次的健康保障的协同效应为主要任务，文化方面以完善文化发扬路径管理、提高文化效益为主要任务，社会保障方面以构建社会保障统筹协调机制为主要任务。全方面构建防返贫与乡村振兴的有效衔接，助力河北省农村经济可持续发展。

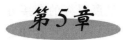

第 5 章

产业振兴夯实高质量防返贫基础

5.1 产业振兴理论基础

现阶段我国正处于脱贫攻坚与乡村振兴两大战略的"接力点",迫切需要稳定的脱贫攻坚成果作支撑,确保稳固的乡村振兴战略发展基础,而在这一过程中起到关键作用的是防返贫工作实施。从多年的脱贫经验来看,产业扶贫是解决贫困地区和贫困人口生存与发展问题的重要措施,同样地,产业振兴是打赢脱贫攻坚战后促进脱贫地区和脱贫人口发展的必要措施。产业振兴作为一种内在性乡村振兴战略,对农村群众稳定增收,稳固脱贫成果,增强农村群众获得感、幸福感、安全感有明显的积极作用。产业振兴的发展可以给脱贫地区带来新的经济增长点,给脱贫人口带来就业和增收的机会。当然,产业振兴是建立在一定的科学理论之上的,其未来发展也同样需要科学的理论做指导。

5.1.1 产业可持续发展理论

1987 年世界环境与发展委员会《我们共同的未来》报告中第一次向全世界人民阐述了可持续发展的概念。可持续发展理论,字面理解即可以长期存在的一种理论,其实质是一种健康的发展理念。这种发展不仅能够为当代人带来积极影响,还可以通过改革和发展为子孙后代创造永续生存和发展的机会,具有长远性。纵观历史,在人类发展的过程中,人类文明的发展、改革和进步与自然以及生态系统的联系越来越密不可分,今天的可持续发展理论已经得到了全世界的广泛认同。而如今，中国正处在现代化强国建设的关键时期，可持续发展战略不仅是形势要求，更是中国改革和发展的必由之路。

所以在完成脱贫攻坚任务初期，需要对其成果进行巩固，根据可持续发展理论的观点构建防返贫与乡村振兴的有效衔接机制，为下一阶段的乡村振兴工作做好保障，促进农村可持续发展，向着共同富裕的目标前进。

5.1.2　产业发展理论

马克思产业发展理论全面地揭示了产业发展的内在规律。马克思指出，"农业劳动是其他一切劳动得以独立存在的自然基础和前提"①。一是要坚持绿色发展，产业本质是人与自身、人与人、人与社会、人与自然相互作用的结果，而最终的产业发展归宿是形成人与自然和谐发展的生态化产业模式，农村以农业为基础，平稳发展农、林、牧、渔、果、蔬、药材、花卉等产业。二是重视资本，资本具备实现扩大再生产的属性，能够提高生产效率，加速融合产业各环节，增加市场流通，实现资本增值。同时资本也对产业价值链进行延伸，促进城乡之间的融合。

全面脱贫以后，农村产业发展面临新机遇，应当在产业扶贫的基础上拓展产业振兴思路，充分发挥政府和社会各界力量，从产业层面构建适合当下发展的防返贫与乡村振兴的衔接机制，推进农村一二三产业融合，为脱贫人口创造多元化、多维度的发展机会，逐步提高农村居民收入，充分发挥产业振兴的积极作用，从根本上解决农村问题。

5.2　河北省产业扶贫成果

在精准扶贫的实施过程中，社会公认的扶贫方式主要有两种，分别是指外源式扶贫和内源式扶贫，其中产业扶贫作为外源式扶贫的主要方式之一，应发挥其龙头带动作用。而所谓产业扶贫，指的就是以龙头企业为依托，利用市场导向的作用，深刻落实"因地制宜"这一理论，利用资源优势实现产业防返贫机制的构建，尤其是许多贫困地区，也应该主动挖掘其特有的资源优势，以此来推动产业化经营体系的应用，并达到带动贫困农民脱贫后实现稳定增收的目的。河北省在

---

① 马克思恩格斯全集（第33卷）［M］. 北京：人民出版社，2004：27.

精准扶贫过程中切实做到"因地制宜"，充分发挥资源优势，最终也取得了比较满意的结果。以产业扶贫为例，无论是脱贫攻坚还是下一阶段的乡村振兴，产业发展都占据比较高的地位，产业扶贫的成果也将为产业振兴甚至乡村振兴奠定坚实基础。河北省人民政府新闻办公室于第六个国家扶贫日前发布了河北省6类共26个产业扶贫典型案例，具体包括张家口张杂谷产业、涞源光伏产业、易县"三带四金"旅游产业等在内的特色产业类，包括蔚县龙头带动产业、广平园区带动产业、尚义联合体带动产业等在内的主体带动类，包括威县"金鸡"扶贫产业、顺平管理创新产业、阜城高粱产业等在内的机制创新类，包括唐县产销对接典型的品牌营销类，包括隆化险资直投典型产业、阳原资金管理典型产业在内的金融扶持类，包括保定科技驿站典型产业在内的科技带动类。6类26个产业扶贫典型案例为河北省乃至全国提供了成功案例，这些扶贫成果为河北省的脱贫攻坚事业做出了突出贡献，相关数据显示，截止到2019年底，河北省的产业扶贫项目贫困户覆盖率100%，共带动321.4万贫困人口增收。[①] 2020年我国实现全面建成小康社会目标达成之际，河北省坚持脱贫摘帽不摘责任、不摘政策、不摘帮扶、不摘监管，大力巩固拓展脱贫攻坚成果，并以突出抓好产业就业科技扶贫等为重点，充分发挥扶贫龙头企业的作用。截至2020年底，河北省全省有带贫益贫作用的568家扶贫龙头企业复工率达100%，其中吸纳的贫困人口在就业人口中大概占1/7，全省认定的扶贫车间有388个，复工率达100%，其中贫困人口在带动就业总人口中的占比高达1/3以上，产业扶贫为脱贫攻坚成果做出了突出贡献。[②]

我国打赢脱贫攻坚战后，并没有放松警惕，而是及时开展防返贫工作。秉持着"跑好脱贫摘帽后的'接力跑'，发展产业是关键"的思想，河北省加强对脱贫成果的巩固，2021年全省脱贫户产业帮扶在全覆盖的基础上，二重覆盖率高达90%，脱贫户年度人均产业收入5998元，比2020年增加655元，同比增长12%，并且实现了特色产业、扶贫项目、主体带动、技术服务四个"全覆盖"数量巩固、效果提升。[③] 持续推动脱贫地区的产业可持续发展，丰富农业发展形式，并结合当地优势资源、数字化技术和创新性思想，以科技农业、质量农业、绿色

---

① 河北扶贫产业实现"四覆盖"累计带动321.4万贫困人口增收脱贫 [EB/OL]. 国家乡村振兴局, https：//www. nrra. gov. cn/art/2020/11/16/art_5_185288. html, 2020 – 11 –16.

② 河北大力巩固拓展脱贫攻坚成果 [EB/OL]. 青瞳视角, https：//baijiahao. baidu. com/s? id = 1685317590212977367&wfr = spider&for = pc, 2020 – 12 –06.

③ 效果提升2021年河北省脱贫户产业帮扶二重覆盖率达90% [EB/OL]. 中华人民共和国农业农村部网站, http：//www. moa. gov. cn/xw/qg/202112/t20211228_6385705. htm, 2021 – 12 – 28.

农业和品牌农业为引领，按照"一县一业、一村一品"布局，引导脱贫地区发展优势特色品种，指导越来越多的脱贫村走出了一条经济效益、社会效益、生态效益同步提升且符合当地特色的产业发展路径。

5.3　河北省产业防返贫机制构建的必要性

5.3.1　产业脱贫成果的现实需求

2020 年我国如期完成了全面脱贫摘帽的任务，消除了长期困扰中国的绝对贫困问题。农村贫困人口实现全面脱贫、区域性整体贫困问题得到有效解决，意味着中国已经进入防返贫实施阶段，站在新的起点，面对新的脱贫工作局势，党中央对农村发展问题做出新的指示。2020 年，《中共中央、国务院关于抓好"三农"领域重点工作　确保如期实现全面小康的意见》提出要巩固拓展扶贫开发成果，实现贫困区域和贫困人口稳定脱贫。这一指示在党的十九届五中全会上也得到了充分体现，会上明确要求要增强巩固脱贫成果及内生发展能力。目前，我国在基本的物质方面已经实现全面脱贫，但是长时间的贫困导致农村贫困问题不仅局限在物质方面，深层次的贫困问题具有复杂性、系统性和反复性等特点，所以对于深层次的贫困问题而言，我国的脱贫攻坚工作成果依然存在一些薄弱环节，返贫风险较大。因此，脱贫攻坚后的防返贫工作是非常重要的，关系到下一阶段的发展。

产业扶贫作为扶贫项目中的重要内容，为脱贫攻坚做出了突出贡献，创造了许多成果。产业扶贫期间建立的"龙头企业＋农户""合作社＋农户"等模式充分发挥了龙头企业的带头作用及社会力量，加快了农村地区的脱贫速度。以河北省为例，在脱贫期间根据不同地区的优势和特征建立了不同的产业扶贫模式，为我国的扶贫资料库增添了典型案例，表 5 - 1 为河北省十大产业扶贫典型模式。

表 5 - 1　　　　　　　　　河北省十大产业扶贫典型模式

行政区划	产业扶贫模式
威县	"金鸡"扶贫模式
平泉	"三零"食用菌扶贫模式

行政区划	产业扶贫模式
涞水县	"双带四起来"旅游扶贫模式
武邑县	京东"跑步鸡"电商扶贫模式
涿鹿县	绿色园区产业扶贫模式
魏县	"扶贫微工厂"脱贫模式
曲阳县	光伏扶贫模式
滦平县	产业集群扶贫模式
阜平县	"五位一体"扶贫模式
饶阳县	产业基地扶贫模式

在河北省十大产业扶贫典型模式中，绝大多数依托产品呈现出见效快、经验要求少的特点。产业扶贫项目往往表现出产业链较短、不敢冒险的横向兼并和纵向一体化的发展特征。而产业振兴与之不同，产业振兴需要持续推进、不断提升，更加注重长期利益，因此注重短期利益、产业链较短、一味追求稳定以致产业发展停滞不前的扶贫项目已经不再适应乡村产业振兴的需要，要求巩固脱贫攻坚成果，及时调整产业模式，接力防返贫工作，为更长远的乡村产业振兴建设做好准备。

5.3.2 产业振兴政策需要

党的十九大提出了乡村振兴战略，该战略是新时代"三农"工作的总抓手。2019年6月17日，国务院印发并实施了《国务院关于促进乡村振兴的指导意见》（以下简称《意见》），该《意见》是专门为实施乡村产业振兴而印发的，其中赋予了产业振兴非常重要的地位，并指出：产业兴旺是乡村振兴的重要基础，是解决农村一切问题的前提。近几年，随着社会的快速发展和创新能力的不断提升，农村新业态和新产业大量涌现，农村发展速度和质量提升速度不断加快，意味着需要加快构建符合我国现代化国情的农业生产体系、产业体系，同时需要配套的措施来助力产业扶贫后的产业振兴。目前，农业农村发展要求对农村一二三产业进行融合，三产深度融合也是乡村振兴的重要标志，我国正在积极推进乡村地区一二三产业的统筹兼顾和统筹发展，其目标是努力办好让农村人口增收、让农村健康发展的乡村产业，为乡村发展培育新的动能。

《意见》明确表示，促进乡村产业振兴，应当以突出乡村地区特色为基本原则，以乡村实际情况为依据，在发展产业的时候要以市场为导向、结合政府支持，融合发展、联农带农、绿色引领、创新驱动，这与产业扶贫的要求有相似之处。巩固产业扶贫的成果，并从农村地区特色、市场、农业信息化发展和农村自然资源四个方面对农村产业振兴提供支持。促进《意见》中产业振兴目标的实现，即花 5～10 年的时间，统筹协调发展农村三大产业，实现农村生产能力和经济水平的跨越式提高，为乡村振兴战略的顺利实现奠定基础。

5.3.3　农业农村现代化发展诉求

产业是脱贫之本、振兴之基。产业扶贫在精准脱贫工作中发挥了重要的作用，为我国顺利实现脱贫攻坚任务提供了社会保障。但脱贫攻坚不是终点，是农业农村现代化发展中阶段性的成果，是乡村振兴的起点。因此，产业扶贫在扶贫期间开创的产业项目不能终止，而是作为新鲜的血液输送到我国乡村振兴的历史大潮中，农业农村现代化发展更加需要产业项目作支撑。我国完成脱贫攻坚任务后，需要加速构建脱贫攻坚与乡村振兴的有效衔接，而做好这一衔接的重要前提就是构建脱贫攻坚与防返贫的有效衔接。其中产业防返贫机制的重点是推动数量庞大、种类繁多的脱贫产业项目转变为符合产业振兴需求的新型项目。近几年，我国的乡村产业建设质量和发展水平都有不同程度的提高，为实现脱贫户增收，促进农村地区发展，推进农业农村现代化做出了非常突出的贡献。但是在产业项目实施过程中也不完全是一帆风顺的，不可避免地出现了产业重复度高、产业周期短、重"量"轻"质"等共性问题，特别是在脱贫攻坚任务完成之后，这些问题愈发不适应时代发展的需要，在一定程度上不利于乡村振兴的稳定发展。

2020 年，我国实现脱贫攻坚的圆满收官后，为了满足农业农村发展的需求，扶贫期间面临以下几个方面的转型。首先，是产业发展目标人群的转型，全面脱贫以后，产业发展的目标人群也发生了转变。扶贫期间的产业扶贫主要是针对贫困户开展的，产业扶贫项目也主要是为了解决这些人的贫困问题，帮助其如期脱贫，但是全面脱贫以后，贫困户转变为脱贫户，产业发展或振兴的目标人群也随之发生变化，转移到脱贫人口身上。此外，为了促进我国农业农村现代化发展，产业项目的目标人群除了脱贫人口外，还有非脱贫农村人口，简单来说，就是产业发展的目标人群更广，相应的受益人群更广。其次，是产业项目建设转型，由于我国的脱贫攻坚具有明确的时间节点，而乡村振兴战略则没有明确的时间节点，这也就导致两项战略中的产业项目表现出不同的发展特征。具体来看，扶贫期间的产业扶贫项目具有建设期短、投产期短和盈利周期短等明显特征，项目性质主要是不需要系统学习和专业知识就可以立刻到岗的工作，从而实现增收效果，这对受教育水平较低且能力有限的农户而言是非常友好的。但是全面脱贫以后，农业农村现代化要求更长远、更持久的发展，显然，扶贫阶段的短期化行为已逐渐不适应农业农村现代化发展的要求。所以产业项目需要从短期化向长期化转变，不断提高产业发展中目标人群的整体素质，激发农户的内生性动力。再次，是产业发展力量转型，即由扶贫阶段主要依靠政府力量向脱贫后主要依靠市场力量转变。纵观整个扶贫过程，不难发现政府及其广大公务人员是扶贫的主体力量，主要表现在其不仅要负责政策的宣传与监督，还肩负着推进执行的一线任务。产业扶贫作为扶贫阶段的强有力抓手，自然与主体力量具有密切联系。产业扶贫项目一般都会获得政府的财政专项资金支持，这些稳定与无偿（无须偿还利息或本金）的资金来源一方面为扶贫项目的顺利开展扫清了资金障碍，另一方面也限制了产业项目自主开拓融资渠道的能力。但是到了产业振兴阶段，产业项目已经具备一定基础，且在政府的帮助下积累了一定的融资渠道，所以产业发展应该先逐渐摆脱对政府财政的依赖，然后加快在市场上探索适合自身发展的融资渠道和产业结构。最后，是产业发展目标转型，即由单一目标向多元目标的转变。在扶贫阶段，产业扶贫项目设立的任务主要是带动贫困地区发展经济，进而达到为贫困户增收的效果，这决定了产业扶贫项目的目标在该阶段往往是比较单一且明确的，并且目标范围也是比较小的，基本都限制在贫困县。单一而明确的目标对应的是短期而紧迫的脱贫任务，当然也取得了明显的效果，到 2020 年如期完成了脱贫攻坚任务。但是，进入产业振兴阶段，产业项目的存在不仅是为脱贫户增收，而是需要不断推进、持续存在，更加强调产业项目社会效益、经济效益和政治效益的结合。对此，国家也出台了相关政策来支持产业发展，并强调产业发展在农业农村建设中的重要性。此外，产业项目想要发展得好，需要贴合国家政策，以农业供给侧结构性改革为主线，围绕农村一二三产业融合发展，充分挖掘乡村多种功能和价值，聚焦重点产业，聚集资源要素，强化创新引领，突出集群成链，延长产业链、提升价值链。从农村角度来看，脱贫后的人群划分更为细化，产业发展应当根据不同类别的农户提供不同的产业项目服务，除了为农户带来经济上的增收外，更重要的是提高一些农户的创收能力，项目类型也应当多元化，而不应仅仅局限在种植业和养殖业。产业项目建设中应当特别注意附加价值环节的建设，为农业农村发展提供更为广阔的发展视野。与单一且明确的目标相比，多元目标基于当下、面向未来，更加符合时代发展的要求。

前文从多个方面阐述了产业发展的重要性，无论是国家层面还是河北省层面，产业发展都具有较高的地位，并且随着战略的变化，产业发展也需要随之进行调整。由此可见，为了更为稳定且长远的发展，构建河北省产业防返贫机制是非常有必要的。

5.4　建立夯实产业高质量发展基础的机制路径研究

5.4.1　夯实农业基础，倡导质量兴农

中国自古以来就是农业大国，一方面，是因为中国的农村规模大，农村人口众多；另一方面，是因为中国的农业种植面积较大，农业创收比例较大，另外，中国农业生产由于地域产业、气候差异等具有独特性。但是当下中国的经济和社会发展迅速，传统的农业生产已经慢慢表现出不适应性，迫切需要加强现代农村产业以现代产业理念为基础、以产业关系为基础、以现代技术为基础、以现代产业组织为基础的产业供应链体系。对于产业项目发展，首先，要注意充分利用脱贫攻坚阶段的产业扶贫成果；其次，要注意加强对产业扶贫成果的巩固，夯实农村产业基础；最后，要注意全面脱贫后产业项目发展的质量，倡导质量兴农。中国乡村产业未来的发展方向就是要将乡村一二三产业有机统筹和融合发展，通过一二三产业的融合来延伸并拓宽涉农产业链，增加农业附加值，扩大农业增值空间，从而贯穿整个农村产业发展体系。此外，产业融合有利于形成产业之间有效的监督和带动效应，相互监督、充分带动，从整体上提高产业发展质量。由于不同乡村具有不同的发展特色，所以乡村地区三产融合方式具有多样性，但基本原则都是要扩大农业生产链和提高多产品价值与功能。具体的融合措施主要有以下几点：

第一，加强不同产业或者产业各部门之间的融合。在此过程中，必须以因地制宜为原则，立足于不同地区的实际发展情况来促进产业融合。以河北省秦皇岛市为例，秦皇岛作为河北省的沿海城市，除了传统的种植业、畜牧业外，还可以发展渔业。在这方面可以在本地实际情况的基础上，借鉴我国珠三角地区的桑基鱼塘发展模式，即用蚕沙（蚕粪）喂鱼，将栽桑、养蚕以及养鱼这三种种养方式相互结合，推进产业的立体化发展。充分利用生态循环作用，将产业有效融合。对于河北省的非沿海城市，则以畜牧业、种植业的融合为主，但是可以多样化发展，因地制宜，优化绿色产业布局，根据实际发展条件发展有机农业生态系统。

这种有效探索为开展农业内部各部门之间的融合提供了经验，在有条件的地区，一方面可以在规模化农场开展农牧结合，以种植业为龙头，开展水产养殖业，利用水温优势发展龙虾、螃蟹、鱼类的养殖；另一方面利用各地独特的气候优势，开展林牧结合，将牲畜粪便用于沼气发电，将深化处理后的沼液、沼渣用于果树及观赏林木的灌溉施肥等。通过产业融合方式夯实农业基础，促进农村产业可持续发展。

第二，协调农业产业与涉农第二产业之间的关系。整合产业生产与农产品加工，通过对生产得到的初级农产品进行加工、包装等以增加产品的附加价值。以发展立体化种植业为目标，实行"以销定产"的生产制度，确定最低价格标准，最大限度保护农民的收益。此外，根据脱贫人口的不同情况，提供相应的工作岗位，帮助脱贫人口创业致富。

第三，协调农业产业与涉农第三产业的关系。扩展农业多样化功能，丰富农业多元价值，由单纯的横向生产扩展至旅游、教育、文化等功能。在此过程中，首先，利用农业景观和生产活动，开发休闲旅游观光农业，在满足城市居民娱乐需求的同时还能起到农业知识教育的目的。其次，利用信息社会的优势，丰富农产品电子商务服务行业，扩大农产品销售渠道，提高农村人口收入。最后，可以以农业和农村发展为主题，以论坛、博览会、节庆活动等形式展现农业特征、传承农业文化，扩展农业的文化职能，增强农业附加价值。此外，具备一定条件的农村还可以发展具有当地特色的主题民宿，通过农村文化增加客流量，从而带动农业发展，促进第一和第三产业的高效融合。当然，在第一和第三产业融合过程中要注意结合当地优势创造独特模式，才能独具特色且拥有较强的市场竞争力。

加强一二三产业的有效融合，丰富各个环节的功能，提高产业项目发展质量，最终形成一条具有多元价值的产业链。通过产业融合的方式来体现脱贫攻坚成果的作用，并加强产业防返贫机制与乡村振兴的有效衔接，为更深入的三产融合创造更有利的条件。

5.4.2 加强供产销链条管理，培养产业市场竞争力

在目前阶段，根据各地的地域特色大力发展具有当地特色的地方产业已经成为脱贫地区实现乡村振兴的首选策略。乡村振兴背景下，在构建产业防返贫机制中各地区也应当强化脱贫地区产业项目的优势。地区特色的产业项目是当地经济流入最主要的来源，当地经济水平与特色项目直接挂钩，发展好特色产业可以有保障的提高脱贫农户收入，进一步实现长期的产业增收。而这些产业项目基本上

都是在各级政府的帮助下发展经营的，为了充分发挥产业项目的作用，政府出台了大量的优惠政策、发放了各项扶持资金。但是全面脱贫以后，需要建立长效发展的产业项目，而不是依赖于政府的短期化产业项目，所以构建产业防返贫与乡村振兴的衔接机制需要逐渐走出政府搭建的"温室"，依靠自身走进真实的市场，只有在市场环境下经历风雨历练，农村产业项目才能得到更深层次的优化，找到自己的产业项目优势，逐渐长成"参天大树"。而在农村产业发展建设从政府向市场转型的过程中将会面临很多威胁和困难，脱贫地区对产业布局规划的不合理、对产业项目定位的不精准等问题将会严重影响贫困地区产业的发展，脱贫的质量也将会大打折扣，返贫风险受上述问题影响也会有所提高。另外，在产品销售方面也面临着很多困难，主要体现在脱贫地区的产品销售渠道单一以及销售市场与脱贫地区在价格的传导上较为缓慢。并且脱贫地区大多数乡村都是以农产品作为主要的销售产品，这些初级农产品存在供应链过短的问题。所以在对脱贫地区的产业发展制定规划时，政府等有关部门要与当地实际情况相结合，摒弃统一产业发展的落后想法，结合每个地区的特色优势产业深入分析产业项目的发展现状、自然环境的优势、农产品等的市场前景、不同消费对象和农民的意愿等，选择并确定出脱贫地区的优势产业项目，适合地区发展的特色产业才能真正实现其经济价值，并且节约各种资源，达到防止脱贫村返贫的目的。具体的措施主要包括以下几点：

第一，培养农村特色产业，充分发挥产业带动作用，促进产业防返贫与乡村振兴有效衔接。培育农村特色产业的有效途径是要将产业的链条尽可能地延伸，让第一、第二和第三产业之间形成产业融合，共同发展实现经济效力。但当下的扶贫产业大多依旧将第一产业作为主要路径，但是种养殖为主的扶贫产业园区经济效益较不明显，并且产业园区的建设资金投入量较大，投资回报期也较长，单一的产业模式阻碍了产业防返贫机制与乡村振兴的有效衔接。特色产业优势的培养应实现产业项目科学化，科学地进行产业规划、项目评估以及筛查工作，切实地避免效益较低、不合适的产业项目，才能从源头上避免风险，促进产业项目健康持久发展，真正为脱贫地区吸取资金，以期取得稳定的脱贫效果以及后期的产业振兴效果。在科学管理下以本地特色的农产品为中心，对农产品生产、加工、出售各个环节加以把控升级，以各环节为基础建立起全过程的产业链条。在产业链条的建设中要深入特色化工程的实施，积极发展推广有市场、有品牌、有效益的特色产品，努力形成贫困地区产品生产的规模化、品牌化，开辟出一条融入科学、符合地区自身发展、人无我有的产业道路。各地区应切实实施"一乡一业""一村一品"活动，打破乡与乡、村与村的屏障，让产业项目实现跨乡村的发展。

结合多个乡村的产业更能扩大生产加工规模，实现产业项目的规模化发展。并且结合本地的特色统一的产业生产更能发挥其集聚效益，推进产业长效防返贫机制的构建。在第一产业的基础上要大力支持二三产业的建设发展，将物流、农产品加工、旅游休闲、储存保鲜等业务加入当地产品项目的构建中，将产业链条延长、价值链条提高。以河北省承德市宽城满族自治县为例。该县以前是以桑蚕为主导产业的贫困地区，现在可以继续利用桑蚕产业的特色优势并在此基础上延伸产业链条，将单一的桑蚕养殖扩展成多元化的产业面，在维持第一产业发展的基础上进行第二、第三产业的融入发展。将桑蚕的种养殖基地扩张成产业园区，运用桑葚采摘、桑蚕文化等特色文化节打造出具有品牌效益的产业园区。跳出种养殖产业圈，加大对乡村旅游业的建设。利用深厚的桑蚕文化历史，让大桑葚酒、桑叶茶、丝绸织品等附上历史色彩，提高桑蚕延伸产品的经济效益。

第二，加强供产销对接，保障稳定的市场供求关系。农村产业项目想要顺利发展，供给是保障、产出是基础、销售是关键。我国通过长期的努力和扶贫措施，使得贫困县全部如期摘帽，但是一些贫困地区脱贫以后仍然存在基础设施落后、人才匮乏等发展不足，产业项目发展方面，品牌培育、渠道管理等都有待进一步加强。实现脱贫后的产业项目发展面临着国家恢复到常规帮扶措施后，供产销难以对接、市场销售困难等问题。因此，在构建产业防返贫长效机制时，必须推进脱贫地区销售渠道规范化和长期化。在渠道管理方面，一方面，产业项目建设需要加强与上游企业的密切合作，寻求多家供应商，提高自身议价能力的同时保证原材料、能源等质量和供应的稳定性。另一方面，产业项目建设需要与超市、大型网络营销电商平台等密切合作，确保产品能够按时销售，借助电商平台的力量还可以打破地域、年龄等限制，最大限度地扩大顾客范围，进而提高销售量。加强对供产销的对接，建立长期稳定且有效的市场供求关系，在供产销过程中充分发挥互联网等技术的作用。除此之外，还需要建立不同脱贫村产业项目之间的联系，互相沟通、互相学习、共同进步。在人才培养方面，产业项目建设不仅需要懂生产的专业人员，还要注重对脱贫地区产业的营销专业技术人员、经销商、电子售后服务专门技术人员等的培养，进一步提高对信息服务及其他专门技术人员的支持能力。

第三，壮大脱贫地区的特色种养业。通过对脱贫地区的实际环境进行考察，坚持因地制宜、因村施策，构建特色的产业带动防返贫机制。中国地域广阔，地形复杂，包括高原、山地、丘陵、平原、湖泊和海滨等，这就使得中国各地区的农业发展也各具当地特色。并且农业在乡村产业中占据着主导地位，无论是之前的扶贫还是以后的乡村振兴都需要产业的兴旺，产业的兴旺就必须把农业发展好，在保证粮食供应的大前提下，因地制宜地发展适合自己地区的农产品生产结构，利用农业数字化基础设施的建设，使本地区的农产品具有优势。在优化农产品结构与提高农产品质量的基础上，根据各个脱贫地区的历史、人文等特点，挖掘乡村农产品新优势，推出创新产品，丰富产品类型。我国乡村以往生产的农产品基本上只能做到粗加工。精加工、产品设计与销售等高附加值阶段往往在城市，这也是导致城乡差距的一个原因。所以在构建脱贫攻坚与产业防返贫衔接机制时应着力避免此问题，乡村的产业融合要以第一产业为主导，在新颖、高质量农产品的推出过程中，利用乡村的第二产业进行深加工、精加工，随后可以由乡村的第三产业进行产品的包装设计及宣传乃至销售，最后将获得的高额利润投入乡村信息基础设施建设，继续推动农产品生产结构的完善与质量的提高，实现产业融合基础上的良好循环。

第四，开辟生态旅游产业道路，将各地区独特的自然生态、传统的文化以及特色化的农业结合起来转化成独特的乡村旅游资源。构建产业防返贫长效机制可以将乡村振兴战略中的产业振兴作为衔接目标，全面实施特色化的生态旅游产业项目，更能形成具有长远性和可持续循环性的脱贫地区发展模式。目前在一些乡村建立的生态旅游景点虽然能在短期内吸引游客，但是带有强烈的网红打卡性质，没有达到向外界传递乡村文化、展现本土特色的效果，一些哗众取宠的旅游景区脱离了因地制宜的开发理念，并不能真正达到生态旅游产业项目构建的目标。所以在构建衔接机制的过程中，如果想打通乡村生态旅游这条产业振兴路就需要改变当前各地区对生态旅游项目所持的错误观念，摒弃以短期效益为主的理念，将目光放长远，突破生态旅游的怪圈，真正做到深入地方、因地制宜地开展生态旅游项目。除此以外，还需要归本固原，回归到乡村生态建设的本身去强调乡村生态自身的发展建设，始终坚持依托乡村自身所拥有的环境和资源的特点，坚持以农村建设和发展的需求为乡村生态旅游产业发展和建设的风向标，只有发展与绿色生态有关的旅游产业，从细节处真正抓住游客需求，使游客在体验乡村生态的过程中具有获得感，才能获得更多的资金和关注。以生态旅游项目来防止各个地区重返贫困，也应该将个性化嵌入项目开展工作，作为生态旅游的指导思想，探索更深层次的价值理念，进而进行设计并实施具体的实践。如此才能够真正达到生态旅游的长效目标，推动衔接机制的有效构建。

5.4.3 完善产业数字化建设，推动产业高质量发展

从乡村振兴的几大主要任务来看，产业振兴作为乡村振兴的首要任务，将关

系到贫困地区人才、生态、文化、组织振兴的进程，具有非常高的地位。打赢脱贫攻坚战以后，无论是政府还是农村人口，对产业发展都寄予厚望。产业的振兴直接关系到贫困地区能否获得源源不断的发展动力，能否形成长期的可持续的经济发展。为此，构建脱贫攻坚与产业防返贫的有效衔接机制可以为以后的产业振兴奠定经济基础。当然，在构建有效衔接机制时面临着乡村的扶贫产业难以形成长期的支柱产业、产业效率低下等困难。具体来说，对于在乡村产业中占主导地位的第一产业来说，产品的质量还有待提高，例如，我国连续多年实现粮食产量增长，但是粮食产量的增长有一部分是因为对化肥与农药的过度使用。这种传统的增产手段已经不能满足当前粮食产量的需要以及当前国内环境的要求，需要寻找更加绿色、高效的方法。另外，产业扶贫的内生动力不足，一方面，一些脱贫人口对产业扶贫、产业振兴的积极性、认知度不高；另一方面，产业扶贫过程中缺乏专业的管理和技术人才，特别是在数字化技术发展迅速的时代，产业发展也需要与时俱进。针对以上问题，采用传统的解决方法可能达不到最佳的效果，所以本书试图将数字化技术、数字化思想引入脱贫攻坚与产业防返贫衔接机制构建中，从而释放乡村产业振兴的新活力，增加产业项目的可持续性。

第一，完善产业数字化建设可以撬动乡村产业实现高质量的飞跃式发展。产业数字化建设对基础设施的要求较高，并且要求产业基础设施随社会发展和现实需求而不断完善。这一点在脱贫攻坚过程中有所体现。但是在乡村产业数字化的新形势下，特别是国家提出建设"数字中国"以后，对产业基础设施提出了新的要求，基础设施不仅包括道路、水利工程等建设，还包括信息基础建设，并且在数字化时代，信息基础设施建设还加入了农业教育、科研、技术推广和气象预警等保障和服务体系。信息基础设施建设比传统的基础设施建设更新速度更快，其需要及时更新和维护，终端设备需要不断迭代。目前，农村数字信息化基础设施建设还不算成熟，而且绝不能止步于增加设备覆盖率，应该不断加强信息化与乡村融合，推动网络设备更新。因此，在加强信息基础设施建设的过程中，应考虑到资金的稳定来源与信息人才的不断培养和引进。就资金的来源而言，目前信息基础设施建设投资的资金主要来自政府财政，政府财政资金一般具有较高的稳定性，但会因各地方财政水平的差异而产生较大的地区间不平衡。针对该问题，可以有针对性地进行招商引资。这里的招商引资也应具有新的特点，招商引资的目标企业应放在与数字技术高端相关的互联网企业，在此基础上瞄准互联网企业的需求点，寻求高质量的合作，达成合作共赢。比如与互联网销售企业的合作，一方面，乡村可以作为互联网销售企业的高质量生产基地，确保供应；另一方面，互联网销售企业既可以帮助企业搭建物流、价格体系，还可以利用数字化机械帮助农户改进种植流程，提高农产品质量，增加农户收入，强化对农村自然地理产业的"一张图"平台建设，用数字化动态的信息监管土地农田信息，合理配置农村土地，让农业民生有科学精确的信息，得到全面化管理。根据乡村振兴战略大力实施"互联网＋现代农业"行动，加速物联网在扶贫产业上的应用，让农业生产程序达到质的飞跃。投放资金加大对先进适用农机具的推广，鼓励农户使用新型农机农具进行农作物全过程的机械化、自动化生产，让数字科技走入农场，助力实现现代化智慧农业。

第二，让数字化技术参与脱贫攻坚与产业防返贫机制衔接全过程。数字技术加持的扶贫产业项目可以增强贫困地区产业辐射的带动发展能力，切实提升脱贫农户对产业发展的关注，通过全体农户的学习、参与来达到推动产业发展的目标。鼓励脱贫地区农户能够跟上当前发展趋势向好的电子商务浪潮。虽然伴随着产业脱贫成果的应用和数字乡村基础设施的建设，农村互联网与智能终端的普及率不断提升，但是乡村产业振兴的主体即农民的信息素养仍需提升，数字化技术在整个产业发展环节的参与度有待深入。就目前情况而言，农民大多利用智能终端与互联网进行娱乐与通信，针对政府建立的农业数据公布网站与相关企业开发的农业相关软件熟悉程度较低。伴随着产业数字化的不断推进，对信息人才的数量要求越来越大，这既包括从事一线种植的农户等，还包括对农户生产技术的培训、服务人才。数字化技术的深入推进会让原本熟悉传统技术的农户产生强烈的陌生感，对此，政府和相关企业等应该充分发挥作用，加强对农户的数字化技术培训和数字化知识教育工作，争取让每个农户都参与到数字化的产业生产销售中来。在农产品生产之前，可以利用大数据了解往年市场信息预测需求，避免出现生产过剩。同时，应该在农产品生产过程中利用不同的监测系统提高农产品质量。这里的质量通常指两方面，一方面是农产品利用数字技术而提高自身所含的营养物质含量或提升口感、外观等；另一方面是指农产品因利用数字技术所减少的有害物质残留、资源浪费与环境污染等。在农产品生产之后最大化利用电商平台拓宽农产品的销售渠道，在互联网数字技术的帮助下将产品信息推广至全国乃至世界各地，解决农产品在销售环节走不出贫困地区的难题。让数字化技术参与产业发展的全过程，并通过数字化技术增加产业发展各环节的附加价值。

第三，鼓励农户积极参与合作社，将数字化技术融入合作社的组织发展中。目前，实现数字化转型升级是农村合作社的主要目标之一，加速数字化转型，从而进一步实现合作共赢、整体带动农户产业发展。通过对农村地区的调研可知，大多数农村的产业发展缺少集体意识，也缺乏有效的发展规划。以河北省为例，实现全面脱贫以后，脱贫村集体产业的发展中普遍缺少对产业发展的规划，基础设施建设方面存在明显的政策与实践之间的时间差，基础设施建设往往与农村规划蓝图有差距，由此导致农村产业项目的经济结构不稳定，受外部环境变动影响较大。除此之外，农村的产业模式比较单一，这种单一的产业模式也阻碍了集体发展的速度。基于以上现实情况，需要结合当下的数字化技术，大力推行乡村产业数字化。现有的大数据平台在逐步完善的过程中也在逐渐显现其巨大优势，建立防返贫的长效机制可以依托中国现有的大数据平台，再借助当下兴起的人工智能、物联网以及针对农业方面开发的智慧农业等各种数字技术，来大力推动贫困地区农村合作社的优化，进一步升华农民合作社，从传统的农业发展提升为数字化的农业基地，大数据平台也可以拓宽农产品的销路。随着社会的发展和农村产业发展需求的变化，传统的农业模式已经落伍，新型的"龙头企业＋合作社＋农户"模式的优势更加显现。在"龙头企业＋合作社＋农户"的模式下，一边与国内的火爆市场以及国外的市场相连通，一边又与农村中千万家农户相连接。农户的个体农业生产在合作社的带领下形成了专业的农产品产业基地，让龙头企业、农村合作社和农户之间的关系更为密切并形成了"命运共同体"。农户在命运共同体中可以有效地克服传统"一家一户"农业生产模式下对市场风险的抵御能力较低、农产品在国内外市场上影响力较小等弊端。在这种新型模式下产业数字化更容易得到普及，有足够广阔的平台和强大的后盾开展产业新技术、推广普及销售数字化，使贫困地区加速农业市场化、标准化和现代化的进程，让脱贫地区的产业达到高质量、可持续的发展。

5.4.4 提升产业项目自身造血能力，保证产业的持续发展

产业防返贫机制与乡村振兴的衔接机制构建是为继续提升对社会的效益以及对农村地区的经济效益而开展的活动。产业项目发展过程中要注重产业项目自身的造血功能，向着实现脱贫地区人民精神与物质层面共同长期脱贫的目标努力。在进行产业项目的建设过程中主要依靠人民自身的力量。走靠产业发展长期达到防返贫之路应该在政府等有关部门的带领下，制定科学的、合理的发展路线。政府通过实施各种培训、宣传等活动来调动当地民众的主观能动性，加强地区实现振兴的内生动力，让农户形成为自己谋幸福、为自己谋出路的积极思想，在一定的程度上实现"造血式"的振兴产业。如此不仅可以在短期内满足农村地区的物质需要、脱贫人口精神层面的需求，知识技能的具备也可以保证他们在长期的防返贫进程中满足自身物质需求。产业自身的造血能力实际上就是让脱贫人口不只达到"口袋单富裕"，而是更深层次的"口袋脑袋双富裕"，实现物质、精神同

步脱贫。但我国正处于实现全面脱贫的初期阶段，并且脱贫地区的大多数脱贫人口年龄偏大，也存在大量无业可扶、无力脱贫的老弱病残等特困群体。他们不仅劳动能力较低，思想和观念也相比发达地区滞后，学习新知识、新技能的主动性不高，他们之间的大多数人对扶贫产业的发展没有热情，自主脱贫的意识在这些人群中较为薄弱，脱贫地区的造血能力不高，从而使返贫风险相应增加。在老弱病残的特困群体之外的脱贫地区人民群众也存在着各种因素导致产业振兴项目自身的造血能力低下。部分脱贫农户没有真正认识到产业振兴的性质和发展前景，例如在一些地区引进科学规划的产业项目后，由于产业具备科技特色化而区别于传统的种植、养殖模式，这种特色化的种养殖对于农户较为陌生，并且需要具备相关的专业技能，更新购买新型的农业生产机器设备，产业扶贫项目对于个体农民来说成本较高，并且对未来发展能否取得更高效的收益充满疑虑，这就使得农户对于扶贫项目的热情大打折扣。在脱贫地区推行产业振兴项目缺少专业技术人才。相关的农业技术人才的缺乏阻碍了新技术真正落实到位，农民无法跟上产业发展的步伐。产业融合以及扶贫项目管理人才的缺乏更加深了产业与农民之间的隔阂，产业扶贫项目计划只停留在纸面上，落实极为缓慢，部分建成的项目也因为以上原因成了无人管理的产业，最终摆脱不了承包出租，靠收取承包费来维持运转的命运。自身造血能力在这种情况下进一步衰退，扶贫产业难以达到长期造福脱贫地区、防止脱贫地区返贫的目标。

第一，提升脱贫地区的产业自身造血能力要做到内外相结合。在构建产业防返贫与乡村振兴衔接机制的过程中，脱贫地区的内部因素也就是脱贫地区的条件、脱贫人口本身等自身因素对战略的成功与否起到决定性作用，而政府、社会等对脱贫地区的援助这些外部的因素，对于脱贫地区能否实现乡村振兴只是变化的条件。在当前的脱贫攻坚成果巩固的任务和目标下，对于部分地方政府和脱贫地区可能会形成巨大压力，造成产业扶持只关注短期成效，采取靠物资输送、拨款等较为直接的方式达到目标。在这种急于求成的心态下，不能深入了解脱贫地区产业的问题所在，根本性问题难以得到解决。疏于对脱贫人口技能专业的培训以及对当地居民发展能力的培养，忽视扶志、扶智与扶贫相结合，最终将会导致产业扶贫寿命缩短，难以实现产业振兴。但是放眼望去，中国几十年来的扶贫之路主要还是扶贫与扶志、扶智三种措施同时进行，一直强调调动贫困人口的脱贫意愿，激发其内生动力。所以只有以加强内部因素的效用作为主要任务，让脱贫地区的民众发挥其主体性，激发他们致富的意愿，才能实现产业振兴。农民自身内部因素的改变需要依靠扶志、扶智，让脱贫成为每个贫困群众心中的大事，自发形成寻找致富之路的意识，最大可能地挖掘自身的价值与潜能，才能真正成为一个会为社会做出贡献、感受社会幸福的"社会人"。高效地"扶智"需要政府等社会资源的介入，以各方的力量来吸引知识技能等智力资源，并且有意识地将各种社会资源、市场的实时情况以及各种创新创造能力传递给脱贫地区人民，在脱贫地区积极地推进新型职业农民培训计划，采取务实管用的方式方法，如加强与市场机构、电商平台等合作，为脱贫户提供更多的职业培训，培育建立农技推广社会化服务组织，提高农业科技服务水平，做到真正扶智。政府等有关部门再加以整合强化，做出合理科学的培训计划切实地落实到脱贫地区，选出典型的脱贫攻坚先进案例来进行脱贫致富的宣传，营造出积极的学习氛围，带动脱贫地区走向科学致富、勤劳致富。帮助脱贫群众掌握一技之长，让他们在现在以及更长远的未来实现自给自足，并且经过培训后脱贫群众的就业率、创业率也会有所提高，再加上广大人民群众已经被激发的生产、学习热情，脱贫地区产业的内生动力将会发挥重大作用，推动乡村振兴的进程，完善产业防返贫与乡村振兴衔接机制的建设。

第二，要构建产业专项人才的引进机制，大力开发脱贫地区乡村产业的人力资源。政府等有关部门要为人才引进制定各种优惠政策，支持大学生回乡创业，达到吸引人才下乡的目的。可以参照国外为退休人员在乡村分配房屋土地的做法，鼓励有能者下乡继续发光发热；也可以与高校企业等协同合作，为高校企业提供试验点，互惠互利形成坚固的合作团体。对人才引进机制的积极推动以及为引进的人才提供一系列的福利，解决在产业振兴项目上的人才短缺问题，为持续推进的全面脱贫和防返贫长效机制构建打下坚实的基础。发展产业振兴项目、实现乡村振兴需要从人开始，除了靠引进人才外还可以通过培养人才，遴选出本土专业人员来解决人才紧缺问题。脱贫地区也蕴含着大量人力资本，但在以脱贫攻坚为主要目标的背景下，乡村产业大多依靠当地政府以及社会各方提供的资金物质来得以维持，相对忽略了对乡村自身人力资本的开发，脱贫人口中潜在的生产创造资源难以被发掘，人力资本素质难以得到提升。虽然在外界因素的支持下脱贫任务得到了初步的完成，但是缺乏自身造血能力的乡村扶贫产业难以长期维持，脱贫致富的内生动力没有得以培育。依靠产业的经济效益构建长效的乡村振兴与产业防返贫的衔接机制，实现乡村产业主要任务从带领贫困人口脱离贫困到带领广大农民群众走向富裕，这些都离不开对乡村的人力资本进行开发利用。

第三，"授人以鱼不如授人以渔"，仅仅依靠低保、社保等福利来维持的脱贫结果是不长久的，应该尽可能的在乡村内部培养本地技能人员，为后期的乡村产业振兴源源不断地输送能量。在开发乡村人力资源的过程中，首先，要在农村搭建符合现代教育要求和时代发展趋势的体系，多方面促进农民自身发展。为了激发广大农民的学习欲望可以建立配有奖励机制的培训体系，让农民自主自发地参与学习，提升自我发展能力。除了对农民进行有关产业生产的技术技能培训外，还应该针对农民的文化、思想政治等方面开展教育课程，提高乡村各级教育水平，逐渐将其塑造成为有技能有素质的农民；其次，要为农村人才提供足够的平台和机会，让其能在真正的产业生产中得到锻炼，进而不断提升自身能力。让脱贫地区的扶贫产业与现代化进程紧密连接，可以保证产业振兴项目顺利进入当下的市场，并且现代化的产业对人力资源的培养更具有现实效益。现代化的农业生产主要具备规模化、集约化以及产业化的特征，在发展乡村产业项目的过程中要注重跨区域的生产经营。只有农民真正参与到产业项目中，才能在新农业的业务形式下真正体验现代化技术，学习更加科学合理的产业生产方法，农村人力资源素质也更能满足现代化农业生产。在产业产品的销售上也应打破各家各户分别销售以及通过合作社销售的传统模式，采取现代化的销售模式，比如打通电商平台这一销售渠道，实现农产品的销售范围最大化。在运用电商平台等现代化数字技术时需要对农民进行培训，提高其对现代化工具的使用能力以及经济管理的水平。总之，只有把农民纳入以资本、市场和科技为载体的工业化、市场化、城镇化和信息化进程的内核中，培育集知识化、技能化、信息化于一体并具有一定国际视野的新型职业农民，才能为乡村产业兴旺奠定坚实的人才基础。

第6章

易地搬迁建立可持续发展
且稳定的生计型长效机制

6.1　易地搬迁理论基础

6.1.1　空间贫困学理论

空间贫困学从根本上看就是对贫困的空间分布这一论题的研究探索，即贫困与空间地理因素之间相互的联系，其最为重要的一个目标就是在对真实数据资料进行科学分析的基础上，探讨一国或一个地区贫困的空间分布情况。在空间贫困学的研究领域中，将地理因素作为贫困分布、生态等多方面的要素之一，直观地形成一幅空间地图，从而使得扶贫政策的制定、设计和评价更为便利。我国处在不同空间的地区、城乡在经济、教育、文化等各方面都存在着巨大的差距，因此空间因素在我国的农村贫困中是一个重要决定因素。从空间贫困学理论来看，只有在空间上进行迁移，才能根本地解决我国所面临的空间条件缺失的问题，易地搬迁政策的出现，依据的就是空间贫困学理论，这一理论试图通过实现空间的完全迁移，来帮助贫困人群脱离原本的恶劣空间，迁至全新的富有能量的空间，完成空间质量的根本变革和提升。

6.1.2　可持续生计理论

1991 年，世界环境与发展委员会报告中首次提出"生计"一词，这一词来自对贫困的研究，反映了世界人民维持生活的方式方法。而所谓的可持续生计则是指即使人民处于与原来生产生活所不同的环境中，也能够依靠原来所积累形成的经验和能力而实现资产和家庭福利的增长。一般来讲，生计是否具备可持续性主要通过以下几点来判断：一是处于目前的生态环境下，在一定时间内可以为本地区带来收益和发展；二是处于困境或冲击的情况下，能够保持目前的资产和能力，并且为后代提供赖以生存的物质条件基础。总的来说，国外学者针对可持续生计的研究起步较早，具备一套相对完善的模型框架，近些年来随着我国顺利完成精准扶贫，以及进一步推进实现巩固脱贫攻坚成果与乡村振兴有效衔接，在这一阶段，可持续生计是未来工作的一项重点和必要路径。目前我国学者对于可持续生计的研究反响热烈，易地扶贫搬迁所带来的生计问题有很大的研究空间，尤其是在以巩固脱贫攻坚成果为主要任务，建立防止返贫和持续增收长效机制有效衔接乡村振兴的阶段，考虑如何提高易地搬迁群众的可持续生计能力具有重要意义。

6.2　河北省易地扶贫搬迁成果

统计表明，自我国开始实施易地搬迁政策到 2020 年，我国已经建成并且投入使用的集中安置区就达到了 30000 多个，已经有 960 多万民众从贫困地区转移到集中安置区，享受到了易地搬迁政策。[①] 中央以及各地区的政府积极对易地搬迁政策布局实施，结合时代特征，在保证质量的前提下逐渐完成了几乎全部目标，按规划完成易地搬迁的任务，将易地搬迁项目打造成真正能为人民谋幸福的事情。通过易地搬迁政策，缓解了搬出地区的人口压力，使得自然环境得到放松，也对迁出人口的生活方式进行改变，调整相应的产业结构，使贫困地区人口增收目标进一步实现，易地搬迁工程前期高质量的完成为其可持续性地保障人民生活打下了坚实的基础。

---

① "十三五"易地扶贫搬迁任务全面完成［EB/OL］. 中华人民共和国中央人民政府网站，https：//www. gov. cn/xinwen/2020 – 10/15/content_5551391. htm，2020 – 10 – 15.

自 2015 年脱贫攻坚战打响，河北省全方位推进"十三五"时期易地扶贫搬迁的各项工作，取得了瞩目的成就。易地扶贫搬迁是脱贫攻坚工作中的"头号工程"，河北省深刻贯彻落实习近平总书记关于易地扶贫搬迁工作的重要批示，制定了一系列搬迁规划和后续的实施方案。在"十三五"时期，河北省易地扶贫搬迁的总规模达到了 30.2 万人，其中 13.6 万人为建档立卡贫困人口，搬迁地点涉及多个市县区域，包括石家庄、承德、张家口、秦皇岛、保定、邢台、邯郸 7 市 35 县。截止到 2020 年，河北省累计拆除 8.3 万套旧房、复垦复绿 1.8 万亩，交易土地指标实现收益 25.8 亿元。河北省易地扶贫搬迁始终坚持集中安置为主，全省共有 24.8 万群众实现集中安置，建立并实施 406 个集中安置项目，于 2019 年全部交付使用。在脱贫攻坚战收官之年，参与易地扶贫搬迁的群众全部实现入住，其中 13.6 万贫困人口在后续帮扶措施的实施下全面脱贫，搬迁群众对易地扶贫搬迁工作的满意度达到 99.7%。[①]

6.3 河北省易地扶贫搬迁防返贫机制构建的必要性

在我国社会主义现代化建设过程中，部分贫困地区经济发展缓慢减缓了这一伟大建设的进展，成为我国进一步发展的一大难关。造成农村地区贫困的因素多种多样，但对于处于巩固脱贫攻坚成果并且实现乡村振兴关键历史时期的中国来说，任务重大，问题迫切需要解决，但更需要着重注意到问题本身，对制约农村发展的因素进行深入分析。几十年来，我国一直为脱贫事业努力奋斗，靠着一点点摸索和实践积累经验，对长期以来导致农村贫困、制约农村发展的各种问题提出了多种对策，其中易地搬迁这一策略在我国的扶贫事业中起到了不可忽视的作用。在实际执行中对于交通闭塞、地区自身的地理自然环境以及自然灾害导致的贫困现象有较大的帮助，有效率地帮助部分贫困地区实现脱贫。我国现在已经进入巩固脱贫攻坚成果的阶段，易地搬迁后续的顺利进行也与乡村振兴密切相关，所以我国当前的重点之一依旧是注重对易地搬迁活动的实施。虽然我国在实施易地搬迁政策上已经解决了贫困人口能否顺利转移的问题，基本上全面实现了贫困人口"搬得出"，但是搬迁成功并不代表易地搬迁政策的成功，搬迁只是易地搬迁工作的第一步，而后续还有一系列的问题对易地搬迁政策的顺利实施造成压

---

① 易地扶贫搬迁的燕赵画卷——河北省"十三五"易地扶贫搬迁工作纪实（地方易地扶贫搬迁工作巡礼之二）[EB/OL]. 澎湃新闻网，https：//m. thepaper. cn/baijiahao_11748877，2021 – 03 – 17.

力。在新阶段，仍需重点关注易地搬迁人口后续的生存状况，搬迁后贫困人口是否在原有的生计能力上有所提升，以及易地搬迁是否能够解决搬迁人口的可持续生计问题才是易地搬迁政策的重点所在。随着脱贫攻坚战的全面胜利，在实现全面建成小康社会后，易地扶贫搬迁也面临向乡村振兴的转变，在我国实现全面脱贫后如何防范实施易地搬迁的贫困人口再次贫困，成为易地搬迁后续重点关注的问题，对于减小易地搬迁人口在未来发展和生活中的风险也有着重大的意义。

6.4　建立可持续发展且稳定的生计型长效机制的路径研究

6.4.1　增加金融资本存量，激发多元主体参与

采取易地搬迁政策来推动乡村振兴，实现防返贫机制的建设不仅对安置区的基础设施有所要求，更离不开财政有力的支持。政府不仅要绘制出安置区的构建战略图，也需要让易地搬迁政策有能力落实到乡村，贫困人口迁入安置区后有资金进行自身发展。安置区的建设是一项艰巨的任务，必须有雄厚的资金支持才能高质量的进行，产生从量变到质变的结果。政府应该通过分析当地的经济结构、自然环境，在安置区的文化娱乐生活、产业工厂建设、基础设施建设中分别注入大量的资金能量。但从设计规划到真正实施再到贫困人口真正的迁入来看，易地搬迁的每一环节单单靠政府的资金投入难以满足，这就要求探索多种融资渠道、善用社会资本。

第一，要加大资金的支持力度，升级优化贫困人口享受到的金融服务。政府可以针对企业扶贫颁布有吸引力的优惠政策。让企业在投资易地搬迁政策中得到税收减免或者有可观的投资收入流入企业，让其愿意走进农村、投资农村。并且对搬迁来的民众进行金融政策的宣传，普及对其生活生产有支持作用的优惠政策，让已经搬迁的民众能够了解并且享用政府为其制定的金融优惠政策。除大力宣传有关的政策外，还应该鼓励农民使用创业担保贷款及利息补贴，让政策转化为能源，推动搬迁人口在安置区顺利生活和就业。金融优惠政策只有真正落实到每一个需要的人身上，才能真正地发挥政策的杠杆效用。除了政府多项金融优惠政策之外，还应该主动为贫困人民拓宽融资渠道，各大银行应积极响应国家号召，发挥银行自身职能优势。探索发展与乡村振兴有关的金融信贷服务，给予易地搬迁项目足够的便利条件。针对小型的金融机构可以通过实施一些较低的存款

准备金率、发展私募股权投资等优惠政策来帮助搬迁人口实现自我发展，激发贫困人口创业的热情，为有创业想法的贫困人口提供资金保障。搬迁人口在安置区创立企业，在初期不可避免地会遇到缺少资金、运行困难等问题，但小型金融机构实施的一系列优惠政策可以解决其融资渠道少、融资难的问题，缓解搬迁人口创业初期的压力。搬迁人口在安置区实现就业、建立企业，有利于易地搬迁政策后续稳定健康地进行，可以保障安置区人口可持续的生产生活。企业也可以带资进入安置区，在安置区建造工业区，为农产品提供销售渠道，投入资金支持安置区物流、通信等设施建设，也可以在安置区建造自己的生产销售一体化工厂，为安置区的建设添砖加瓦，而这也是吸引外部资金的方法之一。对于安置区企业的发展也需要提供一系列的配套金融服务来完善产业，让产业在安置区能够维持长期发展。产业能够顺利运行离不开金融力量的支持助力，产业的发展更需要依靠金融力量的推动。所以完善金融对于产业的服务机制，扩宽金融可以服务的产业项目，是安置区企业进一步稳固优化的前提条件。产业的后续发展也离不开金融机构的信贷支持力度，应该在金融机构与安置区企业之间构建起一座稳固的桥梁，本着长期合作共赢的原则一起探索更加适应当地现代化产业的金融贷款项目和其他金融政策、服务模式，让现代产业金融服务水平不断提高，为安置区企业提供能量。在资金的传递过程中要建立监管体制，同时也需要对乡村振兴的领导班子加以考核，从能力到品质保障乡村振兴工作能上通下达，资金真正转化成建造数字乡村的一砖一瓦。

第二，易地搬迁防返贫长效机制的建设需要汲取多方的力量。近年来，中国聚焦人力、物力、财力彻底解决了国内的绝对贫困问题，今后在针对各地的易地扶贫搬迁政策上应持续保持高度重视，关注其后续的发展能否达到可持续的状态，搬迁的贫困人口内生的发展能力是否得到培养，人民的生产生活条件在搬迁后是否真正得到改善。但要想长期巩固易地搬迁政策带来的成果不能只靠政府一方的力量，多方力量的加入以及市场活力的逐渐提升才能保证易地搬迁真正落实到位。吸取多方力量形成多元主体共同参与易地搬迁政策的新模式，可以从以下几方面着手。首先，不能否认政府对易地搬迁政策的关键影响力，虽然构建多元主体共同参与模式，但也要保持政府的主导地位。在各地区易地搬迁后续工作中，政府应在宏观层面对政策进行严格的把控，动员各级政府以及易地搬迁的民众，对各项资源、各类要素进行统筹规划，科学地进行资源分配。实现全面脱贫不是终点，对于易地扶贫搬迁应该继续注入政府力量，并在需要时加大帮扶力度，让各地区在乡村振兴阶段可以有强大的靠山解决发展中的突出问题，推进防返贫长效机制建构。其次，合理运用政府之外的商业银行和龙头企业为易地搬迁的后续发展带来推动力量。企业和银行拥有大量的资金、人力、物力以及技术资源，这些要素对易地搬迁后人民的生产发展极为重要，应当对龙头企业和商业银行进行引导，让其加入项目的实施，让易地搬迁事业注入新鲜且富有活力的能量。当企业和银行投入的各种要素向基础薄弱地区转移时将会带动地区孕育出新的产业，将各地的特色资源高效地转化为经济产品，保证易地搬迁地区有一定的经济发展能力。再次，高校学生和教师、社会各界人士以及科研人员是易地搬迁项目中急缺的人力资源，让其加入有关项目可以优化人力结构，提升乡村振兴活动的科学性。专业人员加入对口的乡村振兴活动将会为贫困地区提供更具针对性、可持续的发展规划以及具体的业务指导服务，可以避免在进行乡村振兴的过程中只顾盲目执行政策，造成资源的浪费，进而影响易地搬迁事业的进程。最后，贫困人口作为全面脱贫后乡村振兴的主体，更应该积极加入易地搬迁项目的实施中，进行广泛的动员活动以及建立农民培养机制，还可以采取股金分红、资金互助等方式激发贫困人口脱贫、防返贫的积极性，让农户自觉主动加入生产经营的经济合作组织，帮助农户实现可持续增长的经济收入。建立多元主体共同参与的易地扶贫搬迁模式是我国建设易地搬迁防返贫长效机制的重中之重，应该将这种新型的扶贫模式作为努力的主要方向，以提升贫困人口从生活到生产的能力，保证贫困人口的可持续发展。

第三，鼓励搬迁户参与市场，注重其市场活力的提高。实施就业帮扶和产业帮扶虽然能让贫困人口在新的安置点有事情可做，缓解贫困人口经济上的压力，但是仅依靠就业和产业的帮扶不符合长效的防返贫机制建设，要想真正解决搬迁户在未来较长时间内的资金需求问题，需要提升其竞争力。经过市场磨炼的产业才能真正长期存活，参与市场才能更长久的为农户提供经济来源。长期的实践经验表明，人民的贫困程度和其进入市场的程度之间呈现出反比例的关系，农户的各项活动越市场化则其越不易成为贫困人口。所以市场参与度的提升成为易地搬迁人口能否真正参与社会经济生活的关键指标。各地区应该出台相关政策鼓励搬迁人口参与当地市场，对其进行相关的教育宣传，让贫困人口了解到市场中蕴含的强大力量。也应该改善当地市场的环境，让搬迁人口享受到平等、和谐的市场氛围。提高农户的市场参与度也可以通过建设农村合作经济组织，让个体农户聚集到一起，探索构建集体经济市场，这样更容易发展产业，扩展产业覆盖范围，对市场风险的抵御能力更强，从而更加高效地带动贫困人口在新的经济模式下长效脱贫。搬迁农户自发地参与市场有利于发挥市场的经济效益，帮助农户树立市场化思维，具备市场参与能力。探索市场发展规律、市场变化趋势，学会利用市场手段为自身谋发展。

6.4.2 健全公共就业服务体系，帮助搬迁户脱贫致富

构建易地搬迁防返贫长效机制，应该注意到搬迁户在新环境下的就业状况，搬迁户得以稳定的就业才能基本保证易地搬迁政策后续可以持续的发展。针对易地搬迁相关就业问题，应该把建立公共就业服务体系作为解决问题的主要措施，帮助易地搬迁户顺利进行家庭就业，并且在保证有足够的就业岗位的基础上尽可能满足民众对职业多元化的需求，帮助搬迁户真正做到长期稳定的就业。在建设公共就业服务体系时也应该结合搬迁地不同的特征优势，扩大就业范围，增加就业的多样化。比如以搬迁的产业作为驱动力量，推动搬迁户当地、就近就业。除此之外，搬迁户的自主创业也是一种就业渠道，可以通过政府等有关部门以及企业的帮扶来为其提供经济基础，帮助搬迁户迈出自主创业的第一步。区域劳务合作和公益岗位供给也为搬迁户的就业提供了更多的选择，帮助搬迁户实现长期脱贫，向着乡村振兴迈进。

第一，对搬迁户入住的安置区实施更加科学的就业服务管理。将就业服务精确到以家庭为基本单位，为每个搬迁户设立就业服务信息库。通过缩小服务的范围，更加详细地了解每个搬迁家庭的具体情况，对家庭成员的就业情况进行跟踪管理，更容易实现"因户施策"的科学管理目标。搬迁家庭在就业服务管理下能够更顺利地表达自己的就业需求，满足不同家庭、不同成员的多元化就业愿景，让就业帮扶政策真正落实到搬迁人口身上。对于搬迁户迁入的安置区也应进行就业服务的优化，扩大就业服务的供给。加强安置区的就业服务信息化管理，符合当下时代居民的需求。要紧跟时代潮流充分利用当下流行的网络渠道，通过微信公众号、小程序、网站等工具来实现岗位信息的常态化推送。保证信息传递的通畅，让就业信息能够及时地传达给搬迁户。通过网络平台进行就业信息的宣传不仅降低了成本还提高了办事效率。就业服务体系的建设也需要第三方的加入。易地搬迁户可以凭借其自身的优势吸引各方资源，对其进行整合分配可以帮助解决就业岗位问题。政府和企业作为易地搬迁工作的两大重要支柱，可以在两者之间建立对接服务机制，实现多方参与的就业服务体系建设。同时充分发挥人力资源公司、劳务经纪人的作用，为易地搬迁人口提供更加专业的指导，解决其就业以及创业中出现的问题，帮助易地搬迁户实现有业可就，为易地搬迁成果可持续性提供保障。

第二，要尽可能地扩展搬迁户的就业渠道，实现贫困人口在搬迁地的多元化发展。在我国众多的民生问题中，就业是最能影响我国发展的问题，也是影响易

地搬迁后续发展的最主要问题。所以人口的就业创业问题应得到高度重视，摆在政府工作的突出位置，从内生和外生层面构建易地扶贫搬迁后续就业减贫机制，不断提升搬迁群众的可持续性生计和发展能力。扩展易地搬迁户的就业渠道可以从以下几方面开展。首先，可以继续实行脱贫阶段探索出的扶贫车间项目。鼓励具有劳动密集型、生态友好型特征的各大企业在搬迁地建设车间，激励企业吸纳无业人群，提高搬迁户的就业率。安置区也可以根据当地的环境、资源、特征进行产业的发展。在安置区内投资创立的扶贫车间可以满足搬迁户就近就业的意愿，解决了必须兼顾家庭的搬迁人口就业问题，让搬迁户能够更长久的实现就业，保证后续可持续的生活发展。其次，可以通过组织劳务输出来扩展就业渠道以及实现多元化的就业。在人力资源公司、劳务公司的帮助下可以搭建公共就业的服务平台，利用现代化的网络科技工具，为搬迁户提供就业信息、问题咨询等服务，让搬迁户可以随时解决在择业中遇到的问题。通过专业的劳务组织部门让搬迁户和招聘单位之间形成通畅、及时的双向对接，培养搬迁户的就业欲望。最后，多元化的就业渠道也包括搬迁户通过自主创业而实现的就业。易地搬迁户中除了依靠政府实现就业的人群外，还存在着部分有创业条件的搬迁群众。对于后者应该主要采取鼓励措施，实现其自主创业目标。搬迁户进行创业应该围绕搬迁地具有的相对优势发展农产品加工业、旅游产业以及商贸物流、民族文化等特色产业，以此加强自主创立产业的独特性、不可替代性，让产业具备更强的市场竞争力。搬迁户的自主创业不仅可以提高其自身的生活水平，还可以为搬迁地提供更多的就业岗位。在一定程度上为解决易地搬迁的就业问题贡献搬迁人口自身的力量，让就业渠道更加多元化。

第三，要想提高搬迁户的就业能力，实现长期的就业目标必须加强职业技能培训，让搬迁户有能力实现就业。要建立健全职业技能培养体系并推行城乡一体化，对于专业技能培养的课程要适应当下的就业创业潮流、社会经济市场以及搬迁户的自身特征，要让易地搬迁户能够享受到专业且合适的培训课程。除了优化职业技能培训课程之外，还需要对其覆盖面进行扩张。保证有就业能力、就业意愿的搬迁户都能够参与到培训课程当中，尽可能地减轻因易地搬迁对农户造成的损失，让那些失业失地的农户有更好的出路。首先，要注意职业技能中创新的重要性，提高搬迁人口的职业素养和技能水平。在当前的经济环境和就业形势下，必须通过培养职业素养和提高技能水平来武装自己，在竞争激烈的人力市场凸显出自身优势。在技能培训中应该先以传统的岗前培训课程作为提升的基础，培养正确的职业素养。再根据各个行业、各大企业对人力的需求确定培训的方向，制定不同的专业课程，让搬迁人口自行选择，更加精准地进行技能培训，更加精准地实现搬迁人口的就业。在基础课程外也应该加入创新型的培训内容，引导搬迁人口进行创业。从各个角度激发搬迁人口的就业欲望，发挥其自身能力，不断增强其创业创新发展的内生动力。其次，在进行职业技能培训时要注意对培训主体的规范，做到真正的传递专业技能，达到预期的培训实效。政府给予培训主体的补贴以及企业对员工进行的内部培训是当下最主要的两大培训体系。从市场的需求和个人的发展出发来规范、扶持不同的培训主体，让其能在发挥自身优势的前提下达到预期的目标。让社会上的培训机构将多元化特征融入教学，加强技能的实践教学，在规范化的培训主体下让搬迁人口更快速、更准确地参与到社会工作中来。最后，需要依靠易地搬迁形成长效的防返贫机制，所以针对易地搬迁中的就业问题要相应地推行终身职业技能培训政策体系。将政府和龙头企业作为强大靠山，为职业技能培训提供长期的财力、物力以及技术保障。建立权威的线上和线下并行的专业技能培训服务平台，增强培训机制的弹性、增加培训内容的层级以及可选择性，并且促进产业升级和劳动力结构调整，来充分调动各方资源、各级人力来实现搬迁户长期稳定的就业目标，打造易地搬迁防返贫长效机制，与乡村振兴实现有效衔接。

6.4.3　加速构建社区共同体，让搬迁人口真正融入新社区

在对易地扶贫搬迁政策实施过程中，新建成的安置区基础设备并不完善，贫困人口搬迁到新环境可能会产生不适应，这些问题将会导致搬迁人口在新的社会环境下社区融入度较低。但易地搬迁防返贫长效机制的建设不仅需要搬迁活动顺利完成，更需要搬迁人口真正享受到搬迁带来的幸福感。所以针对以上问题，各地在实施易地搬迁政策时需要进一步加强新社区治理水平，提高安置社区服务管理水平，打造集中安置示范点，积极地建设扩展社区文化空间，让搬迁户的生活品质、社区融入度和生活幸福感在新社区真正得到提升。

第一，为保证搬迁人口在新环境下能够持续保持脱贫状态，走向致富之路，需要加强社区治理体系的构建，逐渐提高社区治理水平，实现新社区的自治。易地搬迁政策的实施将贫困地区人口转移到新的社区，群众的生活生产方式不可避免地会发生改变。在搬迁过程中随着工作的深入推进也将导致各类问题的发生。例如，农民将远离自家田地，没有足够的院落，新环境下难以继续开展之前同等规模的养殖业、种植业，进而导致群众之中产生各种矛盾。这就需要社区提升治理水平，用完善的社区治理体系来降低群众中产生矛盾的概率并且有效地缓解已产生的矛盾。新社区治理水平的提升也会直接影响搬迁户对新社区的认同感和归

属感，有利于易地扶贫搬迁政策后续的进行。所以当地政府应该加大对易地搬迁活动的支持力度，成立专门的易地搬迁领导小组，将责任下放，更加高效地建设社区治理体系。根据每个安置点各自的具体状况，在对安置群众的规模、公众的服务资源配置情况以及管理幅度进行深入分析后，再对社区的治理模式进行更加精确、具体、科学、合理的优化。

第二，进一步加强社区自治水平需要建设以基层党组织为核心、社区居民需求为导向、社会化服务为支撑的现代化治理格局。城乡以及安置区治理的主要任务是加速强化基层党的建设，只有基层政府随着时间不断优化提升，才能达到对搬迁地区治理体系的持续构建要求。并且在搬迁地治理模式中逐渐注入更高成分的自治、法治和德治特征，让其治理格局在党组织领导下更加贴近人民、更加服务人民。除了政府对自身的提升外，也应该鼓励各个社区提高自治能力、服务能力和安全防控能力，内外部共同努力为搬迁群众打造可信赖、可依靠的社区。例如，在安置区构建"社区党支部 + 小组长 + 楼栋长 + 网格员"的治理体系，让党组织和群众紧密联系，共同建设社区治理体系，成为群众的依靠。在新冠疫情期间，社区的自治体系作为最基层的组织在疫情防控中发挥了重要作用。通过社区进行上级政策的传达与执行，还可以组织群众进行集体的核酸检测、居家隔离，为其提供必要的生活物资补给等，在这一阶段真正体现了社区治理能力对群众生活、对政策执行的重要性。提高搬迁民众在新社区的幸福度也需要建立健全基层民主协商制度，在基层民主协商制度下可以真正实现民众参与到易地搬迁的各种事项中，提高政策在实行过程中的亲民度。民众参与到安置区的建设中可以保障搬迁人员的知情权、参与权和监督权，培养搬迁民众在新社区的归属感，有利于搬迁的后续活动有足够的动力。除了加强社区治理体系的构建、基层民主协商制度的完善外，还需要加强易地搬迁安置点综合服务体系建设。在政府的参与下对易地搬迁进行宏观的指导，加强社区的综合服务体系构建才能保证搬迁民众在新社区得以良性发展。在医疗、教育、养老等各个方面建设健全服务体系，让搬迁户在新社区体验到更加健全、更加便利、更加专业的服务，创新服务载体，提高服务实效，让新社区的搬迁民众生活得更加安心、放心。如此易地搬迁政策才能最大化地为民服务，易地搬迁下的防返贫长效机制才得以建设。

第三，为搬迁户打造集中安置示范点。易地搬迁项目涉及中国建设中最重要的民生问题，所以不可避免地将会产生众多问题，所以可以优先打造集中安置示范点，为以后的建设提供模板和可以参照的解决方法。易地搬迁执行过程中搬迁户幸福感和参与度的提升也是一大难题，所以在打造集中安置示范点时可以鼓励多元主体的参与，让各方资源得到整合，在示范点先建设合理有效的合作机制，同时鼓励易地扶贫搬迁与新型城镇化、乡村振兴战略、农业产业化及乡村旅游发展、环境综合治理等工作有机结合，深入推进农村综合改革，建设美丽宜居乡村。首先，要在市级地区建设集中安置示范点，让各地的群众向工业园区、乡村旅游区、农业基地靠拢，让集中安置点在后续有可发展的实地产业，有利于集中安置点未来进行扩张发展。对于搬迁人口较多的大型安置区应发放相应的补助资金，让其后续的产业发展、房屋构建、基础设施完善有所依靠。重视集中安置点的打造，给予其政策、资金上足够的支持，让集中安置示范点建设成为真正的利民项目，才能发挥其示范带头作用。其次，基层的组织也要充分发挥自身作用，带动地方群众参与到安置示范点的建设中。在由街道、居委会组织的群众参与建设活动中不能采取强制措施，应该多措并举让群众自发参与，如此才能做到有效参与、有效建设。搬迁群众作为集中安置点的受益人也是其建设的主力军。要想让集中安置点达成长效利民，要尽可能达到与民融合、为民服务，让民众在参与建设中获得成就感、归属感。最后，要保证党组织的领导地位，在党组织的统一领导下集中安置点建设才能有序、合理的进行。党组织可以带领各地区对易地搬迁政策进行改革创新，让各地区的集中安置区发挥不同的活力。并且党中央可以凭借自身的能力对集中安置点的医疗保障、基础设施、文化教育做统筹规划，更合理有效的实现易地搬迁目标。

第四，建设丰富多元的社区文化，建设幸福美好的家园。易地扶贫搬迁的目的是改善生活困境的现状，使人民走向更幸福的生活。所以安置区的建设工作不仅要考虑房屋、道路、就业等物质层面的需求，还要注重社区文化等软实力建设，让易地搬迁户更能适应新的环境。首先，注重原住地乡土文化的传承。深入挖掘整合安置区传统文化资源，在搬迁点设置文化资源目录和乡情陈列馆，引导本地居民和返乡人才深入挖掘传统文化内涵，建设富有特色的美丽乡村，大力宣传文化，打造具有本地特色的文化乐园。其次，还可以从外界引入更加现代化、科技化的文化。在对本地文化加强建设后，了解到当地实际文化程度以及文化需求后进行"互联网＋文化"以及社区文化服务中心覆盖工程建设，让搬迁的安置区在公共文化服务上有更坚实、更新颖的基础设施。比如可以根据搬迁人口的兴趣爱好以及当下流行的文化在安置区内组织各类活动，让搬迁民众可以在新社区内得到沉浸式的文化享受。通过舞蹈演出、电影、话剧、书画展等文化艺术活动的开展满足民众的精神需求，让他们在新社区、新环境更快速的融入。最后，社区多元文化的培养还可以通过发展旅游业来得以促进。各地都有独特的民族历史文化，集中安置区可以依托当地的自然资源和地理优势，借助当地较为成熟的文化资源的知名度，发展生态旅游、历史遗迹旅游、红色旅游等项目，实现旅游内容的多元化。在发展旅游文化时也应当考虑到少数民族的文化，鼓励挖掘具有民族文化特征的旅游业。政府也应出台相应政策，通过与金融机构合作、招商引资、项目包装等途径吸引社会资金投入，解决资金缺口问题。支持少数民族地区旅游景区基础设施建设，加大对民族特色食宿和服务行业等旅游配套服务设施的投入。并且每年定期举办针对规范接待流程、礼仪等的服务类培训班和民族历史文化、工艺品设计制作的专业类培训班，建立长期、完整的分类培训机制，提升旅游服务品质。

6.4.4　加强社区生态环境保护，确保自然资源持续供给

在易地搬迁政策真正的实施过程中，虽然对当地的自然环境进行了科学的治理，但是易地搬迁任务的繁重、工作内容的复杂都间接地影响了搬迁地的生态保护。要想让易地搬迁的成效不仅在当代人身上体现，就需要保证当地自然资源在现在以及未来都能为人类生产生活提供充足的能量，这是可持续发展的基础，也是易地搬迁防返贫长效机制构建的重要环节。在当前易地搬迁项目实施过程中，生态环境方面主要出现的问题可以大致分为三种：生态破坏、环境污染、资源短缺。首先，对于搬出地来说，原有的宅基地在易地搬迁实施后成了问题。部分搬迁民众的宅基地没有完全腾空，这就导致难以对搬迁地的宅基地做出统一的规划处理。并且大部分的住房被闲置，搬迁的重点集中在新的搬迁地的构建上而忽视了原住地的合理利用，浪费了土地自然资源。其次，土地闲置现象也随之出现。搬迁民众搬入新的安置点后，部分得到了就业帮扶找到新的工作，也有部分搬迁户因为距离问题放弃了对土地的耕种，并且为了应对失业风险，部分居民更愿意让土地闲置不进行出租、流转。最后，土地污染问题也未得到解决。人们在追求农产品的产量、质量时不可避免地忽视了土地的污染问题。在农户对农产品使用农药、除草剂等化学药剂时，土地可持续利用率大幅下降。除此之外，生活垃圾也对土地造成难以修复的伤害。这就使得在重新统一规划土地发展新产业时更加困难。所以在实施易地搬迁措施时，在享受到搬迁后新环境对自身发展的助力时，还要加强对搬迁地自然生态的保护以及原住地环境的规划发展。加速建立健全的环境保护机制，坚持绿色发展实现生态扶贫，让搬迁人口原住地的自然资源得到重新利用，搬迁地的生态环境得以保护，进一步实现绿色、可持续的生产发展目标。在易地搬迁政策实现社会经济效益时兼顾到生态效益，建设易地搬迁防返贫长效机制。

第一，建立健全环境保护机制，让易地搬迁政策在确保生态安全的基础上顺

利执行。易地搬迁工作中要学会利用制度来解决实际问题，制度本身带有的规范力、约束力可以帮助缓解易地搬迁工作中的环境问题。当前的易地搬迁脱贫工作中环境保护机制还不够健全，对当地生态环境的保护缺乏力度，搬迁地的部分生态环境问题依旧制约着搬迁人口的可持续发展。因此更体现出搬迁政策中环境保护机制建立的重要性。根据各地相应的实际情况、环境保护水平可以相应地采取以下措施来得以进一步提高。首先，要先明确各级需承担的责任，加强建立各级的协调合作机制。易地扶贫搬迁部门要联合环保部门，对迁入地和迁出地进行合作式管理。对于迁出地要将工作重点放在生态修复上，根据具体的工作内容以及各自的工作能力来进行详细的分工，避免出现因为分工不明确造成无人治理的局面。对于搬入地要重点关注如何科学利用生态环境，让自然资源可持续的发展。其次，要对生态环境建立监督机制。易地搬迁不仅涉及个人生活还涉及企业的生产发展，对于各种参与易地搬迁的主体来说，不能只靠引导来规制他们的行为，还需要加强监督机制的建立，全方位、全过程地监督其生活生产活动。对遵守环境保护制度的企业或个人给予相应的奖励，鼓励他们生活生产中秉持保护环境的原则。并且给予的奖励应该适度弥补个人和企业在进行环保生产生活中付出的成本。对于违反自然生态保护的行为也应该加以惩罚，遵照"谁破坏，谁修复"的原则，让那些为扩张生产大肆侵占农田造成土地资源损坏的企业担负起修复土地、重塑生态的责任，并且严厉惩罚对环境造成不可逆转伤害的企业和个人。有关单位要承担起监督责任，尽可能地减小在易地搬迁过程中对环境的伤害。最后，在易地搬迁考核体系中应该加入对生态效益的评价。利用考核体系来推进易地搬迁工作中生态保护机制的建设，提高生态保护意识，让部分人力、物力可以投入到生态保护中。对生态效益的评价也有利于迁出地的生态建设，推动宅基地的腾退、土地修复以及水土治理等工作的开展，真正实现迁出地和迁入地的共同持续发展。

第二，继续坚持生态扶贫，让搬迁户形成绿色发展模式。绿色发展已经嵌入中国的经济发展中，形成了生态文明建设目标。绿色发展要求人们在日常的生产生活中尊重环境，重视人与自然的和谐相处。只有形成绿色化的经济发展过程，才能有足够的资源储备推动当下以及未来的发展，发展结果更加绿色化才能达到可持续发展的目标。在易地搬迁政策实施中，涉及多个地方的生态环境问题，农村地区的自然资源相对于城市更加丰富，长久以来作为为人类提供物资的生产基地，更应该注重生态以实现乡村振兴，让生态结合乡村振兴，让生态文明建设贯穿易地搬迁的整个进程。针对各个地区易地搬迁中出现的生态问题，可以采取以下措施。在农业生产上要大力推进循环型农业模式，针对那些危害土地质量以及损害周围环境的农药、化肥等化学药剂采取实名制购买形式。在实名制下可以详细地记录个人购买使用农药的种类、数量，以此来控制化学物品在农田中的使用。建立种植业—农作物饲料加工—养殖业—生物有机肥循环一体的产业链条，让各种农业资源参与更多环节的生产制造，充分发挥其自身价值。在可循环的产业链条中，农业污染物得以回收利用，减少了对周遭环境的伤害。发展循环农业已经成为当前生态保护、绿色经济中的重要措施。在可循环的农业模式中，农业的生态效益与经济效益真正得到结合统一、互相促进，易地搬迁中所涉及的农业生态问题得以缓解，有利于长期维持易地搬迁成效，实现农业的可持续发展。

　　第三，加强资源配置的合理性，实现自然资源合理分配。人类的生产生活离不开自然资源的参与，甚至在早些年代自然资源直接决定了人类生活的水平。而这些影响人类生产生活的自然资源不是应有尽有的，在数量上存在限制性、性质上存在不可改变性。所以在当今人类发展中需要对自然资源进行合理分配，保证在易地搬迁过程中有足够、可持续的资源得以利用，保证建成易地搬迁防返贫长效机制。在对迁入地资源进行开发时，首先要做好事先规划，并且保证资源的利用在合理且切合实际的基础上推动易地搬迁项目发展。对于已经开发并投入使用的资源要把重心落在如何让当下的资源发挥出更大的价值上。提高资源的数量、优化资源的品种是为了更好地满足人类所需，并不能达到资源利用率最大化目标，加强资源配置的合理性，实现自然资源科学合理地分配才能从本质上提高资源的利用效率，提升资源的整体利用水平。在易地搬迁政策中，对资源的合理配置具体表现为对迁出地耕地资源、林地资源的后续利用以及对经济作物的调整。

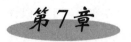

第7章

健康扶贫接续促进多维度、多层次的健康保障的协同效应

7.1 健康扶贫理论基础

劣势理论认为，任何个体、地区或群体，在某一方面得到的进步和成功会产生优势的积累，有利于产生更大的成功和进步；相反，如果在某一方面有劣势的话，就会产生劣势积累，从而产生两极分化，"富的更富，穷的更穷"。从健康扶贫方面看，农村地区具有明显的劣势积累：一方面，在决策应对阶段，农村人口的资本储存量有限、知识水平和价值观念存在局限、对我国相关政策的了解和运用不到位等，使得农户以自身的资本对健康风险进行抵抗的难度和风险增加，直接表现就是城乡健康差距扩大；另一方面，在无力应对阶段，由于前阶段的劣势没有得到彻底和有效解决，另外农村人口的资本储存量较少，所以在该阶段农村人口的各类资本容易全面受损，并且这种受损具有复杂性、长期性和严重性，仅凭农村人口的自身力量难以消除，即便及时借助外界力量也需要耗费一定的人力、物力和财力。因此，农村健康劣势的积累主要体现在疾病的发生给农村家庭带来的侵蚀性损害，最后使得农村家庭从最初的物质贫困变成因健康问题所导致的能力缺乏和权利受损而形成的贫困状态。

健康是居民生产和活动的重要前提，在此前的精准扶贫工作落实中，健康扶贫工作在实现我国脱贫攻坚中占据了重要的地位，在现阶段的乡村振兴战略实施中同样必不可少。克服客观条件的限制，努力保障好脱贫人口享有基本医疗卫生服务，改善脱贫地区医疗卫生条件，带动医疗服务能力提升，缩小脱贫地区和发展状况较好地区间的卫生资源配置差距，建档立卡贫困人口的大病和慢性病能够在基本医疗保障制度不断完善的大背景下得到及时有效的救治，减轻就医费用对于贫困地区人口所造成的负担，实现基本公共卫生服务均等化，进一步杜绝因病致贫、因病返贫等情况的发生，为乡村振兴战略保驾护航，这是实施健康扶贫工程的重要目的和手段。

7.2　河北省健康扶贫成果

2015 年，我国首次提出健康扶贫工程，明确指出要"保障贫困人口享有基本医疗卫生服务，努力防止因病致贫、因病返贫"①。在脱贫攻坚中，精准扶贫工作的重要组成部分之一就是健康扶贫，健康扶贫在巩固拓展脱贫攻坚成果并同乡村振兴实现有效衔接方面具有重要意义。

河北省在健康脱贫方面已经取得明显成效，也为其他地区的健康脱贫提供了案例典范。在医疗保障上，自 2016 年以来，河北省将健康扶贫融入精准扶贫工程，把彻底解决因病致贫、返贫等突出问题作为重要扶贫举措，建立起行之有效的精准帮扶体系，做到防治结合、保障有力，有力推进脱贫攻坚战略实施，为健康专项基金的有序运行保驾护航，促进健康扶贫的发展。为降低因病致贫的风险，国家积极出台全面脱贫后健康防返贫的相关政策，由河北省乡村振兴局、河北省卫生健康委员会联合下发的《河北省脱贫地区健康促进行动方案（2021—2025 年）》中提出，脱贫地区工作的中心由"健康扶贫"转向"健康促进"，在方案中明确了脱贫地区健康促进行动六项重点工作任务，不断下沉健康教育资源，推进健康教育进乡村、进家庭、进学校（中小学和幼儿园），为群众提供更加精准规范的健康教育服务。河北省针对脱贫后健康问题还提出，将脱贫地区的健康促进当作"为群众办实事"的具体措施，需要各级领导干部组织好各个环节的工作，协调好资源，动员更多的社会力量参与，相关部门需要加强部门之间的配合，全体人员共同努力将各项工作和任务落实落细。在健康经费方面，省、市也加大投入，特别是脱贫地区的教育问题，省、市根据实际情况安排下放基本公共卫生健康教育和健康素养的项目经费，并积

---

① 中共中央　国务院关于打赢脱贫攻坚战的决定［EB/OL］. 中华人民共和国中央人民政府网站，https：//www. gov. cn/zhengce/2015－12/07/content_5020963. htm?eqid＝b7ff419d0002f08000000004646eda66，2015－12－07.

极推动县级政府将健康促进工作纳入财政预算。在安排并下放健康经费后，相关部门以及领导干部需要对健康资金使用情况进行严格把关，提高健康资金的利用率，真正让农村人口享受到国家的利好政策。在健康制度方面，在农村地区（特别是脱贫地区）继续实行"专家下乡""百医驻村"等政策来解决农村人口看病难问题。从省、市公立医院选取优秀的骨干医生，一部分医生定期下乡为农村人口进行体检，另一部分医生以驻村医生的身份参与行动，驻村之前对这些医生进行专业培训，驻村之后对存在健康问题的村民实施"一对一"健康管理，并对农村人口的健康情况实时监测，更大程度地解决农村人口"看病难"问题，最大限度地保障农村人口的健康，进而降低脱贫地区因病致贫、返贫的风险。

7.3　河北省健康扶贫防返贫机制构建的必要性

目前，我国已经实现全面脱贫并在脱贫攻坚阶段获得许多"令全世界刮目相看的重大胜利"。其中，健康扶贫对脱贫进程起到大力的推动作用。当前，我国贫困人口的基本医疗已经实现全面保障，但是脱贫攻坚项目没有就此完成，为应对不断变化、发展的社会情况需要不断地巩固脱贫攻坚的成果，建立防返贫长效机制，做好防返贫与乡村振兴的有效链接工作。就健康扶贫方面来说，脱贫人口因病致贫、因病返贫风险并没有完全消除，健康扶贫不是一劳永逸的项目，还需要建立相应的健康防返贫长效机制。在受到新冠疫情冲击和疫情防控常态化态势下，贫困人口的健康问题将更加突出，巩固健康扶贫成果的任务也将更加具有挑战性。除此以外，全国第五次卫生服务调查数据显示，我国面临人口老龄化问题且其程度还在逐年加深，这种现象反映出现在以及未来我国居民医疗需求将大幅提升，这也对我国医疗水平提出更高的要求。[①] 虽然当下医疗技术水平也相应有所提高，一定程度上减缓了人口老龄化所带来的问题，但由于居民收入以及医疗资源分布不均导致部分地区医疗水平有限、部分低收入群体应住而未住院情况依旧存在。2016 年，相关数据显示，因病致贫和因病返贫的贫困户占建档立卡贫困户总数的42.4%，这组数据显示出在脱贫攻坚时期疾病因素是最严峻的一大问

---

① 2013 第五次国家卫生服务调查分析报告［EB/OL］. 中华人民共和国国家卫生健康委员会网站，ht-tp：//www. nhc. gov. cn/mohwsbwstjxxzx/s8561/201610/9f109ff40e9346fca76dd82cecf419ce. shtml，2016 – 10 – 26.

题。① 在巩固脱贫攻坚成果阶段，我们要持续地对脱贫人口健康问题保持警惕，构建长效的管控机制来规避脱贫人口的返贫风险。

7.4　实现促进多维度、多层次的健康保障的协同效应的路径研究

7.4.1　推动商业医疗保险的应用，加强对人民健康的保障

当今社会的生产生活压力不断增加，人民长期处于高压环境下，健康风险也将大大提高。健康作为人民进行生产生活的基础，需要加大对其的重视程度，采取多种有效措施来降低健康风险，保证人们能长期地实现自我价值。保险作为一种预防措施，近些年在国内发展迅速，逐渐走入人们的生活并且引起关注。在健康方面，越来越多的民众看到保险的优势，希望通过购买商业保险，来缓解未来可能存在的因疾病而导致的一系列资金支出压力。在金融行业中，保险行业属于"三驾马车"之一，有着重要的地位。在脱贫攻坚时期保险行业也充分发挥自身作用，依靠其抵御风险的能力有效地推进脱贫工作的实施。《中共中央　国务院关于打赢脱贫攻坚战的决定》中也提到保险行业在脱贫攻坚过程中不可或缺的地位，因此在防返贫长效机制的建设中，保险业也应参与其中，充分发挥作用，为脱贫户健康问题的解决提供保障。保险业不仅包括政府性的城乡居民基本医疗保险，还包括居民健康、医疗方面的保险以及商业化的健康保险。商业保险在一定程度上也能缓减健康方面出现的问题，可作为一种有效的风险转移工具来帮助农户在大病时减轻资金上的压力，避免出现因病返贫的状况。并且，商业健康保险主要依靠市场机制运行，风险管理涉及众多的风险单位。同时，资金来源于社会且投入于社会将有效缓解因病返贫的现象，分担政府在扶贫工作中的压力，利用商业健康保险的长板填补社会医疗保险的短处，所以两种保险应同时实施，形成两者互补、互相促进、共同发挥专业化优势的健康保险保障体系。

首先，提高农户购买商业健康保险的意识。农村地区因病返贫的风险还未完

---

① 国家卫生计生委、国务院扶贫办启动建档立卡农村贫困人口"因病致贫、因病返贫"调查工作 [EB/OL]. 中华人民共和国国家卫生和计划生育委员会，http://www.nhc.gov.cn/wangpa/ldhd1/201604/cfc6d02a21134e5ebf71bb7f19cb1216.shtml，2016 – 04 – 29.

全消除，且农村地区人民对新事物的接受程度不高、信息流通不畅，导致其缺乏通过购买商业健康保险来对新型农村合作医疗（以下简称"新农合"）进行补充的意识。并且，农村的经济水平相对较低，农民的健康观念较落后，许多农村居民对于商业健康保险的接受程度较低，对于疾病的发生与否总是抱着侥幸态度。农村家庭的整体收入水平较低、收入来源较为单一，在家庭真正出现疾病情况时，经济压力将会加剧，返贫风险极大增加。为解决因病致贫，在农村地区应注重提高贫困人口保险意识，提升保险的购买率，转移参保人的健康风险，帮助农村家庭防止返贫。商业保险作为疾病来临之前的预防措施，能够转移风险，保障自身家庭不会受到很大冲击，使得家庭不至于因为大笔的医疗支出花光储蓄陷入贫困的境地。因此，商业保险在对农村医疗疾病风险预防上更能发挥作用。要提高农村居民的保险意识，一方面要依靠保险公司进行宣传和推广，另一方面要借助各级政府的力量，由相关部门开展保险的宣传推广活动，帮助农户正确认识保险的作用。保险公司方面可以增加下乡镇开展义务保险知识普及活动的次数，让农村居民更了解商业保险。保险公司拥有专业的人才并且对保险了解深入，通过知识普及活动能让农村居民对保险有进一步的认识，了解保险转移风险的功能。考虑到保险公司在群众中的影响力不如政府部门，政府部门也可以协助保险公司进行保险宣传活动。政府相关部门可以利用电视节目、网络推送以及当地报纸书刊等媒介向居民传播健康保险理念，介绍商业健康保险的作用，以及商业健康保险在转移健康风险方面的优势。另外，政府相关部门可以从学生教育方面着手，与教育部门合作，在各中小学的教材中介绍商业健康保险的相关知识，从小培养青少年应对健康风险的意识，使得社会公众不再抗拒商业保险，正确认识保险的作用，充分发挥保险的功能。

其次，提高保险公司在农村的社会认同度。保险公司在农村的社会认同度低直接导致商业健康保险的参保率偏低，农村居民不信任保险公司的保障能力，使得商业健康保险无法发挥防返贫的作用。保险公司在农村地区的社会认可度不高，与长久以来保险销售人员专业能力不足、责任心较差有关，所以要提高营销人员的专业素质，加强业务培训，一步步改变保险公司在农村的固有印象。首先，要提高保险营销人员的入行标准，加强入行培训，保证保险公司营销队伍的质量。保险营销人员的形象代表着居民对保险公司的第一印象，营销人员的行为举止都将影响居民对保险公司的态度，因此建立专业负责的保险营销队伍有利于保险市场的健康发展，也有利于转变公众对于保险的固有印象。保险公司要注意审核营销人员的从业资格，在之后的工作过程中也要不断地学习和加强培训，要求从业人员做到专业负责。保险公司可以通过定期开展培训和考试，提升从业人员的专业素养，保证销售人员能熟练了解自己经办的每一种保险产品，让销售人员变得更加专业正规。应注意到，大部分保险纠纷来源于理赔时的责任不明，保单所载明的保险责任与投保人所了解的不同，所以要严格把控销售人员的销售流程，对销售过程全程进行录音录像，销售人员不得为业绩而进行销售误导，要为投保人讲清楚健康告知、保险责任、除外责任等，使投保人在充分了解自己投保产品的作用后再自行决定是否要进行投保。农村居民对于保险产品了解较少，而且文化程度相对不高，所以需要保险营销员更加耐心具体地告知保险产品的具体内容。在投保人购买保险之后，营销人员要定期更新客户的信息，与客户建立联系，及时通知投保人进行保费续交。另外，营销人员还要注意理赔服务，在客户发出理赔申请之后，告知客户需要准备的材料，帮助客户能够快速顺利地获得保险金。保险公司人员不仅要在售前服务热情，售后服务也要周到，只有这样才能让农村居民从心底相信保险公司，提高保险公司的社会认同度，使得居民愿意购买保险，从而发挥保险防返贫的作用。

再次，保险公司应提高对农村保险市场的投入。商业健康保险发挥防返贫作用的首要条件就是商业健康保险在农村能够被认可和接受，所以商业健康保险公司要在农村地区有存在感和影响力，使得居民了解商业健康保险，并能够放心投保。我国商业健康保险发展的主力方向是城镇，由于城镇人口密集，家庭经济水平较高，具备较高的消费能力，并且城镇居民健康意识比较超前，对于保险的接受度更高，所以对于保险公司而言更加容易开展商业健康保险业务。但是保险公司也应该意识到农村市场的巨大发展潜力。保险公司要在农村地区开展商业健康保险业务，首先要提高对于农村地区的资金投入，在农村建立分支机构。由于保险公司在农村建立的分支机构较少，许多居民想要购买保险但是却找不到了解保险产品的渠道和投保的方法，并且如果当地没有保险公司的真实工作场所，难免会使投保人在心理上对保险公司产生不信任感，对于保险能否为自己家庭提供保障存有疑虑，不利于保险代理人开展业务，也不利于农村保险市场的开发。商业保险公司要在农村保险市场加大人力、物力及财力的投入，在农村地区开设机构和门店、开拓农村地区的商业健康保险业务，加大对商业保险的产品设计、险种开发和人才储备的投入，优化农村地区的保险服务、提高管理水平、丰富商业健康保险产品、完善配套设施，以满足民众多样化和多层次的商业健康保险需求。此外，商业健康保险公司还应拓宽农村地区商业健康保险的营销渠道。农村地区商业健康保险的销售主要是依靠个人代理，由于保险营销员的社会认可度较低，因此大部分居民不信任保险的代理人。所以保险公司可以拓宽保险营销渠道，多渠道发展，帮助商业健康保险在农村快速发展。对于大部分农村家庭而言，农村信用社等基层的金融机构的可信度很高，所以保险公司可以发展农村信用社作为代销点推广商业健康保险，居民的接受程度会较高，有利于商业健康保险的发展。

最后，设计符合农户需求的商业健康保险产品。商业健康保险产品的设计不符合农村家庭的现实需求导致部分家庭没有意愿购买商业健康保险，也就不能发挥其防返贫的作用。保险公司要进入农村市场，就要针对参与农村保障体系所产生的新的业务再细分保险产品，结合农村的现实情况，设计出符合农村家庭需求的保险产品。保险公司要根据各地农民不同的收入水平设定符合区域特征的科学合理的价格，使得农村居民有能力为家庭成员购买商业健康保险，提高商业健康保险的购买率。从笔者的调查数据来看，购买了保险的家庭中获得商业健康保险赔付的比例并不高，这是由于保险产品设置的起付线较高，使得部分家庭不能报销医疗费用。保险公司应该根据农村的经济水平，适当降低起付线，让更多的家庭享受到商业健康保险的好处。农村的医疗资源有限，医疗可及性差，农村家庭在生病后就医存在困难，并且病后的理赔手续复杂，商业保险公司应该加强与医疗机构的合作，为农村居民就医和报销提供便利。商业健康保险的费用报销通常是在治疗之后，被保险人需要先自行支付医疗费用，但是农村家庭可支配的资金有限，可能无法拿出治疗资金。为方便农村居民就医，商业健康保险公司可以与医疗机构建立联系，直接由保险公司支付部分治疗费。另外，商业健康保险公司可以在农村地区发展管理式医疗保险，除被保险人发生医疗费用支出之后给予补偿外，还可以帮助被保险人进行病前的预防、病中的治疗以及病后的理赔"一条龙"服务，有效实现防止因病返贫的功能。通过病前的预防提高被保险人的健康意识，使被保险人的健康维持正常水平，使健康保障前移。对于风险承受能力较差的农村家庭，这种管理式医疗保险带来的保障更加全面、更加人性化。

7.4.2　完善健康教育体系构建，提高全民健康素养水平

在当今建设健康中国的主旋律下，"共建共享、全民健康"已经成为打造健康中国的口号，激励着全民参与。中国在 2020 年已全面实现脱贫，乡村振兴战略已经开始投入构建，在乡村振兴的战略中也可以看到有关人民健康的项目布局。把人民健康放在中心位置，才更能关注到深度贫困地区人民在环境以及自身经济情况影响下造成的"因病致贫"和"因病返贫"风险。仅靠保障性和兜底性的扶贫措施只能短暂地实现贫困地区人民脱贫，长期来看这种外力的效能将大大降低，无法满足贫困地区人民在健康方面的需求，在健康扶贫的工作中治标不

治本。相对而言，大力推动贫困地区医疗水平提升，强化当地的公共卫生健康教育服务水平，更能从源头上解决贫困人口的健康问题，并且保证健康扶贫可以持久性的有效，这也是最经济、最有效的治本之策。将贫困地区作为主要阵地，落实国家预防为主的方针，以多样化的形式推行贫困人口的健康教育活动，提高贫困人口的健康素养。贫困地区政府应担负起健康扶贫的重担，建立起各个部门协同合作、人民群众积极参与的健康教育机制，推动健康教育的进行。健康教育体系的构建是从预防层面来激发贫困人民的内生活力，群众自发地学习健康知识，形成重视自身健康的意识，掌握基本的医疗技能，让贫困地区的公共卫生服务真正实现防病、治病的目的。人人得到健康教育、重视健康问题、享受医疗服务，可以最大化地消除"因病致贫、因病返贫"风险。完善健康教育体系的构建，让贫困人口自己形成脱贫意愿，能够保证医疗健康扶贫政策更加顺利地实施，减少政府在医疗保障制度实行中的支出，推进构建健康防返贫长效机制，为经济社会未来的持续发展提供健康保障，全面推进乡村振兴进程。

完善健康教育体系需要将农村健康教育工作纳入地方政府规划之中，将健康融入所有政策中，建立和完善政府主导、部门联动、群众参与、法治保障等健康教育工作机制。各级政府、卫健、教育及其他各部门单位将健康教育工作纳入年终目标考核指标，建立奖惩制度。卫健部门要加强健康教育能力建设，做好健康教育技术保障，完善县、乡、村三级健康教育服务网络，分析当地健康教育工作存在的问题，为政府部门提供切实可行的健康教育策略和措施。教育部门要加强学校健康教育工作，发挥"小手牵大手，一人带动一家人"的作用，开设健康教育课程，并将健康知识纳入期末考试之中。各机关企事业单位具体实施本单位的健康教育工作，将此项工作纳入党员干部培训教育的必修课，落实因病缺勤考核制度，提高职工身体素质。政府要全方位统筹部署健康教育工作，从不同区域、不同年龄开展居民健康教育工作，提高全民健康素养。

加强健康教育能力建设，全方位的健康教育工作需要大量的健康教育人才。卫生健康部门应建立一支强有力的健康教育队伍，创建县级健康教育专业机构，定期督查指导各单位健康教育工作。各医疗机构均设置健康教育科和健康教育咨询室，乡镇政府设立卫生健康办公室，由专人负责健康教育工作，壮大健康教育队伍，保证县级健康教育专业机构专职人员以及各医疗机构健康教育人员能够满足当地医疗需求。加强基层健康教育骨干队伍建设，在深度贫困县实施贫困地区定向医学本科生免费培养项目，享受到免费培养政策的学生，在毕业后到乡镇卫生院服务。按照属地管理原则，实行县、乡、村层层培训制度，经过培训取得合格证后参加健康教育工作。

提高健康教育"精度"。开展健康素养调查，找准居民健康需求，注重健康教育内容的针对性和时效性，根据不同年龄、性别、文化程度、家庭经济水平的居民健康需求，有针对性地选择健康教育宣传内容；对同一种疾病而言，也要针对不同人群的性别、职业、生活习惯等开展不同内容的健康教育；就某一地区而言，要根据当地的常见病、多发病及动态监测疾病谱的变化开展健康教育。另外，还要注重健康教育的时效性，针对不同季节开展不同的健康教育；根据农村居民健康素养调查显示的健康素养具备率，制定不同的健康教育方针；针对低文化程度、老年人、低收入农民等健康素养水平较低人群开展连续性、综合性健康教育干预活动，可以有效地提高居民健康素养。

提高健康教育可接受程度。健康教育的最终目标是形成健康的生活方式，使人们远离疾病，摆脱健康贫困的困扰。如果采取的健康教育方式不当，就会影响其实效性。因此，要探索新方式，注重健康教育的实效性。传统的印刷宣传资料、办宣传专栏、拉横幅、刷标语等形式只针对有一定文化程度的人群。对于一些深度贫困县而言，农村居民文化教育落后，不精通汉语，健康知识接受度不高。这就要求健康教育工作人员以图文并茂的方式，进行面对面的健康教育知识讲座和利用村村通广播宣传健康知识。对于贫困户及行动不便的患者，可以通过家庭医生签约服务入户宣传；对于艾滋病等重大疾病的健康知识宣传，可以聘请患者或感染者投入健康教育工作中，增强健康教育的主动性和积极性；县广播电视台采取设置卫生专栏的方式，每周定期播放健康知识；各地政府、健康教育机构、医疗单位可紧跟时代步伐开通微信公众号，及时向大众宣传健康知识。采取口头传播、文字传播、形象传播、媒介传播、综合传播、数字传播、"一二三四五"模式推广等多种行之有效的方式进行宣传教育，才能提高居民对健康知识的接受度。

提高健康教育"广度"。习近平总书记强调，扶贫先扶志，扶贫必扶智。[①]脱贫摘帽后的群众虽然从经济上摆脱了贫困，但仍有部分群众文化程度低、思想落后，健康教育工作者一方面要当群众的贴心人，多次、反复入村入户，帮助贫困群众改变不健康的观念、思想，树立战胜疾病的信心和勇气，用健康的知识理念和健康技能，帮助和指导贫困群众提升健康综合素质。另一方面应通过开办农民夜校的方式，实施"志智双扶"，提高群众的文化教育水平，提升群众的信息获取与利用能力，塑造科学的生命健康理念，激发群众内生活力，扩大健康教育

---

① 习近平扶贫新论断：扶贫先扶志、扶贫必扶智和精准扶贫 [EB/OL]. 央视网，http：//news. cntv. cn/2016/01/03/ARTI1451819021448106. shtml#，2016 – 01 – 03.

的覆盖率，从根本上摆脱健康贫困。

提高健康教育"深度"。乡村振兴和脱贫攻坚是一对利益共同体，脱贫攻坚是乡村振兴的基础和前提，乡村振兴是脱贫攻坚的巩固和深化。为持续推进健康教育工作，实现《"健康中国2030"规划纲要》的目标，达到全民小康生活，健康路上不落下一个民族、一个人，将健康教育与乡村振兴相结合，坚持循序渐进的原则，进行反复教育，增加健康教育频次，实现人人知晓疾病危害、常见误区及应对措施等健康知识，从量变到质变，从健康知识到健康行为，从根本上提高健康素养水平，达到能够防得住病。

7.4.3　健全健康扶贫医疗保障制度，保证全民享受医疗服务

将贫困问题比作组成木桶的板子，由于每一个板子的长度不一，不能形成合力来解决贫困问题，而最短的一块木板又直接决定了木桶的盛水量，最严重的贫困问题也将直接导致地区的贫困程度，而疾病因素已经成为众多贫困问题中的短板。在农村地区因病致贫、因病返贫的问题更加突出，医疗保障又较为薄弱，疾病以及疾病导致的贫困问题两者之间将会形成恶性循环，因病致贫的人口将被卷入这场循环中，进而影响农村贫困家庭生活的质量，情况严重者甚至可能使整个家庭面临灾难，从而无法正常的生活和工作。从全社会的角度来看，农村贫困地区人口患病导致的贫困现象将严重阻碍社会经济的发展，不仅关系到农村人口的生活质量，还影响全社会人口对幸福的追求。所以要想最大程度地减小农村人口因病致贫、因病返贫的风险，各级卫生部门要承担起防返贫的责任，重视贫困人口的疾病健康问题。过去几年中，各级各地的卫生部门大力提高贫困地区的医疗保障水平，提升自身的医疗服务能力，采取多种措施提升公共卫生服务能力，初步实现贫困人口看得上病、方便看病、看得起病、看得好病、防得住病，确保贫困群众"健康有人管、患病有人治、治病能报销、大病有救助"。绝大多数因病致贫的人口在各部门的不懈努力下都成功地摆脱了贫困，实现了脱贫，卫生部门的脱贫攻坚战取得决定性胜利。但是，当前实现的脱贫成果只是暂时性的，初步实现因病致贫人群一次性的脱贫较为容易，但健康问题可能反复出现，如何防止因病返贫是当下卫生部门亟待解决的问题。所以，要真正达到规避因病致贫、因病返贫风险，不能仅仅采取一次运动式的攻坚战，满足于当下取得全面脱贫的成果，必须要建立相关的防范制度，做到未雨绸缪才能在风险来临时有效防范，进而解决全面脱贫后群众因健康而造成的贫困问题。医疗保障制度就是一项能够起到防范风险作用的措施，作为健康扶贫的一项重要内容，能直接作用于贫困人

口，为其降低所需要承担的医疗费用。医疗保障制度目前还不够完善，而其又直接影响健康扶贫政策的落实效果，所以在构建健康防返贫长效机制进程中，完善健康扶贫各项医疗保障制度迫在眉睫。

第一，完善制度间的协同机制。贫困地区可能会出现各项政策主管部门较多、报销有顺序要求、报销程序烦琐等情况，这就导致其制度配合度不高、健康扶贫医疗费用报销不便等问题。在部门之间协调工作混乱的情况下，贫困人口将付出更多的时间成本和精力成本，所以完善政府不同部门之间的协同机制应作为健康防返贫长效机制建设工作的重点。首先，应该捋顺简化各项报销流程。在城乡居民医保、大病保险、"351"① 和 "180"② 等 "一站式" 报销的基础上，促使 "1678"③、医疗救助、"2365"④ 和 "一事一议" 能够早日实现一单式结算，简化各项报销流程，使因病致贫人口跑一趟就能办完所有符合条件的医疗费用报销手续，节省贫困人口的时间和精力。其次，统一各项政策的牵头部门和宣传途径。"1678"、医疗救助、"2365" 和 "一事一议" 等各项 "一站式" 报销项目之外的政策由不同部门制定，各自落实、各自宣传，在宣传时未充分考虑到各项政策之间的报销顺序问题，导致贫困人口在报销时花费大量额外的精力。所以对于这些由不同部门制定的政策，应统一让医保部门领导，作为总牵头部门加强宣传。最后，各部门合署办公，主动帮助贫困人口报销医疗费用。目前的救助都是由贫困人口自主申请，如果各类救助政策宣传不到位，贫困人口知晓率不高，就不能及时主动申请救助。因此，需要各个部门及时主动加强协调，建议成立联合小组，合署办公，主动提醒符合各项政策申请条件的贫困人口，积极提供帮助，变被动提供服务为主动提供服务。

第二，加强对过度医疗行为的监管。过度医疗行为本身是违背道德的，甚至是不被法律法规所允许的，会产生挤占、浪费医疗资源的严重后果。过度医疗行

---

① 351政策：贫困人口通过基本医保、大病保险、医疗救助 "两免两降四提高" 等综合补偿后，在县域内、市级医疗机构和省级医疗机构就诊，个人年度自付费用分别不超过0.3万元、0.5万元和1万元，剩余合规医药费用实行政府兜底保障。

② 180政策：实行贫困人口慢性病门诊补充医疗保障，贫困慢性病患者1个年度内门诊医药费用，经 "三保障一兜底" 补偿后，剩余合规医药费用由补充医保再报销80%。

③ 1678政策：自付合规医疗费用在1万元以内的，不予补助，超过1万元以上的（不包括1万元），去掉1万元起付线，剩余部分分段给予再补偿。分段再补偿比例为：0～2万元再补偿60%；2万～5万元再补偿70%；5万元以上再补偿80%，年度再补偿实行20万元封顶。

④ 2365政策：救助对象在接受有关社会保障和社会救助后，个人支出费用超过2万元以上部分，按照费用的60%给予救助，救助金额最高不超过5万元；因特殊情况未参加城乡居民医疗保险的，个人补缴参保费用后，医疗费用超过3万元以上部分，合规医疗费用按照60%的比例给予救助，救助金额最高不超过5万元。

为的定义是非常明确的，但实际情况下又是非常难以界定的。因此需要采取进一步措施，避免发生过度医疗行为。首先，应该加强对医疗机构的约束，加强对医护人员的教育。在贫困人口接受治疗时，坚持做到非必要的检查不做、非必要的药品不开、非必要的住院不住，履行好医疗机构和医护人员的职责，利用其专业知识，把控好医疗机构和基层医生过度医疗行为的关口。其次，加强对贫困人口的宣传教育，采取群众喜闻乐见的方式，广泛宣传健康扶贫政策，引导其正确就医，合理选择医疗方式，从过度医疗行为的发动者身上堵住漏洞。最后，加强对医疗资源的管理。医疗卫生部门应该制定各项检查项目和药品使用的负面清单，从制定医疗资源使用的制度上堵住过度医疗行为的漏洞。同时，为避免因患者的病情不同、就医需要的不同或者因特殊紧急情况，而需要突破负面清单时遭到医疗资源管理制度的机械阻碍，应设计突破负面清单规则。另外政府部门应该加强督查检查，及时发现、纠正过度医疗行为。

第三，加强防范因病返贫的作用。健康扶贫的作用不仅包括帮助因病致贫人口减轻医疗费用负担，提高健康水平，早日摆脱贫困，还应该在防范非贫困人口因病致贫、返贫方面发挥作用。首先，提高非贫困人口享受"1678"再补偿政策和"2365"特殊救助政策的报销比例，并且将这两项政策的补偿或者救助封顶限额提高，减少患病的非贫困人口自付医疗费用，减轻家庭经济负担，规避返贫风险。其次，将非贫困人口纳入"一事一议"特殊救助的范围。"一事一议"政策的设计初衷就是在贫困人口遇到超常规大额医疗费用支出时，特事特办，具体问题具体分析，用于解决医疗费用负担过重问题。针对罹患大病个人承担较高费用的非贫困人口，也应采取"一事一议"的办法进行救助，一事一议、一人一法、特事特办，消除非贫困人口因突发大额医疗费用返贫的风险。最后，扩大签约医生服务范围至非贫困人口。按照政策，签约医生也应向非贫困人口提供有偿的签约服务，政府部门可为患病的非贫困人口购买签约医生服务，用于加强患病的非贫困人口的健康管理水平。没有全民健康，就没有全面小康，全面打赢脱贫攻坚战的成色就会不足。巩固拓展健康扶贫成果，不仅仅是帮助因病致贫人口减轻医疗费用负担，摆脱贫困，还应该在预防非贫困人口因病致贫、返贫上发挥作用。

第四，尽力消除悬崖效应。悬崖效应是健康扶贫对象识别不精准、政策差异以及贫困户享受政策退出机制缺位等原因造成的。要消除健康扶贫政策引发的悬崖效应，应从以下几个方面出发。首先，精准识别健康扶贫对象，避免出现不该识别的识别了、该识别的没有识别的"错评"和"漏评"问题，进一步避免"不应享而享"和"应享未享"问题，消除由精准识别问题带来的悬崖效应。其次，扩大政策覆盖面和提高政策报销水平。将患病的非贫困人口纳入"一事一议"特殊救助和无偿签约医生服务的范围,将因病致贫人口纳入"351"兜底和"180"补偿政策受益范围,提高"1678"再补偿政策和"2365"特殊救助政策的报销比例,减轻非贫困人口、贫困人口自付医疗费用的负担。提高城乡居民医保和大病保险的报销比例,提高医疗救助水平,加大它们在健康扶贫中的基础性作用和决定性作用。最后,建立政策合理退出机制。制定健康扶贫政策的主要目的是帮助因病致贫人口减轻医疗费用负担、提高健康水平,以达到基本医疗有保障的脱贫标准。已经达到"一达线、两不愁、三保障"① 及饮水安全脱贫标准的贫困人口,经科学评估脱贫后,应退出"351"兜底和"180"补偿政策受益范围,及时纳入"1678"再补偿政策和"2365"特殊救助政策的受益范围。从长远看,考虑到2020年打赢脱贫攻坚战之后的后扶贫时代,在消除因病致贫人口短板,基本达到全民健康的水平后,应考虑逐步取消特惠制措施或者应急性健康扶贫政策,加大普惠制措施或长期性制度的力度,建议将"351""180""1678""2365""一事一议"等一系列健康扶贫政策逐步退出,同时提高城乡居民医保、大病保险和医疗救助的地位,加大它们在健康扶贫中的基础性作用,构建健康防返贫长效机制,接续推进乡村振兴战略。

---

① "一达标"是指农村建档立卡贫困户家庭人均可支配收入稳定超过当年我省公布的扶贫标准线;"两不愁"是指不愁吃、不愁穿;"三保障"是指安全住房、义务教育、基本医疗有保障。

第 8 章

文化振兴完善文化发扬路径管理、提高文化防返贫效益

8.1 文化振兴相关理论

8.1.1 马斯洛需求层次理论

马斯洛将人类动机作为出发点，研究并提出需求层次理论，其强调人的需求对人的动机起决定作用，并且每个人在任何时间里，都会存在某种需求占据主导地位，而其他需求则相对处于从属地位。

通常用金字塔形状来表达需求层次五级模型所涵盖的不同等级的需求。从层次结构的底部向上，需求分别为生理需求、安全需求、社交需求、尊重需求以及自我实现需求，这是一种由物质需求向精神需求转变的过程。生理需求属于最基本的需求，以维持人类生存为目的；人对于安全、稳定和避免痛苦的需求被视为安全需求；社交需求则包含友爱和归属两个方面；尊重需求是对自身价值得到体现的满足以及他人对自己的认可；自我实现需求是指为完善自我而最大化地发挥自身能力。当低层级需求获得实现后，人们才会出现更高层级的需求，也就是说人们在温饱问题得到解决后，才会有丰富精神世界的需求，提升自身文化素养，以满足自身精神文化需求。在此需求层次理论背景下，文化振兴能够为乡村振兴提供强大的精神动力和智力支持，满足人们对于精神生活的需求。

8.1.2 文化资本理论

法国社会学家皮埃尔·布迪厄是最早提出"文化资本理论"的学者，这一理论在其著作《资本的形式》中得以体现。他在书中指出，资本能够划分为经济资本、文化资本和社会资本三大类别。同时布迪厄还将文化资本按状态划分为具体化状态、客观化状态和体制化状态。具体化状态的文化资本是指与个人直接相关的文化资本，是通过外界教育包括家庭教育和学校教育而获得的文化知识、文化能力；客观化状态的文化资本是指将文化观念和文化能力物化并以文化产品作为存在形式；体制化状态的文化资本体现为某种制度形成的。在经济发展层面，戴维·思罗斯认为文化资本在其中也能够起到重要的促进作用。[①]

8.2 河北省文化扶贫成果

党的十八大以来，河北省高度重视脱贫攻坚事业，精准施策，充分借助文化扶贫力量，坚持"扶贫"与"扶智"相结合，不断激发贫困户脱贫的内生动力。基于此，河北省出台了一系列见效快且持久性强的扶持政策，旨在推动河北省文化事业与文化产业高质量快速发展，提升人民群众文化素养，增强人民群众的获得感、幸福感。截至目前，河北省文化扶贫事业已取得一系列成就：

第一，通过持续推进文化旅游扶贫事业，为贫困户脱贫开辟新路径，确保脱贫攻坚任务的如期完成与全面小康社会的顺利建成。在此期间，河北省探索出包括"旅发大会+扶贫""文艺+扶贫""景区+扶贫""非遗+扶贫""红色旅游+扶贫""展会营销+扶贫"等在内的一系列典型模式。与此同时，自2016年以来，河北省累计投入近3亿元资金，旨在帮助贫困村完成文化基础设施建设与公共服务建设。"十三五"期间，全省组织了一系列文化扶贫下乡活动，为贫困地区人民组织了一系列演出活动表演，共惠及人民群众超1000万人次。据河北省文化和旅游厅数据统计，"十三五"期间，全省通过发展乡村旅游共带动77.6万人就业，帮助793个贫困村实现文化旅游脱贫。习近平总书记曾考察的阜平县骆驼湾、顾家台村，通过发展乡村旅游，2019年人均可支配收入较2012年

---

① 资树荣. 文化与生产者的文化资本 [J]. 深圳大学学报（人文社会科学版），2018，35（01）：58－63.

增长近 15 倍，成为脱贫攻坚和乡村振兴的典范。①

第二，进一步促进乡村文化繁荣发展，保障人民群众的精神文化需求，实现物质与精神脱贫并举。"十三五"时期，河北省进一步挖掘本地优秀特色文化产品，并对其进行积极创新，5 年间共累计创作排练新老舞台作品 158 部②，其中河北梆子《李保国》、话剧《塞罕长歌》等多部作品荣获"文华大奖""五个一工程"奖和全国"群星奖"。此外，河北省还成功举办"一带一路"·长城国际民间文化艺术节、中国吴桥国际杂技艺术节等众多有影响力的品牌艺术活动。

第三，旅游服务业获得高度发展，并发挥出辐射带动作用。2016～2019 年，河北省旅游总人次年均增长率达到 19%，旅游总收入年均增长率达到 26%，旅游总投资年均增长率达到 32.6%，增幅均在全国名列前茅，成功建立起 7 家国家全域旅游示范区、14 家省级全域旅游示范区，并且国家 5A 级旅游景区增长至 11 家，4A 级景区增长至 140 家，国家和省级旅游度假区共达到 10 家。"十三五"期间，全省文旅项目总投资突破 5000 亿元，同比"十二五"增长 215%；2019 年文化产业、旅游产业增加值达到 2501 亿元，占 GDP 的比重达到 7.1%。③

总体而言，河北省的文化脱贫成效明显，并创造出一些经典的文化脱贫案例。如表 8 - 1 所示，其中以河北省蔚县为例，在文化脱贫过程中探索出一种新型模式——图书馆文化服务模式，多个地方通过发展图书馆文化服务的形式实现脱贫，并且效果良好。河北省图书馆先后将"冀图讲坛""燕赵少年读书"等众多优秀资源延伸到含回回墓村在内的基层农村，为回回墓村的村民营造出一个良好的文化氛围，为回回墓村的村民培养阅读习惯、强化阅读理念、增强文化水平奠定基础。另外，河北省图书馆还专门设置流动图书车，通过"送书下乡"的方式扩展文化服务半径，为村民们开阔视野、提高认知。与此同时，河北省蔚县文化脱贫的成功案例为全面脱贫后文化防返贫长效机制的构建提供了思路。

表 8 - 1　　　　　　　　　　　河北省文化脱贫典型案例

地点	文化脱贫案例
河北省蔚县回回墓村	"互联网＋公共文化"精准扶贫新路径
河北省平山县西柏坡镇梁家沟村	红色旅游助老区　谱写脱贫新篇章

---

①②③　文化和旅游赋能河北全面建成小康社会 ［EB/OL］. 人民资讯，https：//baijiahao. baidu. com/s? id = 1715395591561034106&wfr = spider&for = pc，2021 - 11 - 03.

地点	文化脱贫案例
河北省青龙满族自治县隔河头镇花果山村	打造精品景区　助力融合发展
河北省丰宁满族自治县	"道德银行＋扶贫爱心超市"

资料来源：笔者根据相关资料整理而得。

8.3　河北省文化防返贫机制构建的必要性

截至目前，河北省脱贫攻坚目标已顺利完成，全省农村工作重心随之转移到与之衔接的乡村振兴建设中。与脱贫攻坚阶段的扶贫工作相比，乡村振兴工程的举措更具可持续性，需要在较长的阶段中持续发挥作用。如前文所述，河北省在脱贫攻坚期间取得了一系列文化扶贫成果，并打下深厚的文化扶贫基础。然而，一方面，原有的文化脱贫工程或措施在由服务脱贫攻坚向服务乡村振兴转变时存在不适应、衔接困难的问题；另一方面，随着社会经济情况的不断发展，新阶段的文化工程与举措将面临更多的困难和挑战，需满足更多需求。这种情况使得在今后的乡村发展中会存在文化脱贫措施失效、部分贫困户发生返贫与"相对贫困"拉大的风险。因此，成功构建文化防返贫长效机制对于更好发挥文化脱贫作用、完善文化发扬路径管理、提高文化防返贫效益并最终实现乡村文化振兴至关重要。

8.3.1　文化传承、发扬路径管理需进一步完善

有效发挥文化作用的关键在于能够不断传承并最大范围发扬脱贫攻坚时期挖掘与开发的优秀传统文化与本地特色文化。因此，相较于扶贫时期看重的短期有效性，防返贫阶段更看重文化的深远持久性。

目前，河北省文化传承与发扬过程中存在新老问题的双重困扰。一方面，在世界经济增速放缓与新冠疫情的持续影响下，中国新生人口持续下降。就河北省而言，全省人口自然增长率由 2014 年的 6.95% 下降至 2020 年的 2.50%，2020年新增人口仅 18.64 万。[①] 脱贫时期，文化扶贫工程的重点在于丰富贫困群体

---

① 河北省人口 2020 年总人口数数据情况 ［EB/OL］. 红黑人口库，https：//www. hongheiku. com/lish-ishuju/1015. html，2023 - 02 - 26.

的精神世界，提升其幸福感、获得感，在此期间涌现出一批本土特色文化，而防返贫时期的重点在于传承并发扬上述文化产品，在利用其丰富人民群众精神生活的同时，挖掘其经济效益，将其转换为巨大的物质财富。而上述工程的关键在人，尤其是生活在本地受该特色文化持续影响的年轻群体，但人口增长率持续下降会使特色文化传承、发扬、利用受阻；一方面，目前河北省针对文化传承与发扬路径的管理缺乏统一有效的顶层设计方案，工作机制尚未健全，多元主体参与程度与配合度较低。另一方面，部分特色文化具有同质性较高、产业开发价值较低、与当地农业文化结合程度不足等特点，缺乏传承与发扬价值。

文化因交流而丰富，只有积极发扬本地特色文化，促使其接受其他文化的冲击与市场的考验，才能挖掘出当地文化的社会效益与经济效益，提升其稳定性与持久性，为在较长一段时期内持续承担防返贫责任创造条件。

8.3.2　文化防返贫效益需综合提升

如前文所述，脱贫时期解决的是"绝对贫困问题"，因此更注重文化的经济效益与文化旅游产业的发展，比如当时特色旅游小镇的兴起与当地旅游产业的高速发展。防返贫时期解决的是"相对贫困"问题，该问题的解决需要较长的一段时间，且涵盖范围更为广泛，因此防返贫时期更应注重文化的综合效益，兼顾文化的经济效益与社会效益。防返贫时期，河北省在文化经济效益与社会效益提升方面存在着不同的困难。

文化防返贫经济效益缺乏稳定性。文化防返贫机制是一道风险屏障，稳定性是其基本要求。目前，受新冠疫情的持续影响，全球旅游业整体下滑，这同样深深影响着河北省。据《河北蓝皮书：河北旅游发展报告（2021）》披露，2021 年河北省旅游产业发展增速降缓，旅游总收入和总人次明显下降。这也从侧面反映出其文化产品综合能力不强，过于倚重旅游业的问题，影响文化防返贫效益的稳定性。

文化社会效益公平性存在一定不足。一方面，部分乡村特色文化建设源于其他地区的优秀建设经验，这类特色文化并未扎根当地，大部分村民对此缺乏了解与认同感，该类文化甚至会对当地原有文化造成冲击；另一方面，文化产业发展过程中出现公平性缺失、发展成果分配不合理的问题。尽管在这一过程中，贫困群体获得的一定收益帮助其实现脱贫，但这在一定程度上加大了收入差距，为解决"相对贫困"增加阻碍，降低文化防返贫的综合效益，产生返贫风险。

8.3.3　文化管理相对落后，缺乏专业人才

相较于脱贫阶段，防返贫时期的文化产业发展与文化事业建设有着更高的要求。首先，文化产业的发展应筑基于本地特色文化，产品开发与产业发展应能更好符合市场需求，文化产业发展成果应更多惠及当地人民；其次，除加强公共文化产品供给和提升公共文化服务水平外，文化事业建设还应注重持续性。这意味着在实践中，应该采取持久、可持续的文化事业发展方式，不断满足人民群众在不同阶段的不同文化需求。而上述要求的实现需要更为先进的文化管理体制，更多、更优秀的专业人才，但目前河北省正面临着文化管理相对落后、专业人才缺乏的问题。

一方面，自精准扶贫以来，一批又一批的扶贫干部深入广大贫困地区，对贫困县、贫困村、贫困户实行定点帮扶，这些扶贫干部中包括各级政府单位中的优秀公务人员、各个大学的优秀毕业生、从事教学与科研的大学教师等。他们构成脱贫攻坚的中坚力量，他们中的大部分人通过进驻村工作队或担任第一书记的方式长期在村里推进精准脱贫，由于这些人普遍知识素养水平较高、责任感强，所以往往担任文化扶贫项目的实际负责人与推动者，然而这些扶贫干部有自己的本职工作，当完成相应的脱贫攻坚任务后，便会回到自己原先的工作单位，从事原有的工作，这产生一定的"人才流失"问题。此外，伴随着本地干部的换届选举、调离岗位，也出现一定的文化管理衔接问题。

另一方面，相较于周边地区，河北省的经济地位处于劣势，外来人才吸引力不够，本地人才流失较为严重。就保定市而言，周绩宏等在《保定人才流失探究》中通过调研发现，保定市工程师以上高层专业技术人才流失引进比为 7.55，高级工以上高层技能人才流失引进比甚至高达 18.25。这从客观上造成文化产业专业人才缺失的现状。此外，据《河北蓝皮书：河北旅游发展报告（2021）》披露，大部分乡村旅游管理主体为村委会或本地家族，其缺乏乡村旅游行业的专业知识与实践经验，难以满足乡村旅游产业发展的专业性需求。

8.4　完善文化发扬路径管理、提高文化防返贫效益机制的路径研究

8.4.1　多元主体协同参与，共拓文化发扬之路

作为脱贫攻坚任务与乡村振兴战略执行的关键责任主体，各级政府既是文化防返贫机制构建的提出者、实施者，同时也需为该机制能有效发挥防返贫作用提供重要保障，因此在多元主体协同参与共拓文化发扬之路，提升文化发扬的可持续性方面，政府主体扮演的角色最为关键、最为复杂。首先，文化发扬的前提是文化发掘与文化保护。因此，河北省应由省级政府进行统一顶层设计，组建专门文化保护部门或跨部门协调专项小组，旨在为脱贫与防返贫时期挖掘的特色文化产品、传统文化遗产提供专项保护，在此过程中，应加强文化地理标识，保护文化遗产保护清单建设。2012 年，我国农业农村部正式开启"中国重要农业文化遗产"的相关评选工作，截至 2022 年，共有六批 138 项农业文化遗产入选，而河北省仅入选 5 项①，具体名单如表 8 - 2 所示。此外，该文化保护部门或专项小组应明晰其工作职责、服务范围，避免出现权力交叉或权力真空区，集中原有分散在文化、旅游、建设、水利等部门的相关文化保护职责。在此过程中，摸排全省的文化遗产资源，坚持保护与发掘工作的同时进行。其次，河北省各级政府应积极发挥文化的引领作用，结合当地实际情况，积极举办形式多样的文化遗产与文化产品推介会，吸引更多人群关注，加深其对于河北省各地文化产品与文化遗产的了解。最后，政府主体应在多元主体协同参与过程中发挥连接、协调作用，为各类主体参与、合作提供便利，激发其参与开拓河北省文化发扬之路的热情，并制定相应的法规制度，保障在此过程中积极参与的各主体的利益。

---

① 韩忠治，解丽君，王义杰，等. 河北省农业文化遗产项目保护传承研究 [J]. 南方农业，2020，23（14）：102 - 103.

表 8 - 2   "中国重要农业文化遗产"河北省入选名单

地点	文化遗产名称
张家口市宣化区	城市传统葡萄园
承德市宽城满族自治县	传统板栗栽培系统
邯郸市涉县	旱作梯田系统
唐山市迁西县	板栗复合栽培系统
承德市兴隆县	传统山楂栽培系统

资料来源：韩忠治，解丽君，王义杰，等．河北省农业文化遗产项目保护传承研究 [J]．南方农业，2020，23 (14)：102 - 103.

    高校及相关科研单位是文化发扬路径中的关键一环，其具备的专业知识与科学素养是保证文化发扬质量，提升文化发扬可持续性的重要基础。首先，在文化遗产挖掘与保护方面，对文化遗产的确认与价值评估是开展后续工作的基础，如果该项工作出现偏差，那最后的文化传扬结果就会与设定目标相距甚远。因此，为促进文化事业的发展，河北省各级政府应当加大与相关高校及相关科研单位的合作力度，定期组织专家研讨会，对河北省的文化产品与文化遗产开展确认与评估工作，及时摒弃同质化严重、开发价值低的文化产品，打假"人工文化遗产"，确保文化产品与文化遗产的质量与价值，为提升文化发扬的可持续性提供保障。在此过程中，应注意公平公开原则，积极开展招标工作，保证确认与评估的工作质量，避免资金浪费。其次，河北省各级政府可以借助高校及相关科研单位的力量，邀请其研究人员在实际调研的基础上撰写研究报告，为河北省不同文化产品与文化遗产的传播方案提供理论基础与对策建议，使文化发扬之路走得更具科学性、理论性。

    企业是市场竞争的主体，极具能动性与创造性。企业主体在参与文化发扬过程中具备诸多优势。首先，企业主体具备较强的资源整合与开发能力，效率极高，这对于文化开发工作至关重要。因此，河北省各级政府应积极鼓励并引导各类优质企业参与其中，帮助打造符合市场需求的各类文化产业形态，对现存的各类文化扶贫项目进行升级改造，在此基础上深度发掘各地文化产品与文化遗产价值，最大程度地释放出其经济价值，提升其可持续性。其次，伴随着数字技术的迭代更新，自媒体、短视频、直播等新媒体平台成为传播文化的新战场，政府可积极与此类媒体平台合作，创新文化传播形式，提升文化传播频率，扩大文化传播范围，提升文化传播的有效性。最后，文化开发、保护、传扬等各个过程中均需持续的资金投入，这部分资金仅仅依靠政府财政是远远不够的。因此，河北省各级政府应不断完善投融资渠道，创新合作与分配模式，加强与社会资本的合作，使社会资本流入当地文化产业，在此过程中逐渐减少对财政资金的过度依赖，提升文化产业的盈利能力，使文化扶贫作用持久有效，降低各类人群致贫、返贫风险。

生活在我国广大乡村的农民群体既是文化扶贫工程的最大受益者，也是实施乡村振兴战略、开拓文化传扬之路的重要力量。各类特色文化产品与文化遗产深深植根于农民长时间生存的农村环境，并在很大程度上受到其生活方式、行为习惯的多重影响，因此，农民群体本身也是各类文化的重要组成部分。在文化发扬过程中，应首先获得绝大多数农民群体的文化认同，这是避免出现"人工特色文化""模板乡村文化"的重要途径之一。其次应充分发挥农民群体在文化发扬过程中的作用，他们是乡村特色文化最好的宣传者与展示者，是文化传扬过程中不可或缺的一部分。无论是文化扶贫工程还是文化防返贫机制中的文化产品开发、保护、发扬工程，其根本出发点与落脚点都在于当地人民。因此，不断提升其在此过程中的获得感、幸福感是重点任务，河北省各级政府应积极提升农民群体对于文化产品与文化遗产的系统理解，对其进行专项培训，为自发宣传、展示乡村特色文化提供可能，并积极引导其参与到文化产业建设中，提升其防返贫内生动力，坚固文化防返贫风险屏障。

8.4.2　推动文化事业与文化产业繁荣发展

党中央在部署"十四五"时期经济社会发展任务时强调"繁荣发展文化事业和文化产业，提高国家文化软实力"①。繁荣发展文化事业与文化产业，既是建设社会主义文化强国的重大任务，也是在构建文化防返贫机制中提升文化防返贫效益、推进乡村振兴的综合之策。在此过程中，文化事业与文化产业扮演着不同的角色，文化事业强调社会效益，文化产业则强调经济效益，两者分工不同却又相互配合，共同助力解决防返贫时期的"相对贫困问题"。因此，河北省各级政府应做到一方面明确文化事业与文化产业发展的不同目标、不同价值追求并由此产生的不同的建设需求，为其分别繁荣发展创造便利条件；另一方面，引导两者积极配合，促进文化事业与文化产业相互融通，打通两者之间的通道，提升文

---

①　中国共产党第十九届中央委员会第五次全体会议公报［EB/OL］. 中华人民共和国中央人民政府网站，https：//www.gov.cn/xinwen/2020 - 10/29/content_5555877. htm?eqid = c93d73f10003d5ca00000002646b68b1，2020 - 10 - 29.

化防返贫综合效益。

文化事业的发展旨在满足人民群众的基本文化需求，提升全社会整体文明程度，强调公平性、效益性。相较于脱贫时期，防返贫时期河北省各级政府更应强调基本公共文化服务标准化、均等化建设，下沉更多图书馆、博物馆等传统文化资源至县、乡级别，满足脱贫地区人民群众的文化需求。文化事业的建设应以政府为主导，但绝不能仅依靠政府，防返贫机制构建过程中要大力发展村集体产业，增加农村地区人民收入，但该过程中不能只重视发展经济，文化发展同等重要。因此，文化事业的建设应充分发挥出村民集体的力量，增强其文化自信、文化自觉，这样既可降低政府财政、人员的压力，又能激发村民集体文化建设的主动性，更好地发挥出文化防返贫的作用。此外，各乡镇、行政村可以根据本地区文化产品与文化遗产开发的实际情况，建设特色民俗、乡村文化展示馆，帮助乡村地区年轻一代了解自身传统文化。目前，伴随着数字技术与互联网的不断发展，基本数字文化资源需求应得到进一步满足，文化事业建设应该具有新形式、新时代特征。针对这一需求，河北省各级政府应当抓住数字乡村建设契机，充分利用其实施乡村振兴伟大战略与文化防返贫机制建设，满足人民群众对基本数字文化的需求。

文化产业的发展旨在坚定中华民族文化自信，提升我国文化软实力，更强调效率性，强调经济效益。截至目前，河北省文化产业迅速发展，对国内生产总值的拉动也日趋明显，在脱贫攻坚时期发挥出巨大作用。但相较于脱贫时期重视的快速、高效而言，防返贫时期应更注重稳定、公平。首先，一方面要准确评估各地区开展的文化产业的市场价值，及时剥离同质化严重、发展价值低的产业；另一方面，丰富文化产业形式、结合时代发展潮流、利用数字技术与互联网资源，开创文化产业新业态，增强整体经济活力，提升文化产业经济效益的稳定性，避免出现文化产业市场虚假繁荣，增加返贫、致贫风险的情况。其次，防返贫时期的文化产业发展应高度重视分配的合理性，避免乡村文化产业的发展仅惠及少数人，增加参与其中的农民群体的文化产业收入，逐步缩小收入差距，解决文化发展过程中的不平衡、不充分问题，发挥出文化防返贫机制缩小"相对贫困"的作用。文化产业发展的主要力量在于市场，政府主要发挥引导、规范作用。因此，为保证河北省文化产业的繁荣发展，河北省各级政府可从两方面入手，一是提升服务意识，简化审批流程，为文化产业发展提供便利；二是完善相关法律法规和营造良好有序的市场竞争环境，作为促进优质文化产业发展的重要保障。

文化事业与文化产业的发展目标各有不同，发展手段也丰富多样，但要实现两者的有机配合，高效融通才能从整体上提升文化防返贫效益。首先，应着力提升文化资源与文化创意之间的融通，文化资源为文化创意提供基础，文化创意为文化资源开发提供动力；其次，应着力提升文化基金与文化资本的融通，提升资金在文化事业与文化产业间的周转速率，提升资源利用效率；最后，着力提升文化精神与文化品牌的融通，文化精神为打造文化品牌、提升文化品牌价值提供内涵，文化品牌为发扬文化精神、进行文化精神建设提供广阔空间。

8.4.3　引才、育才相结合保障文化管理人才资源

进一步完善人才引进机制，解决人才"引而不留"问题。狭义的人才引进指的是通过各种优惠条件与发展机会吸引优秀人才进入当地就业。而广义的人才引进是一项综合管理工程，包括人才引进、人才培训、人才使用等多项内容，简言之就是要做到人才引得进、留得住、用得好。首先，人才引进机制应由当地政府根据当地实际情况制定，既要尽可能满足引进人才的各类需求，又要切合当地实际经济发展水平与建设需要。一方面从解决人才切身现实问题出发，开放人才引进绿色通道，简化引进人才户口、住房等事项的审批流程；另一方面创新人才引进方式，鼓励人才以多种形式为贫困地区发挥自己的才能优势。其次，知识与技术是随着时间不断积累的，要想使引进人才持续发挥效用，就必须建立起完善的、行之有效的人才培养机制，可以通过外出培训、本地学习等多种方式进行人才培养。与此同时，政府部门应建立相应的财政资金预算，确保人才培养经费的持续投入与稳定增长。最后，应合理安排人才工作岗位，兼顾引进人才的意愿与当地实际工作需求，建立完善的人才激励机制与人才评价标准，奖励优秀人才并畅通其上升渠道，促使其实现人生价值，使引进的人才能够长时间留在当地。

提升当地育才能力，大力开发乡土人才队伍。相较于外来引进人才，本地乡土人才更熟悉家乡文化，对建设家乡也具有更大的热情。因此，加强本地乡土人才培养，提升当地育才能力，对于解决贫困地区人才缺乏与流失问题具有深远意义。首先，要采取多种方式灵活选拔人才，多维度确定人才标准，深度挖掘具有一技之长的人才，发挥其带动能力；其次，对挖掘的人才展开积极的、有针对性的培训，增强其专业性与综合能力，通过建立专业的培训平台与定期培训机制，不断扩大本地人才队伍；最后，为本地乡土人才搭建就业、创业平台，制定相应的奖补政策，加大对人才发展文化产业的扶持力度，促使其汇聚起来，为构建文化防返贫机制、实现乡村振兴的奋斗目标贡献力量。

8.4.4 抓住数字机遇，提升文化传播效率

目前，伴随着互联网、大数据、人工智能等新兴技术的蓬勃发展，各行各业纷纷向数字化转型，数字经济开启全球经济增长新模式。因此，河北省应积极抓住"数字机遇"，深化"互联网＋"文化防返贫模式。提升文化传播效率，完善文化防返贫机制，提升文化防返贫效益，助力乡村振兴均衡快速发展。

第一，应充分利用数字乡村建设浪潮，完善农村信息基础设施建设，为乡村文化数字化提供条件。一方面，大力发展数字文化的平台建设。在农村数字图书馆、博物馆、文化馆等现有的乡村数字文化设施的基础上，利用互联网技术快速捕捉村民的需求，构建出更加了解村民、更好服务于村民的数字文化建设平台，为村民提供针对性服务。另一方面，加快建设盲区的数字基础设施。对乡村地区的数字文化基础设施进行健全的配置，完善农村传播方式的全方位覆盖，推动数字广播户户通，从而解决城乡之间的数字鸿沟问题。与此同时，在进行信息基础设施建设过程中，财政补贴低收入群体信息使用资费，确保他们能够充分参与其中，避免出现数字资源闲置的现象。

第二，加快推进公共文化资源与乡村优秀文化资源的数字化建设，提升其传播效率的同时为文化事业的发展注入新的动力。一方面，为提升基本公共文化资源的利用效率，更好地发挥出文化防返贫效益，河北省各级政府应加快完善、更新数字文化资源库，不断整合、开发人民需要的公共文化资源并将其数字化，同时在数字文化资源分享过程中，也应充分利用数字化。例如通过数字文化资源分享平台，将电子图书、戏曲录音等资源分享至村民的手机、电视等媒体终端，扩大共享范围，提升文化资源利用效率。另一方面，推进乡村优秀文化数字化，我国五千年传统文化中涌现出诸多优秀文化精品，然而其中部分却在传播中遗失，利用文化资源数字化代替传统的文化保护方式，将会有效解决该问题。此外，将乡村优秀文化数字化可以利用互联网传播乡土文化，是推进文化交流的重要方式。

第三，应加强数字教育培训，大力发展线上远程教育，将城乡的文化资源有机统一、有效对接。将课堂与数字化相结合，开展数字课堂等新型的教育方式，缩小城乡教育差距。在数字化时代，数字化的人才有着至关重要的地位，乡村数字化的治理过程中也需要更多的数字化人才来保证数字化建设的精准度。因此，要加强对职业农民的数字化培训，提升农民在本土乡村文化开发、保护、传播过程中的参与性，逐步培养其文化自信，提升文化防返贫内生动力，为建立持久的文化防返贫机制打好基础。

第9章

社会保障政策构建社会保障统筹均衡机制

9.1 社会保障体系理论基础

9.1.1 福利经济学理论

福利经济学是社会保障扶贫政策的关键理论支撑，该理论由经济学家霍布斯和庇古等人于 20 世纪 20 年代创立，主要分为两个重要的发展阶段，分别为"旧福利经济学"阶段和"新福利经济学"阶段。两者的区别在于坚持的经济学理论假设的差异，前者基于"基数效应论"，其代表人物为英国经济学家庇古；后者基于"序数效应论"，其代表人物为意大利经济学家帕累托。

"旧福利经济学"主要有两个观点：一是社会福利的多少与国民收入密切相关，两者成正向关系，其认为要想扩大社会经济福利，就必须提升国民总体收入；二是社会各项福利带给人们的效用满足可以累加，福利越多，效用越多，但是效用满足适用于边际效用递减规律。简言之，相同的福利条件下，高收入者所获得的效用满足是不及低收入者的。因此，要想实现社会经济福利极大化，需要将福利从高收入者向低收入者转移，该理论强调分配过程中的公平性。

"新福利经济学"认为高收入群体与低收入群体之间的边际效用不能做对比，认为只有个人才能评价其自身的效用满足程度，而社会综合福利取决于所有个人的福利。此外，针对帕累托最优的高度限制性，福利经济学者提出补偿原则，即卡尔多等人提出的检验标准，如果补偿可以改善现有情况，却没有造成其他损害，那么这个补偿对于整体社会福利就是有利的。而希克斯等人认为，分析社会福利应将眼光放长远，即使福利政策会造成部分人在短期内受损，但这些损失会随着社会生产力的提升而得到补偿，这样也可认为是福利改善。

9.1.2 公共产品理论

公共产品理论是新政治经济学的基本理论，以保罗·萨缪尔森等经济学家为代表。该理论将社会上的产品分为公共产品和私人产品两类。在这两类产品中，公共产品应具备完全公共性质，即任何个人的消费行为都不会对其他个人的消费或使用造成影响。相比私人产品而言，公共产品具有三个主要的不同特征：效用不可分割、消费非竞争、受益非排他。对于那些介于公共产品和私人产品之间的产品，我们称之为准公共产品。

公共产品的生产主要由公共生产、私人生产、混合生产三部分组成。政府在这三种生产途径中均是重要的参与者。公共生产过程中，政府部门直接参与生产并提供公共产品；私人生产过程中，政府部门参与收购并向公众提供；混合生产过程中，政府部门可选择参与生产或参与购买，或两者兼而有之。公共产品理论为政府参与市场经济，发挥更多填补、矫正、调节作用提供理论基础。

9.1.3 社会公平正义理论

在 1971 年出版的《正义论》中，罗尔斯提出平等自由原则以及机会平等和差异原则两个基本正义原则。前者要求在进行分配的时候，如果不得不产生某种不平等的话，这种不平等应该有利于境遇最差的人们的最大利益，就是说，利益分配应该向处于不利地位的人们倾斜；后者要求将机会平等的原则应用于社会经济的不平等，使具有同等能力、技术与动机的人们享有平等的获得职位的机会。平等自由原则的主张虽然是针对所有人，但是其最要保护的是"最少受惠者"，即与某一特定社会地位的群体拥有同等地位，甚至是与更低地位的群体或者不到中等收入和财富的一半的群体，享有平等自由的权利。罗尔斯认可尽管"所有的社会基本价值都要平等地分配，除非对其中一种或所有价值的一种不平等分配合乎每一个人的利益"，即社会基本价值的分配必然会存在不公平的现象，但是应使获得较少分配者得到补偿，即"在与正义的储存原则一致的情况下，适合于最少受惠者的最大利益"。

维护社会公平的重要路径之一就是建立并完善社会保障体系，保障困难群众的利益，保障公平、合理分配，提升社会整体经济福利。社会保障实际上就是国家和社会对国民收入进行分配和再分配的合理调节，以达到相对平衡，使得发展成果由人人共享。乡村振兴承载着促进社会公平正义和缩小区域、群体、城乡发展差距的使命，社会公平正义理论在推进乡村振兴进程中具有很强的解释力和指导意义。

9.2　河北省社会保障扶贫成果

脱贫攻坚圆满收官以来，河北省各级党委、各级政府坚持摘"帽"不摘政策，始终把巩固脱贫成果、构建防返贫机制摆在重要位置，扎实推进责任落实、政策落实、工作落实，主要政策整体保持稳定。同时按照"新政策出台前继续执行原政策，新政策明确后再调整优化配套政策措施"的原则，河北省各级政府及行业部门先后出台巩固脱贫成果的政策文件，实现"三保障"和饮水安全主要政策的总体稳定和成果巩固。

一是教育保障方面。河北省各级政府按照"学习路上一个不落"的目标，积极落实"七长"① 责任制，持续深化控辍保学联控联保机制。据河北省教育厅统计，2016~2020年，河北省全省累计安排各级各类学生资助资金336.3亿元，资助家庭经济困难1130万人次，2021年春季全省共安排资助资金2.2亿元，惠及11.22万名家庭经济困难学生。截至目前，全省没有出现一例因家庭经济困难导致学生失学辍学的情况，教育保障工作取得积极成效。②

二是基本医疗保障方面。河北省持续加强顶层设计，不断推进"基本医疗、大病保险、医疗救助"医疗保障建设，完善健康扶贫信息系统，积极解决脱贫人口因病致贫问题。据《河北统计年鉴》披露，截至2020年底，全省共有医疗卫生机构86926个，卫生技术人员51.80万人，医疗卫生机构床位44.07万张，具体情况如表9-1所示。

---

① "七长"指市长、局长、校长、师长、镇长、村长、家长。

② 河北：2016至2020年安排资金336.3亿元资助困难学生1130万人次［EB/OL］. 中国新闻网，https：//baijiahao. baidu. com/s？id=1708977600534628840&wfr=spider&for=pc，2021 -08 -24.

表 9 – 1　　　　　　　　　　河北省基础医疗设施情况（2020 年）

项目	数量
医疗卫生机构	86926 个
其中：	
医院	2246 个
乡镇卫生院	1996 个
社区卫生服务中心（站）	1459 个
妇幼保健院（所、站）	187 个
疾病预防控制中心	188 个
卫生技术人员	51.80 万人
其中：	
执业医师及执业助理医师	23.96 万人
注册护士	19.99 万人
医疗卫生机构床位	44.07 万张
其中：	
医院	6.99 万张
乡镇卫生院	6.99 万张

三是住房安全保障方面。脱贫攻坚以来，河北省高度重视贫困地区人民的住房安全保障问题，积极进行危房摸排工作，对符合改造条件的农村房屋及时纳入保障范围，并制定明确的建设、竣工验收周期及流程，确保贫困人群有房住、住房安全。防返贫时期，河北省将工作重心转移至低收入群体住房安全动态监测方面，定期组织人力进行农村房屋安全隐患排查与农村住房安全"回头看"工作。据河北省住房和城乡建设厅披露，2022 年 1~8 月，全省共排查发现新增农村危房 4794 户，均已通过危房改造等途径解决，实现农村住房安全问题动态清零，农村地区住房安全得到有效保障。①

四是饮水安全保障方面。河北省委、省政府始终把农村饮水安全作为一项基础的利民工程，努力实现河北省人民从"有水喝"向"喝好水"质的转变。2016~2019 年共筹措资金 22.52 亿元，在贫困地区实施饮水安全巩固提升工程，

---

① 河北保障农村低收入群体住房安全已排查处置农村危房 4794 户 [EB/OL]. 中华人民共和国国家发展和改革委员会网站，https://www.ndrc.gov.cn/fggz/jyysr/dfjx/202209/t20220930_1338306.html，2022 – 09 – 30.

受益贫困村人口346.9万，其中建档立卡贫困人口79.6万。目前，河北省已开发贯通省、市、县三级水利部门的农村饮水安全信息系统，对全省98.3万脱贫户和2.37万边缘户饮水安全状况动态监测到户，对全省4.8万个村供水工程类型、供水水源、管护情况等信息建立翔实台账，确保打通农村饮水工程"最后一公里"，坚决防止农村饮水安全问题出现反弹。

五是社会兜底保障方面。社会兜底保障作为河北省顺利完成脱贫攻坚任务的关键举措，据河北省民政厅数据统计，河北省222.9万名脱贫人口中，社会救助兜底保障占比35%。因此，河北省委、省政府高度重视兜底保障政策的连续性、稳定性。截至2022年3月，全省共保障城乡低保对象167.9万人、城乡特困人员25.6万人。在社会兜底保障基础设施建设方面，《河北统计年鉴》披露，2020年末全省各类提供住宿的收留抚养类机构1781个，床位23.52万张，各类社区服务机构43243个，具体情况如表9-2所示。

表 9-2　　　　　河北省社会兜底保障基础设施建设情况（2020年）

项目	具体建设情况
提供住宿的收留抚养类机构1781个，床位23.52万张	特困人员供养机构299个
	特困人员床位5.24万张
各类社区服务机构43243个	社区服务中心501个
	社区服务站13459个

9.3　河北省社会保障防返贫机制构建的必要性

9.3.1　教育资源分布不均衡、跨区域协调困难

大力发展教育、提升人民文化素养，是解决乡村贫困问题并防止出现贫困代际传递、实现乡村振兴目标的根本途径之一。然而，发展教育的要求与衡量标准在脱贫与防返贫两个阶段有着明显差异。前一阶段可以用"两不愁、三保障"①

---

① "两不愁"就是稳定实现农村贫困人口不愁吃、不愁穿；"三保障"就是保障其义务教育、基本医疗和住房安全。

中的义务教育有保障阐释，即确保除身体原因不具备学习条件外，贫困家庭义务教育阶段适龄儿童不失学、辍学。该阶段保障的是贫困人口基本的教育需求，是文化脱贫的重要前提与文化防返贫的关键保障。然而，仅仅完成义务教育阶段，不断降低文盲率并不能满足防返贫阶段的要求，因此后一阶段的重点在于提高人才综合素质，激发其防返贫内生动力，促使其从根本上"脱胎换骨"。

截至目前，河北省高标准完成"两不愁、三保障"目标，并在此期间定期邀请第三方机构进行综合评估，确保各项工作完成的真实性、有效性。2021 年全省针对各类学生资助资金 98.5 亿元，国家助学金、免学费和生活补受助学生达291 万人。① 但目前河北省仍存在教育资源分布不均衡、跨区域协调难度较大等情况，这将影响防返贫阶段目标的高质量实现。

一方面，河北省身处"京津冀一体化"经济圈中，其教育资源处于落后位置，且师资力量受到北京、天津等地区的虹吸影响，教育资源差距被进一步拉大；另一方面，河北省内部各地级市之间以及各市所辖县区与乡村之间教育资源差距较大，经济落后地区的师资力量、多媒体教育设备的投入等均存在不平衡。与此同时，解决此问题的途径之一——跨区域协调存在种种障碍，发挥效果受阻，一方面，教师轮岗试点效果不理想，教师生活质量与教育效果持久性存在问题；另一方面，利用网络进行教育资源共享虽取得一定效果，但仍存在教师配合机制问题与教育经费增加问题。

脱贫时期的文化教育脱贫旨在解决"绝对贫困"，而防返贫阶段的重点在于解决"相对贫困"，但教育资源的持续不平衡与地区间差距不断扩大将会背离此目标，甚至产生相反作用。

9.3.2 人口老龄化进程加快，社保压力加大

社会保障制度是追求人民幸福、发展民生，以及解决目前不平衡、不充分发展与人民对于美好生活需求的时代矛盾的重要保障，相较于脱贫时期，河北省将在防返贫时期承担更多、更重的社会保障压力。首先，防返贫时期的工作重点为解决"相对贫困"问题，社会保障工程不能仅仅承担兜底作用，还应更多发挥出保障公平、合理分配，提升社会整体经济福利的作用；其次，防返贫时期社会保障工程的服务人群进一步扩大，重点监测程序进一步复杂。而这些压力将会被河

---

① 河北省完善落实防止返贫监测和帮扶机制［EB/OL］. 中华人民共和国中央人民政府网站，ht-tps：//www. gov. cn/xinwen/2022 – 02/12/content_5673226. htm，2022 – 02 – 12.

北省目前的人口群体结构变化趋势——人口深度老龄化进程加快进一步放大。

受到全球经济增速放缓、生育观念改变、新冠疫情侵袭等一系列综合因素的影响，我国的整体人口出生数量出现较大幅度下降，尽管国家出台一系列生育保障政策，但这一趋势仍难以得到根本转变。中国人民大学人口与发展研究中心教授陈卫在《中国人口负增长与老龄化趋势预测》中提到人口峰值预计将提早 5～10 年到来，中国人口负增长和老龄化趋势将持续强化。国际上，人口老龄化的标准是 60 岁及以上人口占总人口的比重超过 10% 或者 65 岁及以上人口占比超过7%。根据第七次全国人口普查统计，河北省 60 岁及以上人口占比为 19.85%，超过我国 18.7% 的平均水平①，表明河北省是我国人口老龄化程度较深的省份之一。并且随着河北省人口出生数量的持续下降，老龄化程度会进一步加深，预计2025 年左右进入深度老龄化社会，社会抚养压力将进一步放大。此外，近年来由于新冠疫情的影响，我国的医疗资金支出呈现不断增加的趋势，这将会进一步影响医保基金结余，部分地区出现医保基金紧张的情况，这反映出我们目前的医保体系建设稳定性存在一定不足，对于突发灾害的应对机制需进一步完善。

面对人口老龄化进程加快这一突发因素，原有的社会保障工程将承担巨大压力，无法保持长久的稳定性。因此，河北省应加快社会保障防返贫机制构建，对这一情况做好长久准备，在提升社会保障兜底稳定性的基础上，放大社会保障促进公平、提升人民福祉的作用。

9.3.3 社会保障发展不平衡，统筹层次较低

防返贫时期，社会保障制度建立的基本目标之一就是努力实现社会公平，解决"相对贫困"问题。而目前河北省的社会保障制度发展仍存在一些不足，主要包括社会保障发展不平衡、统筹层次较低等方面，这对社保制度更好发挥作用提出严峻挑战。

一是当前河北省的社会保险统筹层次相对较低，且各类保险统筹层次存在差异。截至 2021 年底，河北省社会保障中两个重要的保险类别——养老保险与医疗保险的统筹层次分别为省级与市级，这在一定程度上加大了养老、医疗资源分布不均衡的程度。目前，我国正处于经济转型的关键期，相较于高速发展，实现经济高质量发展转型必然需要一段时间，这会影响各地的财政收入，进而影响养

---

① 河北 60 岁及以上人口占 19.85%，老龄化进度逐步加深［EB/OL］. 河北新闻网，https：//baijia-hao. baidu. com/s？id = 1700167778586230118&wfr = spider&for = pc，2021 – 05 – 19.

老基金与医保基金的结存。此外，疾病谱呈现慢病化趋势，医疗新设备、新技术、新药品的不断应用，客观上也推动医疗费用上涨，河北省医保基金可持续运行的压力将持续存在。与此同时，农村地区对于养老、医疗等资源的需求持续增长，一方面受到人口老龄化与农村务工人口进城的双重影响，农村地区老年人口比例持续走高；另一方面随着时代的发展，农村人口对于养老、医疗等资源提出更高的需求，追求相对更高的生活质量。河北省社会保障制度建设正面临供给与需求两端相互作用的多重压力。

二是伴随着时代的发展，我国人群的就业途径更为多样，就业形态不断更新，社会保障制度不能完全适应。目前我国灵活就业人口约为2亿[①]，虽然灵活就业人员可以个人身份自愿选择参加职工养老保险制度或城乡居民养老保险制度，但是相较于传统就业方式，灵活就业人员工资不稳定性较高，工作地点不固定、流动性较差，因而参保意愿较低。此外，目前全国共有进城务工农民工约1.7亿人，而参加城镇职工基本养老保险的不超过40%，即6000多万人。这在一定程度上加大了社会保障建设的难度。[②]

三是与发达地区相比，河北省目前的基层公共服务能力仍存在一定差距，基层服务人员素质需得到进一步提升，医保服务标准体系建设存在不足。此外，在社保建设中，审批程序与流程仍较复杂，智能化水平相对不足，不能更好地满足人民群众对于便捷化的需求。

9.4 构建社会保障统筹均衡机制的路径研究

9.4.1 立足实际，实现社会保障水平与经济发展相适应

社会保障是一项长期性、系统性的建设工程，与我国整体经济发展水平密切相关，努力实现社会保障水平与经济发展相适应是提升社保稳定性、确保社会保障制度有效发挥作用的重要保证。同时，与经济发展水平相适应的社保制度也会

[①] 目前我国灵活就业规模达2亿人［EB/OL］. 中华人民共和国中央人民政府网站，https：//www. gov. cn/xinwen/2021 – 05/20/content_5609599. htm，2021 – 05 – 20.

[②] 2022年农民工监测调查报告［EB/OL］. 中华人民共和国中央人民政府网站，https：//www. gov. cn/lianbo/2023 – 04/28/content_5753682. htm，2023 – 04 – 28.

反作用于经济发展，为提升经济发展质量提供活力，同时增强我国经济发展抵御风险的能力。具体到河北省而言，在社会保障制度建设与社会保障水平建设整体过程中，应立足于本省经济发展实际，适时做出相应调整，充分发挥出社会保障的防返贫作用，助力全面实施乡村振兴战略。

养老金保障水平与制度建设应符合河北省经济发展实际，努力保障农村地区低收入群体养老保险待遇。河北省正处于经济转型的重要战略期，应对养老金保障水平做出合理调整，切勿过于激进，坚决避免不合理扩大保障范围、不平衡提升保障待遇，养老金保障计划应符合经济发展规律，不得超出现有经济发展水平承受能力，不合理发展会导致养老金赤字增加，地方政府财政压力日趋紧张，影响社会发展动力。此外，尽管目前河北省已完成养老保险省级统筹，但仍存在城乡差距大、养老金分配不合理的问题，在社会保障防返贫机制构建过程中，一方面应高度重视农村养老保险待遇问题，努力实现全国统筹，引导财政资金向农村地区倾斜，缩小城乡差距；另一方面，应多渠道帮助农民群体增收，仅依靠财政资金倾斜虽可以促进社会公平，但这种方式缺乏稳定性，且在目前农村人口老龄化日趋严重的情形下，仅依靠全国统筹、财政倾斜的单一方式不利于养老保险的持久稳定、可持续发展。而多渠道提升农民收入，从而适当提升农民私人账户缴纳基数则是可行之策，具体措施如不断发展村域产业、乡土特色产业。以村集体名义组建农民专业合作社＋生产组（集体股东）＋农民（土地入股）的新型合作方式，以招商引资方式引进业主投资发展扶贫产业，带动更多农民入股创收和务工增收。

医疗保障制度与医疗保障水平应跟随时代发展与河北省实际情况做出及时调整。目前河北省在医疗保障方面存在不足，一是医疗保险水平过低。目前医疗保险为市级统筹，各市之间存在较大差异，这不利于保障低收入群体医疗权益，不利于解决"相对贫困"问题。因此河北省应不断完善顶层设计，制订医疗保险由市级统筹向省级统筹过渡的计划方案，并组成专门小组或部门协调，积极落实，针对在此过程中出现的问题做出调整。二是针对特殊人群建立补充医疗补贴制度，完善特殊病、慢性病报销制度。目前河北省已建立防返贫全面监测预警机制，其中因病致贫、返贫是关注的重点，针对脱贫时间较短或脱贫程度较低的特殊群体，加大医疗补贴力度，缓解其家庭医疗费用负担。另外，随着时代的发展，慢性病群体不断扩大，慢性病治疗存在治疗时间长、持久支出的特点，增大了医保支出压力。因此，河北省应不断完善现有医疗保障制度，制定相关预案，提升相应调整能力。

合理解决教育保障、就业保障等方面的新问题、新挑战。随着时代的发展，教育保障与就业保障等方面出现一系列新情况，一方面，伴随着人口老龄化与城市化率的不断提升，河北省乡镇小学适龄人口数量将逐年下降，这意味着教育资源需要进一步集中。因此，河北省各级政府应根据各地实际的人口情况，详细了解各地区的教育设备需求与学生状况，关闭学生过少的乡村小学，尽可能将其集中至镇小学，并相应做出师资力量调整与教学设备升级。但在此过程中，应注意合并学校和教育资源的合理性，充分考虑学生的上学时长与安全问题。另一方面，伴随着数字技术与互联网的发展，人们的就业方式更为灵活，出现一批就业新业态，针对该部分灵活就业人群，应调整就业保险制度，提升其缴纳保险的灵活性与便利性。此外，针对大量的进城务工人员，在加强农民工工资监管的同时，对其制定统一就业保险方案，加大就业保险对其的保障力度。

9.4.2　多措并举，促进社会保障平衡发展

社会保障制度要想充分发挥作用，就应该保证这项综合性极强的制度的平衡性，注重其均衡发展。结合我国发展实际与国外先进社会保障扶贫经验，河北省在促进社会保障平衡发展上应从以下方面着手。

一是应更加重视农村地区低收入群体的养老、医疗保障工作，加强社会保障基础设施建设，保障其基本权益。正如表10-1所示，河北省城乡医疗机构、医疗人员等基础设施建设存在较大差异。首先，应努力实现多支柱农村养老保障，多元主体协同参与、共同保障，政府层面应该根据当地的最低生活保障标准，适当提高社会保障中的基础社会养老金保障水平。社会方面，制定相应的激励和优惠政策，吸收更多的社会资本投入到贫困地区养老院、医养结合等相关的养老项目的建设中，鼓励更多的人员参与到养老相关的建设项目中，促进贫困地区养老事业的发展，为贫困地区的老年人提供专业化的养老服务。个人方面，发挥土地养老保障功能，应该借助"三权分置"等利好政策来加强农村土地经营权的流转率，拓宽个人收入来源。其次，河北省各级政府应该持续增加农村基础医疗设施投入，提升农村卫生室建设数量，安排县、区级医院医生定期轮岗，提升乡村医疗卫生服务水平，平衡城乡医疗资源发展，保障低收入群体医疗权益，降低就医成本，减少因病致贫、因病返贫的风险。

二是应提升就业保障的公平性。就业保障是社会保障的重要内容，其一方面可减少失业人群的损失，提升该部分群体的社会稳定性；另一方面为其就业提供保障，避免其因缺少收入而陷入贫困，降低失业致贫风险，为防返贫机制筑牢防线。在就业保障制度建设、发展过程中，应不断提升就业保障的公平性。首先，

河北省政府应根据经济发展预期与财政收支情况，适当提升失业保险金支付水平，为失业人群提供足够保障，避免其在择业期内致贫或因选择不适合自身发展的工作而再次引发失业。其次，应该加强贫困地区适龄劳动力的就业能力培训，为其提供一个可以选择就业岗位的平台。对贫困地区的适龄劳动者中的辍学青年开展职业和专业技能教育，先提高其文化知识水平，再在此基础上帮助其掌握一门满足劳动力市场需求的专业技能，实现自身能力的提升。最后，河北省各级政府应努力打造公平的就业环境，对残障群体提供专门的就业指导与就业辅助，帮助其发挥自身价值，保障其享受到就业待遇，提升残障人群的社会参与度，增强其防返贫内生动力，降低社保资金压力，促进社会保障防返贫机制的可持续发展。

三是完善职业教育体系，平衡学校教育与职业教育的良好发展。目前，河北省在义务教育保障方面成绩突出，2022年未出现义务教育阶段适龄儿童因家庭经济困难而失学辍学的现象。但是在社会保障防返贫机制构建过程中，教育应更看重长期性，应与社会发展相协调、相适应。目前河北省学校教育体系建设较为完善，但职业教育投入相对较少，职业教育市场相对混乱，因此，河北省各级政府应重视完成义务教育阶段后走入社会的学生群体，特别是低收入家庭群体的学生，他们普遍缺少职业培训，且部分职业培训机构收费较高，使其难以接受正规职业培训，这使其就业难度大大增加，不仅提升其返贫风险，而且这种现状会造成我国劳动力市场需求与供给不相适应，影响经济健康发展。因此，河北省各级政府应不断完善职业教育体系，加大政府参与程度。一方面，组建公立职业培训学校，利用财政收入加以支持，并对接就业平台，培养出当地劳动力市场急需的人才，提升劳动力就业质量的同时促进当地就业市场的稳定发展；另一方面，规范市场职业教育环境，制定相应法律法规，审查职业教师教学资质，严查高收费、乱收费乱象，为不同人群接受职业培训提供保障。基于此，促使河北省广大的劳动力资本转换为人力资本，助力河北省经济成功转型，实现经济社会的持续健康稳定发展。

9.4.3 做好宣传，强化农村地区社会保障意识

社会保障防返贫机制构建是一项长期性的系统工程，要想成功完成工程建设并促使其持续稳定发挥作用，就必须从根本上解决问题，而这个根本就是人们尤其是贫困地区群体的社会保障意识。构建社会保障防返贫机制，必须强化宣传的作用，改变贫困地区人们的传统思想观念，强化贫困地区社会保障意识。导致我

国广大农村地区人口社会保障意识薄弱、参保后缴费档次较低的原因除了收入低等经济因素外，还主要包括"养儿防老"等传统观念在内的思想因素。因此，河北省各级政府应在社会保障建设过程中，积极做好宣传，不断强化农村地区的社会保障意识，提升个人缴纳档次，为更好发挥社会保障工程作用打下坚实的思想基础。

首先，河北省各级政府应定期进行社保工作相关服务人员服务意识与专业知识培训，社保工作服务人员是面对群众的一线人员，他们在宣传工作中发挥着重要的作用。一方面，其较好的服务态度将会在一定程度上提升群众的参保意愿，增强对社会保障工作的信任；另一方面，其较强的专业知识既可促使社会保障制度充分发挥作用，避免政策执行走偏，又可以更好地解决群众在实际生活中遇到的各类问题，提升群众的幸福感与获得感。此外，社保工作人员可以在定期培训中就实际问题进行反映，并提出相应建议，这可在一定程度上增加各级政府对于社保实际工作的了解，也有利于其根据实际情况对顶层设计进行及时修改，确保社保的顶层设计与实际工作均落到实处，切实发挥作用，满足人民群众需求。

其次，河北省各级政府应做好宣传方式的创新工作，通过多样化的媒介发布宣传信息，扩大宣传范围。目前，河北省部分农村"空巢老人"现象突出，这部分人群普遍文化程度较低，并且缺乏多元有效的信息获取途径，对社会保障制度的了解程度较低。因此，在宣传过程中应避免出现形式化、简单化的问题，新兴的工作群、新媒体宣传并不完全适用这种情况。因此，一方面，充分利用农村现有广播（喇叭）宣传方式，定期组织村干部对相关政策文件进行宣传，提升相应宣传频率，促使农村地区老年人群加深了解；另一方面，在干部下乡排查或入户调研期间，组织相关知识讲座，在进行防返贫监测的同时，进行社会保障宣传，强化农村地区社会保障意识。

最后，应做好宣传反馈工作，在强调宣传的同时，应注重宣传效果反馈与问题收集，不能机械执行宣传任务，而应将整个过程动态化、闭环化。一方面，积极总结宣传成功经验，对宣传效果好，农村地区人民乐于、易于接受的宣传方式进行经验总结，并进行推广，提升整体宣传工作效率；另一方面，针对宣传过程中发现的问题及时做出调整，仔细研究社会保障工程中群众不满意、期待改进的点，结合实际，不断加以完善，努力形成宣传促进工作、工作便于宣传的双向良性循环。

9.4.4　强化支撑，提升社会保障发展动力

社会保障防返贫机制建设是一项综合性的民生工程，需要持久推进，在这背后需要经济发展的强有力支撑，这是确保社会保障工程持久发挥作用、提升社会保障质量的重要保障。因此，河北省应从多方面出发，保证经济发展，为社会保障动力提升创造条件。

第一，应加快经济社会转型，促使经济高质量发展。改革开放以来，河北省经济经过较长时间的快速发展，已形成一定的社会经济基础，而今后不再是传统的粗放式高速发展，只追求速度，而是均衡高质量发展，追求效益。首先，河北省政府应当结合我国中央政府经济发展规划，立足于本省的实际情况，制定科学的经济发展策略，加快新旧动能转换，为全省寻找符合新时代发展的经济引擎。在此过程中，政府应充分发挥服务经济、为经济发展保驾护航的职能，提升政府部门的服务意识，坚决清除行政阻碍。具体措施如明确政府各部门权责清单，梳理各项审批流程，简化重复、不必要的程序，引进高新技术产业来冀办厂，制定相应的税收优惠与人才引进政策。其次，应不断完善相关法律法规，针对经济发展过程中产生的新业态制定相应监管措施，维护市场秩序，确保良好的市场竞争氛围，同时改善就业环境，平衡劳动力市场供给与需求。最后，科学制定财政预算与支出机制，在现有经济阶段，应确保财政资金持续向社保基金倾斜，不断扩大社保基金规模，确保社保基金向低收入群体倾斜，提升低收入群体整体社会保障待遇，更好地发挥出社会保障的防返贫作用。

第二，应加强社会保险管理。如前文所述，目前河北省整体经济环境与社会发展出现新状况，正在面临新挑战。因此，为做好社会保障制度建设，顺利达成社会保障目标，更好地发挥社会保险作用，河北省各级政府应加强社会保险管理工作。研究表明，养老保险对于经济落后地区的扶贫效果更为明显，所以在防返贫时期，养老保险也应始终摆在重要位置。完善养老保险资金管理，在居民可支配收入不断增长的前提下，适当提升个人缴纳比例，提升养老金规模，制订养老金合理分配计划，向农村地区和低收入群体持续倾斜，保障这些地区老年人口的生活质量。面对医保基金持续增加的问题，应多渠道提升医保基金收入，可将部分税收收入、国企利润转入医保基金。此外，也可在有效监管的保障下，引入社会资本参与医保基金管理，避免医保结余过度闲置，提升医保基金收益性，降低财政压力。

第三，应持续完善社会保障体系。首先，对于养老保障而言，应不断加强相

关项目管理，建立多层次、多方位的养老保险金制度。在此过程中，要想保持养老保险金的稳定性，应从两方面入手：一方面不断提升居民收入水平，完善税收制度，合理调节收入，从而促使养老保险金不断增加；另一方面加强养老保险金支出管理工作，严密监督，加强审计，避免出现养老保障金贪污与浪费的现象，加强养老保险金支出成本控制。此外，养老保险金的支出与老年人口数量密切相关，河北省各级政府应准确把握本地区老年人口情况，结合老年人口变化情况做出相应调整。其次，医疗保障方面，细化疾病报销名录，深入了解群众呼声，积极开展药物集采，稳步扩大医保报销范围，实际解决群众需求。此外，应按照时代发展，针对不同人群的医疗资源需求做出区分，引入家庭医生制度，减轻公立医院压力，同时也能避免社会资源的浪费。最后，完善教育、就业等保障措施，不断完善顶层设计，积极引导教育事业与就业市场之间的有效贯通，无论是职业教育还是学校教育均能得到相应保障，提升其防返贫内生动力，努力将全省巨大的劳动力资源转换为人力资源，为全省经济高质量发展打下人才基础。此外，应努力做好失业保障，避免失业人群在择业期内出现生活困难、再次返贫的现象。河北省各级政府应积极保障各类毕业生与就业市场的信息畅通，确保人才留在本地，避免人才流失，提升全省企业的竞争力，为构建社会保障防返贫机制提供强有力的支撑。

第三篇

实　践　篇

第10章

河北省农村防返贫现状与特征

党的十八大后，以习近平同志为核心的党中央，将脱贫攻坚作为国家治理的关键，将其列入"五位一体""四个全面"，并从各方面进行部署要求，全面展开脱贫攻坚战。[①] 经过全国上下的不懈努力，终于历史性地解决了绝对贫困问题，取得举世瞩目的成绩。根据现行标准，截至 2020 年，我国已成功完成农村贫困群众完全脱贫，贫困县完全摘帽，地区性整体贫困问题得到良好的解决。河北省积极响应国家政策，切实做好脱贫工作，如期与全国一同完成脱贫攻坚任务。2020 年，全省 230 余万贫困人口全部成功脱贫，7600 余个贫困村全部出列，60 多个贫困县全部摘帽，全面实现人民吃穿不愁，教、医、住有保障的目标。[②] 此外，贫困人群的收入水平也有很大的提高，依靠自身脱贫的能力逐步提升，贫困地区的生产和生活水平显著提高，经济社会发展显著提速。在实现全面脱贫目标的同时，河北省也清楚地认识到贫困问题的彻底解决并不是以农村绝对贫困人口实现脱贫为终点。

河北省坚持脱贫不是结束，而是要开始新的生活、新的奋斗，只有实现不返贫，才能达到真正的脱贫目标。走好第一步，打好主动战，既突出"防"的前瞻性，又突出"止"的针对性，探索和建立防返贫长效机制，切实防范返贫情况的出现，持续拓展脱贫攻坚成果，全面推动乡村振兴，坚决贯彻落实责任、帮扶、政策、监督的"四个不摘"。针对已脱贫的群体，健全并实施常态化的监测帮扶机制，将不出现规模性返贫作为预防返贫工作的基本目标。

---

① 这件大事儿，中央作出最新部署！[EB/OL]. 澎湃新闻，https：//m. thepaper. cn/baijiahao_11834996，2020－12－16.

② 拼搏竞进！非凡河北 2020│脱贫攻坚，让乡亲们过上了好日子 [EB/OL]. 长城网，https：//baijiahao. baidu. com/s？id＝1691688242477368343&wfr＝spider&for＝pc，2021－02－15.

与其他地区相比，河北省很早就进行过防返贫工作的摸索与试验。2017年，以魏县为试点，邯郸市率先探索防止脱贫不稳定户返贫、边缘易致贫户致贫的精准防贫机制。以未贫困先预防为立脚点，对不是高标准脱贫群体以及没有达到标准的贫困群体开展动态监控，与太平洋财险合作，开发出全国第一款商业防贫保险。① 2018年起，河北省邢台市巨鹿县在全国率先探索建立"1＋3＋1"防返贫监测帮扶机制，以智慧大数据中心为基础，研发防返贫、致贫预警与管理系统，有效地将各种政策资源进行整合，防返贫预警全覆盖，广领域精准帮扶，跟踪评估再帮扶。河北省通过试点先行的方法，对试点地区的成功经验进行归纳，并发挥其示范和引领效用，逐步向全省范围进行推广。到2019年，河北省领先其他省份，建成"精准防贫"体系。2020年，河北省是全国首个构建多主体参与防返贫部门筛查预警体系的省份，走出河北特色的防返贫之路。

10.1 河北省农村防返贫现状

防返贫工作的开展不仅仅是稳固脱贫攻坚成效的必要举措，还是新农村建设的必要举措，更是实现社会公平和共同富裕的必要举措。脱贫摘帽任务完成以后，河北省坚决执行党的新部署和新要求，一直将防返贫的动态监控以及扶持工作当作强化脱贫攻坚成效的第一要务，不断完善工作机制，创新工作举措，落实精准帮扶，着力提高脱贫、防返贫质量，创造性地提出一系列防返贫政策举措。

随着工作重心的转移，服务对象也发生变化，与脱贫攻坚时期相比，现阶段防返贫工作监测的目标人群发生巨大变化。在脱贫攻坚阶段，以贫困县、乡、村建档立卡人口作为扶贫工作目标人群。而现阶段防返贫的工作目标人群不仅仅是全省脱贫人口，还包括全省全部农村户籍人口。因此，当前工作所面临的重点和难点就是既要监测已脱贫但仍处于不稳定状态的农户，又要对全部农村户籍人口中处于贫困边缘容易致贫的非贫困农户进行监测。如何精准识别易返贫、易致贫人口，并对其进行精准、快速地救助和帮扶仍是当前防返贫工作的重点所在。河北省为此积极拓宽渠道、创新方法，建立三种线上线下申报渠道，一是群众自主申报；二是基层干部入户走访排查；三是关键部门大数据比对，筛查预警，确保

---

① 防贫保：返贫的"拦水坝"［N］. 中国银行保险报，http：//xw. cbimc. cn/2018－06/13/content_263788. htm? from ＝ singlemessage&isappinstalled ＝0，2018－06－13.

监测对象应纳尽纳，同时针对监测户实际情况，实施有针对性的扶持政策，以达到精准扶助的目的，在脱贫后真正实现防返贫的目标。

自 2020 年以来，值得欣慰的是河北省没有发生返贫、致贫现象，脱贫成果得到持续巩固，为全面推进乡村振兴打下良好的基础。截至 2021 年 12 月，河北省防贫监测人群总计超 10.7 万人，涉及 4.5 万余户，包括了 1.91 万户脱贫不稳定户，总计 4.53 万人；2.44 万户边缘易致贫户，总计 5.65 万人；0.21 万户突发严重困难户，总计 0.54 万人。经过动态监测和精准帮扶工作，成功消除风险 2.82 万户，总计 6.53 万人，占比超过六成。①

在教育帮扶方面，河北省全力推行"两免一补""三免一助"等相关资助措施，同时确保这些措施的有效实施。2021 年拨付各类学生资助资金将近 100 亿元，通过发放国家助学金、免除学费和生活补助等方式使得近 300 万名学生得到帮助②，成功缓解因经济困难而辍学、休学的社会压力；在健康扶贫方面，为保障贫困人口的医疗安全和健康，将其全部纳入医保等保障范围，省内住院全部落实在一个结算窗口，一次支付全部费用，监测对象中患有四大慢性病的人数达 2 万余名，采取符合条件且有意愿签约人员均签的家庭医生签约制度，丰富医疗保险项目，扩大医疗保险覆盖范围。在住房安全方面，河北省建立长效监督机制，实行严格的巡查制度，将存有安全隐患的住房及时纳入危房改造范围，通过危房改造等途径，全省将近 5000 户动态新增危房户实现住房安全，为脱贫户创造安全的居住环境。在饮水安全方面，河北省对农村饮水进行全覆盖排查，排查集中供水工程将近 3 万处、分散供水工程将近 9 万处，对发现的超 70 处水毁受损、设施设备老化等问题全部进行整改，保证农村人口的饮水安全。在产业扶贫帮扶方面，2021 年经河北省脱贫地区认定的省农业产业化重点龙头企业将近 300 家，新增 23 个省级农业产业化重点项目、800 余家农民合作社。在就业扶贫帮扶方面，2021 年以来河北省发放脱贫人口就业补助资金 4508 万元、惠及近 2 万人，全省脱贫人口务工人员超过 90 万名，达到预计目标的 108.58%，脱贫人口劳动力就业规模总体稳定。此外，河北省完善社会保障兜底政策，对监测对象开展全面排查，把易返贫、致贫的残疾人列为重点监测对象，确保能对其情况进行时时观察，发生突发情况及时纳入帮扶政策范围给予帮扶。同时，将其中符合条件的

---

① "无一返贫致贫"的河北探索［EB/OL］. 纵览新闻，https：//baijiahao. baidu. com/s?id = 1720514368072951756&wfr = spider&for = pcfrom = singlemessage&isappinstalled = 0，2021 - 12 - 30.

② 河北省完善落实防止返贫监测和帮扶机制［EB/OL］. 金台资讯，https：//baijiahao. baidu. com/s?id = 1724518584300302827&wfr = spider&for = pc，2022 - 02 - 12.

也纳入低保范围，到 2021 年末，已有 4 万多名被监测对象享有低保扶持。①

然而，在 2021 年 11 月下旬，通过对河北省已脱贫县的现场调查发现，当前其防返贫工作在责任落实、工作落实、政策落实和巩固成效方面也存在以下问题。

在责任落实方面，一些脱贫县的脱贫村存在村支部书记对村情了解不精准的问题；支部书记对本村家庭年均纯收入、公益岗位人员等情况了解不到位的问题；对防贫保险政策基本常识以及对全村巩固脱贫成果情况和巩固脱贫成果责任落实等问题了解不精准的问题。

在工作落实方面，一是政策宣传不到位，农户对政策落实无感，在各村庄被调查的监测户中，不清楚防返贫监测政策的农户占比平均达到 12% 左右。政策不透明、宣传不到位、农户对政策理解不透彻，使得部分惠农政策无法真正落到实处。二是科技帮扶培训针对性不强，培训效果欠佳，科技帮扶台账不完善。部分村存在科技培训对象不精准的问题，科技培训对象大多数为老年人和妇女，且文化水平普遍不高，很难理解和掌握种植、养殖的实用技术，培训后没有任何效果。三是易地搬迁安置区公共服务不到位，存在办理户口登记、转移等户籍事由，以及低保、五保、临时救助等事由仍需要回迁出村办理的情况，办理程序不灵活，影响政策实施的成效。四是公益岗位聘用管理不够规范，任职人员缺乏针对性的培训，表现出较低的专业性和参差不齐的职业素养，影响就业帮扶效果。五是个别资产收益项目租赁合同不规范，影响项目落实速度和效果。

在政策落实方面，一是政策落实跟踪反馈机制不够完善，通过实地调研发现，在被调查的其他脱贫户和边缘易致贫户中，仍然存在一定比例的农户因对医疗报销补贴政策不够了解，从而不能很好地享受政策优惠；二是监测户中义务教育阶段学生包联责任人对包联工作信息掌握不精准，不能针对性解决经济困难家庭适龄学生的就学问题；三是家庭医生履约上门服务不到位，签约与履约信息更新不及时，导致脱贫人口的健康信息监测滞后。

在巩固成效方面，存在监测户收入来源单一的问题。通过对监测户进行现场调研，结果表明，有劳动能力的监测人群的收入仅仅局限于低保兜底的情况是存在的，同时还存在对监测户帮扶采取的措施较为单一的情况。

---

① 河北省完善落实防止返贫监测和帮扶机制［EB/OL］. 金台资讯, https：//baijiahao. baidu. com/s? id = 1724518584300302827&wfr = spider&for = pc, 2022 - 02 - 12.

10.2　河北省农村防返贫特征

10.2.1　未贫先防，杜绝返贫增贫

河北省立足于"未贫先防""扶防结合"，不断探索、创新"脱贫不返贫"的长效机制。自 2017 年起，河北省以邯郸市魏县为试点率先在全国开展"防贫保"，重点对处于贫困边缘的两类人群进行动态监测，构建防止已脱贫但有返贫风险的人群返贫、防止处于贫困边缘的人群致贫的精准防贫机制，将关注点多集中在因病、学、灾等容易对致贫或返贫产生影响的重要因素上，并给予对应的保险保障。自 2018 年起，河北省又以邢台市巨鹿县为试点，探索建立"1＋3＋1"防返贫监测帮扶机制，以大数据跟踪监控为支撑，多部门联合强化帮扶能力，设立专门网格员进行监控，一旦发现农户出现返贫、致贫风险，第一时间核查情况并通过手机防贫预警软件推送信息预警，确保第一时间发现、第一时间纳入帮扶范围，精准性帮扶措施第一时间到位，有效进行风险抑制。在临近脱贫攻坚收官之际，不同地区因地制宜地开启防返贫模式，既保证扶贫的精准性，从而如期实现脱贫摘帽的任务，又可以对脱贫成果建立巩固机制，促进下一阶段工作的开展。

2018 年，河北省发布建立精准防贫机制指导意见的相关文件，明确规定将防贫监测户纳入细则，开展精准帮扶措施解决返贫问题，建立长期适用的精准防贫机制；2019 年，发布建立健全脱贫防贫长效机制意见的相关文件，明确提出建立全覆盖的防贫体系以及精准防贫机制，明确以脱贫标准的 1.5 倍作为防贫预警线，开通群众申报、干部入户走访排查、部门大数据筛查三种渠道确定防贫监测对象；2020 年，发布做好防贫监测部门筛查预警工作通知的相关文件，在全国范围内率先建立起多部门参与的防返贫部门筛查预警制度。

10.2.2　全面筛查，及早发现

现阶段防返贫的监测对象与脱贫攻坚时期不同，针对的不仅仅是全省 200 多万脱贫人口，而是将对象扩展至全省全部农村人口。河北省将防返贫监测的标准指标定为年人均纯收入，初始收入监测以 2020 年底脱贫标准的 1.5 倍，及 6000 元为预警标准，对返贫、致贫情况出现的可能进行综合考量。随后根据经济社会

发展的情况和农村发展水平的提升程度，河北省多次调整收入监测标准。从 2021 年 10 月起，将防贫预警线标准调整至 6600 元，上调幅度为 10%。从 2022 年 4 月起，将防贫预警线标准调整至 7300 元，上调幅度约为 11%。①

为确保监测对象应纳尽纳，并结合监测对象的实际情况，河北省建立三种申报渠道，一是农户自主申报，该渠道主要针对对政策了解及时并且积极参与政策优惠的监测对象；二是基层干部入户走访排查，该渠道主要针对对政策信息不知晓的监测对象；三是关键部门大数据比对，筛查预警，主要是防止上述两种渠道出现对监测对象漏报漏纳的情况。在此基础上，河北省还拓展社会监督发现渠道，充分发挥社会的监督作用，也有利于促进信息可视化和工作透明化。

设立专门机构，配置专业人员，对存在返贫、致贫风险的人员做到及时发现、及时纳入。河北省总结试点经验，推广秦皇岛市建立防贫机构体系的做法，在全省设立防贫机构和防贫网格员。截至 2022 年 2 月，全省 13 个市以及雄安新区全部设置防贫中心，实现市、县防贫中心全省全覆盖。除设立防贫中心外，还设立县级防贫机构、乡镇级防贫工作站、村级防贫工作室，并设有兼、专职防贫网格员，全省设立将近 2000 个乡镇级防贫工作站、4 万余个村级防贫工作室，设立兼、专职防贫网格员达 27 万余人②，现已基本实现防返贫机构力量全覆盖，确保层层有制度、层层有监管、层层落实工作。

河北省除在"前线"设有防贫网格员，时刻关注分包群众情况，发现问题随时上报防贫警示信息外，还成功开发省、市、县防贫大数据监控平台，并将其与当前快速发展的移动互联以及大数据等技术相结合，研发出防贫预报警示和管理系统、移动客户端软件、微信自行申请报送小程序等，并由专人对防贫信息进行管理、监督，以防发生纳入不及时现象或出现其他返贫、致贫风险。到目前为止，已有超过 4 万户被认定为防贫监测对象，共计 9 万余人。③

10.2.3 全程跟踪，动态管理

河北省坚持全程跟踪、动态管理的原则，从监测、认定、帮扶、退出等多个环节入手，同时拓宽监督渠道，加强社会监督，对网络媒体、群众信访等渠道的

---

① 河北 2.85 万户 6.61 万人消除返贫风险　两年来未发生返贫致贫现象［EB/OL］. 中国新闻网, https：//baijiahao. baidu. com/s?id=1714844660619179388&wfr=spider&for=pc, 2021 - 10 - 28.

②③ 河北省完善落实防止返贫监测和帮扶机制［EB/OL］. 金台资讯, https：//baijiahao. baidu. com/s?id=1724518584300302827&wfr=spider&for=pc, 2022 - 02 - 12.

信息及时进行审核、分析及调查，确保监测对象察觉及时、认定精准、帮扶到位、退出稳固。

针对监测环节，河北省依托全国监测信息系统，建设河北省防返贫监测帮扶信息系统，实现省、市、县贯通，多部门互联，协同各部门进行甄别、预警、监控、扶助等工作。在县、乡、村三级层面上，建立防返贫动态监测和帮扶工作台账，对每户家庭的收支、吃穿、教育、医疗、住房以及饮水安全等情况进行监控，定期对农村人口的基本信息进行收集，落实帮扶措施，采取动态管理、动态预警、快速监测，对病、灾、农产品及其副产品价格持续大幅度下降、劳动力失业率大幅增加、易地搬迁人口就业率低等容易造成返贫、致贫风险的情况进行动态监测预警，有关部门应及早介入、提前介入，只有早发现、早介入、早治理，才能更好地杜绝返贫情况的发生。此外，河北省还建立群众自行申报、基层干部入户走访排查、关键部门大数据比对筛查三种线上、线下申报渠道，做到快速且全方位的预警监测。

针对认定环节，河北省建立村级进行初步审查、镇级进行复核审查、县级进行审定的三级审核快速响应机制，明确入户核实情况、村里审议公示、乡镇进行审核、县级对比审定的四步认定程序，简化工作流程，提高认定效率，严格将发现返贫、致贫风险再到完成认定程序并纳入监测范围的天数限制在 15 天之内。

针对帮扶环节，河北省为监测对象建立帮扶和联系服务机制，逐一落实帮扶责任人。责任人按期入户走访，点对点落实帮扶政策，实施精准帮扶，根据监测对象的实际情况划分为三大类，分别是边缘易贫户、脱贫不稳定户和突发严重困难户，并逐户分析其风险成因及劳动能力情况，对其帮扶成效进行动态监测。

针对退出环节，河北省订立并实施消除返贫、致贫风险的四项验收指标，一是依照返贫、致贫风险是否已切实落实精准帮扶措施；二是"两不愁、三保障"是否得到持续巩固，饮水安全保障水平是否持续提高；三是收入是否保持稳定，其收入是否保持稳定的标准具体以家庭人均纯收入持续超出当地当年收入监测范围作为衡量标准；四是大金额的支出问题是否得到稳定解决。同时，采取进户核查核实、村内评定公示、乡层面检查核定、县层面批示标示的风险消除流程。对于通过帮扶四项指标全部达标、返贫致贫风险得到消除、收入持续稳定、"两不愁、三保障"和饮水安全问题得到持续提高的农户，应当及时将其退出防返贫监测的范围，并向外界公开验收程序，形成有进有出的动态管理机制。

10.2.4　分类施策，精准帮扶

脱贫户返贫以及普通户致贫风险的程度与成因存在一定差异，为此提升防返贫成效就必须要做到精准分类、精准施策、精准帮扶，切实解决脱贫、易致贫家庭的生计问题，确保其稳步创收，从而达到稳定脱贫不返贫的成效。河北省坚持将精准扶助当作预防返贫动态监控的基础工作，建立扶助和联系服务机制，确保每个监测对象都有专人负责，因人因户、点对点落实并跟进帮扶措施，确保监测对象应扶尽扶，坚决杜绝出现新的致贫因素，全力稳固和拓展脱贫成效。

河北省将纳入监测范围的易返贫、致贫户划分为三大类：脱贫不稳定、边缘易贫、突发严重困难，并逐户对其存在的返贫和致贫风险、劳动能力状况和帮扶需求等进行详细分析。对存在单一风险农户，实行有目的性的单一措施；对存在多种风险农户，针对不同风险群体，采取不同的扶持方式；对能劳动的监测群体，重点实施参与式的扶持举措，激发这一类群体的内在动力，鼓励其依靠自身能力，学习技术、开创企业、积极就业，达到持续提高收入的目的；对没有劳动能力的监测群体，持续采取综合的社会保障举措，并且政府还在政策上给予一定的倾斜，保证此类监测群体的基本生活能够得到保障；对脱贫不稳定户，应当巩固提升帮扶措施，加大脱贫后续帮扶力度，做到帮扶标准不降，降低此类监测对象的返贫、致贫风险；对于边缘易致贫户，要根据其可能发生贫困情况的程度，逐户、逐人、逐地采取相应的帮扶举措，避免新的致贫点产生；对突发严重困难户，进行实时、动态监测，确保其需求可以得到及时满足。

一切依据"缺什么补什么"的原则，通过部门协调会商，有针对性地提供产业帮扶、就业帮扶等 11 个方面的帮扶措施。其中，产业帮扶是防返贫的根本，以产业帮扶提升脱贫户造血能力，挖掘地区资源优势，因地制宜增强经济动力，培育壮大特色产业、绿色农业、特色品牌，优先向监测对象倾斜，带动其增收致富，稳固收入。2021 年，河北省在实现脱贫群体全部得到产业扶持的基本情况下，产业扶持二重覆盖率达到 90%。[①] 在就业帮扶方面，确保脱贫户和低收入户家庭收入水平稳步提升，为监测对象提供稳定就业岗位、公益岗位以及技能提升等帮助。同时，加强与银行、企业的合作，对为监测对象提供就业岗位的企业、合作社以及帮扶车间等单位给予一定的企业贷款、免息、贴息等优惠政策。截至

---

① 效果提升 2021 年河北省脱贫户产业帮扶二重覆盖率达 90% ［EB/OL］. 中华人民共和国农业农村部网站，http：//www. moa. gov. cn/xw/qg/202112/t20211228_6385705. htm，2021 - 12 - 28.

2021 年，河北省共有将近 2 万人获得就业补助金，搬迁脱贫户中有劳动能力的农户都至少有 1 人成功就业。① 在健康帮扶方面，河北省落实分类帮扶政策，及时调整健康扶贫工作的服务对象，加强对重大疾病的动态预警监控。此外，河北省着力提高县和乡镇医疗水准与服务能力，加快乡村卫生室的建设与完善，加强对村医队伍的培训与管理，村医队伍不断扩大且逐渐年轻化。在兜底保障和社会救助方面，河北省充分发挥社会保障的兜底作用，同时提高社会救助保障的水平，兜住脱贫户生活底线，将残疾人作为重点监测人群，及时帮扶防止返贫、致贫。

10.2.5　健全机制，落实责任

健全机制，创新措施，落实责任。河北省坚持以建立健全长效机制作为防返贫动态监测和帮扶工作的前提，在打赢脱贫攻坚战后，坚持采取有力措施，强化责任，不断健全和完善预警监测、帮扶带动、社会救助、组织保障等长效机制。

健全预警监测机制，确保早发现问题，并快速制定方案以及时解决问题。具体来说，河北省建立群众自主申报、基层干部入户走访排查、关键部门大数据比对三种申报渠道，构建省、市、县互相沟通、多主体互相联系、整个过程时时管理的预报警示监控系统，提高部门与部门间的交流，加强有关部门间工作的连续性。依托全国防返贫监测信息系统，进一步完善监测对象数据库，明确防贫工作"省负总责，市、县抓落实"的工作机制。省级民政部门、人社部门、乡村振兴部门、医保部门等多个部门，采取线上、线下相结合的方法，每月推送预警信息。市、县两级落实主体责任，负责组织开展入户调查核实工作，对满足条件的农户展开信息录入，并将其纳入监测范围，展开动态管理。同时，河北省拓宽监督渠道，建立全省统一的监测帮扶和信息核查台账，确保监测全流程公开，合理合法保证群众的知情权，提高群众参与的积极性。

健全扶持带动机制，不断稳固和拓展脱贫成效。河北省各县、村建立产业就业和科技帮扶情况台账清单，针对短板和薄弱环节，政府进行有效政策扶持。通过持续深化产业培育、加强产销帮扶、拓展劳务协作、开展科技帮扶，促进产业高质量发展，妥善应对农副产品滞销等问题。要以市场为导向，因地制宜，充分挖掘具有当地特色的产品，以当地得天独厚的自然条件为依托，大力发展"一村一品""一乡一业"，保证脱贫人口稳定就业，扩宽增收致富渠道，强化产业就

---

① 河北省完善落实防止返贫监测和帮扶机制［EB/OL］. 金台资讯，https：//baijiahao. baidu. com/s? id = 1724518584300302827&wfr = spider&for = pc，2022 – 02 – 12.

业联动，加强脱贫地区发展能力，助推地区特色产业发展，助力产业振兴，从而促进农业农村现代化。

健全社会救助机制，动员组织各界力量解决困难群众的实际困难，着力发挥社会救助的兜底作用，切实兜住民生保障底线，开展扶贫开发项目，利用保险机制，避免出现监测对象返贫的情况。河北省坚持政府引导、社会参与，充分发挥政府和市场的力量，实施"防贫保"、设立社会救助基金，提升社会救助体系市场参与度。从2017年开始，河北省以邯郸市魏县为试点，率先开展"防贫保"，经过多年的实践和探索，建立和完善"财政投入、群体参保、基金管理、社会经办、阳光操作"的防贫保险救助体制。现在，全省已实现建档立卡贫困群体均享有防贫保险保障，范围涵盖各市、区、县，累计近2000万防贫对象实施防贫保险保障，享受到机制带来的好处。河北省将低保、特困等各种扶持措施结合起来，构建多层次的保障扶持体系，确保全省符合保障条件且有意向的监测群体均得到保障、救助。除此之外，河北省还逐级建立覆盖城乡的省、市、县社会救助基金，成立社会救助基金会，吸收社会各界的捐赠，为患有重大疾病、家庭发生重大变故、受自然灾害等突发事件影响以及其他原因的困难群众给予社会帮助，对在落实相关保险、政策、有关部门救助后，自费负担依旧过重、基本生活仍有困难的城乡居民也可以提供救助，缓解其面临的困境。

健全组织保障机制，落实主体责任。为保障防返贫动态监测和帮扶工作切实落实与执行到位，河北省建立"周统计、月分析、季调度、年考核"的常态化体系，以便更好地进行工作调度和监测，每周提取相关数据，每月各地区、各部门报送预警信息、汇总帮扶情况，针对各地上报数据进行分析，查找问题，每季度召开专题调度，总结本季度执行情况，并根据执行过程中遇到和存在的问题调整方案，每年度进行工作考核，将防返贫监测帮扶作为后评估的重要衡量标准，定期对各地数据质量、存在问题进行通报，及时对问题突出的市、区、县进行问责，并尽快制定解决问题的方案。

第11章

河北省全面脱贫后构建防返贫
长效机制的案例研究

11.1 构建产业防返贫长效机制研究——以宣化区为例

11.1.1 宣化区产业防返贫解决的关键问题及举措

脱贫与防返贫工作的根本手段就是产业扶贫，产业扶贫适用范围广、力度大、带动群众多，不仅能够解决生存和发展的问题，同样也是脱贫以及防止脱贫后返贫的必由之路。产业扶贫的最大优点是将只解决当前难题式扶持转化为主动式扶持，将接济、施济式的扶持转化为贫困群众发挥自身价值，依靠自身力量积极参与式的扶持，从源头上避免脱困群体的二次贫困情况的发生。地方经济发展速度快，内生发展动力增强，发展质量得到提高，使得农户能够依靠自己的力量实现增收致富，从而降低农户发生返贫、致贫的风险。为此，大力发展区域产业对地区降低返贫、致贫风险起着举足轻重的作用，同样对产业振兴和农业农村现代化发展起着重要的支撑作用。

1. 地势存在劣势

地形地势、地理位置的缺陷一直是困扰脱贫地区产业发展的重要问题。如何将劣势转化为优势，如何结合自身的实际情况充分发挥优势、避免劣势是脱贫地区需要重点思考的问题。防返贫长效机制构建中各地区应当强化脱贫地区产业项目的优势，地区特色的产业项目是招商引资的主要因素，也是当地经济流入最主要的来源，当地经济水平与特色产业项目直接挂钩，发展好特色产业可以有保障地提高脱贫农户收入，进一步实现可持续性的产业增收。

在进行产业扶贫时，应依据所在地的优劣势条件，做到一村一品、一镇一业的差别发展，坚持特色发展，以市场为定向，通过主体引领，以利益共同享用为原则。通过实地调研发现，河北省张家口市宣化区在地形地势方面存在一定的劣势，其多山少水，海拔高，不利于一般植物的生长。张家口市农科院发现这一抑制宣化区农产品发展的问题，积极研究发展对策，依据当地劣势条件，培育新品种谷子——"张杂谷"。张杂谷具有发达的根系、较强的抗旱能力、极强适应能力且其品种优良，具有较高的质量，与传统谷子品种相比，张杂谷的产量是其他品种产量的4倍左右，每亩地可以增加500～1000元的收入，这无疑为当地农户带来致富希望。宣化区因势利导，着力推广张杂谷种植，实现通过种地发展第一产业致富的梦想。

宣化区尊重自然条件，但并不意味着向自然条件屈服，而是积极将其地势劣势转化为优势，具体转化思路包括：一是其海拔高、昼夜温差大、日照时间长等地势特点，恰恰满足葡萄的生长习性，宣化区可以大力发展葡萄种植业，建立葡萄园系统，培育葡萄新品种。宣化葡萄的名誉，已经达到提及宣化区，人们最先想到的就是宣化葡萄的程度。二是虽然其海拔高，但却具有病虫害轻、空气质量好的优势条件，适宜大力发展绿色精品蔬菜产业。

2. 人才稀缺

人才是区域产业发展和地区稳固脱贫的智力保障，无论是在产业扶持方面，还是在防返贫、致贫方面，都离不开数量庞大的优秀人才作为后盾。长期以来，如何招来人才、如何留住人才、如何稳定人才队伍一直都是地方扶贫、防返贫的难题，也是地方想要实现可持续发展必须解决的难题。毕竟，随着近几年城乡一体化发展，越来越多农村的年轻人选择背井离乡到城市生活，而且农村对外界人才的吸引政策不甚健全、红利不够。对于农村地区，特别是刚刚实现脱贫的地区急需人才帮助巩固脱贫成效，助力产业振兴，所以农村发展人才稀缺问题急需解决。

宣化区制定一系列的政策，以吸引更多的人才到脱贫地区来，稳定脱贫地区的人才队伍，并制定一系列人才培养以及定期培训制度。除此之外，宣化区还聘用相关领域的专家学者，进行实地调研，并针对大多数农户从事的种植业及养殖业进行专门的技术指导和培训，帮助农户科学种植、合理养殖，最大程度降低因为技术、知识等方面不足而造成的损失。在原有区级扶贫产业专家团队的基础上，宣化区及时进行人才队伍的补充、调整以及优化。自 2020 年以来，从市农科院和北方学院特聘专家，遴选评定区级专家、乡镇级专家以及村级产业指导员，组建成"区、乡、村"三级技术服务团队，组织脱贫农户开展种植业和养殖业等农业技术培训，有效提升脱贫户的生产技能，增加脱贫特色产业的科技含量和产品附加值。

3. 就业落实问题

如何将之前"给予式""输血式"的扶贫做法，转化为以脱贫户、易致贫户为主体，发挥群众自我能动性，增加内生动力的方式是现阶段建立防返贫长效机制需要关注的。"就业是民生之本"，要在产业扶持过程中激发其积极作用，以推动就业，发展产业实现就业，筑牢脱贫、易致贫人口持续收入增长的防返贫长效机制。宣化区精准扶持，将易返贫致贫户详细划分，包括脱贫不稳定、边缘易贫、突发严重困难三大类，针对易返贫致贫户每户不同的风险原因、劳动能力状况以及帮扶需求逐户进行分析。对于缺乏劳动能力的易返贫致贫户，确保其必要的生活保障和经济来源，注重收益性扶贫，如利用资源设立光伏电站带来收益以及资金资产投入获取分红等。对那些有劳动能力但容易返贫的群体，将扶持方式由接济、施济式转为发挥其自身价值，依赖自身力量，用自己双手去创造财富的方式，例如提供公益岗、扶贫车间岗位，引导其发展种植业和养殖业，使其获得持久性经济获取渠道。

宣化区大力发展区域特色产业，实现发展产业带动就业，全面提高脱贫、易致贫人口的就业率，提升易返贫致贫人口的满足度，从根本上降低返贫、致贫风险。2021 年底，对宣化区进行实地调研，抽查宣化区 136 户脱贫户、56 户非建档立卡监测户，通过调查报告可以发现，在这其中分别有 123 户、37 户得到实际产业帮扶和带动，占比分别达到 90.44%、66.07%。在脱贫人口就业务工方面，宣化区紧紧围绕扩大农村劳动力就业规模，确保以全区总体就业形势稳定为工作目标，同时，积极开展就业指导。

4. 产业结构单一

长期以来，脱贫地区产业结构都过于单一，经济来源主要以第一产业——农业为主，其中最主要的就是种植业。如何快速发展二三产业，如何促进一二三产业协调发展和有效融合是构建产业防返贫长效机制需要解决的问题。宣化区持续推动三大产业统筹进步，重视整合完善产业结构，推动一二三产业的融合发展，提高农产品的附加值。宣化区积极了解市场需求，顺应市场发展，充分发挥其存在的资源优势，大力培育特色化产业，将产业的链条尽力延伸，协调一二三产业，共同促进，提高经济效益和社会效益。

11.1.2 宣化区产业防返贫机制构建的成效

2021 年底，通过对宣化区进行的实地调研发现，2021 年宣化区投入产业资金共计 10254.97 万元，占全年财政投入的 64.54%，较上年提高 0.73%。与此同时，该区持续推进"企业 + 合作社 + 基地 + 农户"家庭手工业扶贫形式和"龙头企业 + 合作社 + 家庭农场 + 农户"的农业产业化协同经营形式，出台包括肉羊、"张杂谷"和蔬菜在内的产业扶持政策 3 套，实施产业项目 26 个。2021 年全区有 1 个农业产业化协同体；2 个家庭农场，但都没有达到县级以上示范标准；9 个市级以上现代农业园区；14 个农业产业化龙头企业；125 个农民专业合作社，其中 15 个达到县级以上示范标准。

在脱贫户中，参与政府帮扶发展产业项目的有 85 户，目前产业发展较好、收益较高的有 68 户。有合作社（龙头企业）带动的共计 82 户，其中仍在继续带动的有 77 户，与合作社（龙头企业）没有关系的有 5 户；有入股分红的共计 123 户，其中合同还没到期、继续分红的有 116 户，合同已到期、不再分红的有 2 户，续签合同或重新签订新合同的有 5 户，继续分红占比达到 94.31%。

1. 龙头企业突出，形成强力保障

宣化区大力实施"千企助千村"工程，鼓励和发动民营企业发挥自身优势，以产业、就业、公益扶持等方式，参与到稳固脱贫成效、促进乡村振兴的过程中来。共计 39 家企业结对帮扶全区 95 个脱贫村，截至 2021 年 10 月，产业就业帮扶共投入 14.70 亿元，公益帮扶共投入 9.62 万元。在实地调研过程中抽查的 7 个有"万企兴万村"帮扶的村中，企业主要帮扶村发展产业、帮助脱贫户就业等。2021 年企业共投入资金 1800 万元，较 2020 年下降 6%，企业的参与共帮助 111 名脱贫户就业，较 2020 年下降 4.31%，7 个村中 6 个村认为帮扶效果较为明显。

2021 年宣化区已有 14 家农业产业化龙头企业，通过发挥龙头企业"头雁"效应，推动整个区域产业发展，从而推进产业化在贫困地区的发展进程，重塑产业化发展的结构，帮助、引导有需求的农民能够在足够低的门槛下提前进入市场并常驻市场。其中最为突出的两个企业就是假日绿岛生态旅游股份有限公司和张家口兰海畜牧养殖有限公司。一方面，建立假日绿岛生态旅游消费扶贫特色基

地。2013 年，宣化区假日绿岛生态旅游股份有限公司创立，自创立起企业便坚持扎根一地造福一地的宗旨，紧紧围绕脱贫攻坚和乡村振兴战略，致力于打造消费扶贫特色基地，通过"消费扶贫产业项目入股、搭建线上线下销售平台、特色基地安置就业、土地流转项目分红"等"一揽子"措施对贫困户实施分类帮扶。在基地设置消费扶贫专区，布放消费扶贫专柜 3 个，为贫困户、残疾人和复转军人等群体量身定做出台"商户入驻减免"制度，在招商或承包时减半或免收租金，积极助推产业精准扶贫向乡村振兴的有效过渡。截至 2021 年底，假日绿岛生态旅游股份有限公司累计筹集并启动扶贫资金 122.33 万元，带动周边 2 个乡镇 26 个村 1802 户建档立卡脱贫户实现长期稳定增收，为张家口市产业发展贡献自己的力量。另一方面，张家口兰海畜牧养殖有限公司充分发挥产业的辐射作用。张家口兰海畜牧养殖有限公司是一家集专业杂交育种、高端肉羊育肥、光伏发电、有机肥生产与加工为一体的现代农牧企业，采用"股份合作 + 代养 + 务工"的产业扶贫形式，精心打造"高端肉羊养育繁殖 + 光伏发电 + 有机肥生产加工"新式高能绿色的完整产业生态，实现屋顶能发电、屋内能养羊、羊光互补经济创造模式，截至 2021 年底，累计带动 4000 户建档立卡脱贫群众实现分红，分红达 400 余万元，每年将近 2000 万元的光伏发电收入用于企业滚动发展和巩固脱贫攻坚成果的投入，辐射引领 2000 余户农民群众长期持续稳定增收，同样为张家口市的整体产业发展做出突出贡献，先后被评为"河北省扶贫龙头企业""部级肉羊标准化示范场"。

2. 强化农业优势，跨进农业强区

宣化区深入研究和挖掘农业大区优势，加快发展速度，着力从"农业大区"跨向"农业强区"。宣化区已形成以生猪、蔬菜、肉羊为主体，以葡萄、蛋鸡、城郊农业和杂粮等为补充的特色农业产业体系。2020 ~ 2021 年期间，宣化区总计投放财政涉农资金 9600 万元，实施十多个产业项目，重点对现代农业园创办、猪羊养殖和文化旅游等独具特色的产业进行扶持①，年度用于产业发展的金额占所有涉农金额总和的 60%。通过积极争取以及自身取得的实际成果，最终获得批准创立国家现代农业产业园，先后建立 1 个省级、8 个市级现代农业园区；培育 1 个省市级和 2 个区级农业产业化联合体；培育 1 个国家级、3 个省级、10 家市级农业产业化龙头企业以及 5 家省级农民专业合作示范社。现已经形成"企

---

① 宣化区政府工作报告——2022 年 1 月 27 日在张家口市宣化区第十七届人民代表大会第二次会议上 [EB/OL]. 张家口市人民政府网站，https://www.zjk.gov.cn/content/zfgzbg/156434.html，2022 – 02 – 17.

业＋合作社＋基地＋农户"的家庭手工业扶贫模式，以及"龙头企业＋合作社＋家庭农场＋农户"的农业产业化协同经营形式。借助冬奥会的契机，加快培育奥祥羊肉、精科蔬菜、黑六鲜肉等农业品牌，其中精科蔬菜成功入围奥运蔬菜供应商基地，通过对宣化地区农产品品牌的宣传，宣化地区农业产业化成长不断加快。另外，为加快创建国家现代农业产业园，打造以"张杂谷"种植业为主体产业，企业、科研院所和高等学校通力合作，科研培育、种子生产繁殖、品种推广销售一体化，集生产、加工、经销为一体的国家级现代农业园区。

3. 优化产业结构，培育新型服务业

宣化区实施系列发展战略，大力推行新型立体种养殖模式，优化农村产业结构。在悠久的葡萄种植历史和娴熟的种植技术的基础上，继续培育葡萄新品种，并在培育新品种的同时，加大对传统葡萄种植技术、风俗文化的开发与挖掘，建设葡萄博物馆，建立种植栽培示范园地，将原本的葡萄种植园区打造成集观赏、采摘、文娱为一体的葡萄小镇，为乡村振兴提供强劲动力，在第一产业发展的基础上，结合当下人们的消费需求实现第三产业的发展。

宣化区大力推广文化旅游，培育乡村独特旅游产业。自 2020 年以来，宣化区持续推动假日绿岛、桑干河大峡谷等旅游景点提高档次、进行升级，提高第三产业对脱贫以及防返贫的带动作用。其中，宣化区最为突出的假日绿岛项目通过为脱贫农户提供工作岗位、进行收入分红等方式，带动 200 余户脱贫户实现增收，牢牢巩固了脱贫成果，实现了以产业带动就业，努力实现共同富裕的目标。王家湾乡谢家湾、栗家湾两个村因紧沿桑干河大峡谷，两村农户在政府相关部门的助力下，开发新项目、挖掘新卖点，通过发展农家乐，提供民宿、出售当地特色农产品等方式，丰富农户的经济来源，实现增收致富，改变以往仅仅依靠第一产业谋生的情况。

4. 借助电商平台，打通销售渠道

宣化区打破地理位置偏僻、交通不便等局限，积极探索电商销售，拓展销售渠道，成功搭建线上、线下营销平台，把电子商务平台的销售作为实施消费扶贫的主攻方向，打通电商平台这一经销渠道，实现农产品的经销范围最大化。宣化区按照政府部门积极引领、统一管理、以特色项目为基础、紧跟市场发展变化趋势、保障人民群众收益的思路，加紧网络配套设施建立，将电商销售方式的推行作为重点，设立网络销售服务中心，加强服务优化，构建生产、供应、经销和服务于一体的电商平台，将宣化区的独特且优质的农产品，凭借网络销售到全国

各地。

宣化区顺应"互联网＋"的时代趋势，依托互联网平台以及网络销售的优势，帮助企业和种植业、养殖业农户销售各类农产品。在多个网络平台，如淘宝、拼多多等开设专营店。同时，宣化区还培养专业直播人员，利用网络直播的新销售形式，打破地域限制、消费群体限制、年龄限制，最大限度解决农产品的滞销问题。

5. 实施利益联结新模式，多种合作经营模式并举

宣化区组织个体农户形成合作社，进一步实现合作共赢、整体带动农户产业发展的目标。结合政府、企业和农户三方力量，大力推动脱贫地区农村合作社的优化，实施利益联结的龙头引领、合作社带动、农户抱团的新模式。具体模式包括：一是"股份合作＋代养＋务工"模式。张家口兰海畜牧养殖有限公司采用"股份合作＋代养＋务工"的新产业扶贫模式，积极引领农户入股合作，为农户提供合适的岗位，旨在发展成为集专业杂交育种、高端肉羊育肥、光伏发电、有机肥生产与加工于一体的现代化农业和畜牧业企业。二是"龙头企业＋农民专业合作社＋农民"的形式。河北巡天农业科技有限公司是省级农业产业化重点龙头企业，其引领农户建立"张杂谷"专业合作社，旨在发展成为集"张杂谷"种植、食品加工以及饲料生产于一体化的特色产业。三是"合作社＋基地＋养殖场＋农户"的形式。宣化区力图形成一定规模的、绿色高效的肉羊养殖业。四是"合作社＋农户"模式。宣化区实行"合作社＋农户"模式，引导农户积极参与，根据气候特征发展葡萄产业观光游，借助地域优势发展绿色精品蔬菜产业，促进当地农民收入和生活水平的提高。

11.1.3　宣化区产业防返贫机制构建的对策和建议

1. 稳定发展农业产业

宣化区要坚定不移地稳定农业产业发展的基石，牢固确立农业在三大产业中的基础地位，利用好当地的地域优势和禀赋条件，大力发展项目建设。要全力推进农业产业现代化，借助"张杂谷"种植业、畜牧养殖业等多个产业项目的资源优势，围绕深化农业结构优化，调整农产品地区分布，提高抵御风险的能力，降低生产成本。宣化区还要以农业产业全产业链的进步为发展方向，竭力延长农业产业链条，并结合当下的社会发展趋势，将数字技术引入产业链的每个环节，享

受数字化为农村以及农业产业带来的红利。例如鼎力发展农产品加工、运输、农企对接、网络营销，形成从田地至饭桌的产业生态体系。并重点突出张家口兰海畜牧养殖有限公司等龙头企业的带动和引领作用，最终推进农业产业现代化、特色化、生态化、优质化的全面协调繁荣。

2. 重视工业产业发展

宣化区要重视对工业产业的发展。工业作为高度现代化的产业，对促进地区经济发展有着举足轻重的作用。发展农村特色产业也要因地制宜，立足宣化区特色，积极利用地区自然资源和第一产业提供的基本资料，例如葡萄、肉羊、蔬菜等进行加工处理，大力发展食品加工业。除此之外，为拓宽农村产品的销路，需要注意培育特色品牌，并做好产品营销工作，可以通过公众号、小程序、官网、网店等多种网络平台宣传当地的农产品和品牌文化。

3. 大力推进第三产业

宣化区要顺应时代的发展和消费者的需求，迎合市场需要，大力推进乡村特色服务业，大力发展休闲农业，提升农业的生态价值以及文化价值。当前中国的城乡一体化建设成效明显，城乡文化正在逐渐融合，农村的特色服务，例如乡村生态旅游、特色休闲活动、特色餐饮等，越来越受到城市居民的青睐。宣化区可以在保护好当地自然环境和乡土文化的同时，挖掘当地各项资源价值，依据假日绿岛、桑干河大峡谷等旅游景点开辟、提高档次、进行升级的经验，继续建设好乡村特色服务业，为促进农村经济发展开辟一条新的道路。

4. 促进一二三产业融合发展

当前，推动一二三产业的深度融合，已成为实现乡村振兴目标的重要内容之一。宣化区在发展农村经济时也要注重农村三大产业的统筹规划和系统安排。重点是要有机协调农村一二三产业的关系，合理分配各个产业发展所需的资源。实地调研发现，宣化区第一产业发展已取得良好的成效，在下一阶段，应该在持续发展第一产业的基础上，对二三产业进行积极的发展，强化第一产业对二三产业的支撑效果，强化二三产业对第一产业的反哺作用，全面拓展乡村产业的发展宽度。促进一二三产业协同发展，延长、扩大产业链条，提高农业增加值，扩大农业增值空间，完善整个农村产业发展体系。例如，可以推广和学习当前宣化区葡萄小镇的做法，在发展第一产业即传统的葡萄种植业的基础上，不断丰富第二产业链条，进行葡萄加工，同时继续培育葡萄新品种。在第一和第二产业发展向好的背景下，葡萄小镇洞察到当下市场需求，在做好充足的市场调研的基础上，决定对风俗文化、工艺传承等进行开发与挖掘，建设葡萄博物馆，建立种植栽培示范园地，打造集观赏、采摘、文娱于一体，集一二三产业于一体的体系。此外，宣化区也应当继续探索新的产业发展之路，率先占领市场，全面打造具有独特优势的产业高地。

5. 完善人才结构

乡村地区的人才发展领域不协调，一二三产业的人才存在分布严重不均衡的问题，部分行业的人才缺乏。从乡村产业发展角度来看，农村中的人才主要集中在第一产业如种养殖业，还有部分建造等行业，这些产业或行业的共同特征是体力参与度高，知识参与度极低，在企业营销、技术发展等方面的新型人才相对较少。此类产业需要的人才，不仅要有体力还要具备一定专业知识。同时，对专业知识的要求要远远高于对体力的要求。熟悉并能充分运用现代技术和专业知识的人才很少，更不要说农村地区，这种人才更是十分匮乏，致使这类产业在农村地区的发展受到了极大的限制。因为人才的匮乏，农村地区一二三产业之间的协同发展受到很大影响，从而使得乡村振兴目标的实现也受到一定的阻碍。另外，从年龄特点可以看出，农村技术人员的年纪普遍都比较大，他们依赖的主要是通过长时间实践获取的生产经验，而不是专业的科学知识和技术，同时他们对新型高科技技术的接受水平非常有限。所以，对于农村产业的发展来说，迫切需要一批有朝气、有能力的年轻技术人才。

宣化区要结合自己的发展情况与需求，完善适合当地的农村产业发展人才引进支持措施，并建立起一套完善的人才激励、培育及培训机制。另外，还应加强与张家口学院、张家口北方学院等高校或科研机构的合作，聘用邀请相关领域专家学者到当地进行实地考察与调研，有针对性地对农村居民进行知识和技能的指导与教授，努力培育出一批既懂技术又有知识，还具备营销、管理能力的高素质人才。

11.2　构建易地搬迁防返贫长效机制研究——以沽源县为例

随着时代的不断发展与社会的日新月异，扶贫工作的关注点也在随之发展变化着，逐渐从早期的关注困难家庭短期的生存问题向重点关注困难家庭的可持续发展问题转变，即从"输血式"向"造血式"的转变。河北省张家口市沽源县受自然条件、地理位置的影响，表现出基本资源不足、自然条件恶劣、生态系统脆弱、基础设施落后的发展劣势，难以发挥"造血"功能。因此，沽源县实行易地扶贫搬迁工作，使得"因地制宜"成为可能，是沽源县脱贫、防返贫的根本出路。

易地扶贫搬迁是现阶段乡村振兴背景下防止脱贫户返贫的一项重要工作，也是实现全面建设小康社会的重要手段。针对"一方水土养不好一方人"的状况，多年来，张家口市沽源县坚持把易地扶贫搬迁工作摆在突出位置，尽全力带动贫困群众从思想上摆脱贫困，打破农村群众传统的生活现状，切实做到让农村群众去条件好、易增收的居住区生活，实现脱贫致富，更进一步地促进农村群众可持续性发展。随着脱贫攻坚战的伟大胜利，张家口市沽源县所有的贫困户均已脱贫，"搬得出"的任务也已基本全部完成，下一步整体工作正逐步转向"稳现状""求发展""固增收"的后搬迁时代。就此，在脱贫攻坚取得全面胜利之后各部门还应持续加大对于"易地扶贫搬迁"政策的支持力度，建立预防贫困现象再发生、脱贫以达致富的长效机制是当前工作的重点，顺利转变扶贫战略和工作体系，确保易地搬迁工作既要搬得出，也能稳定住，并能充分发挥易地搬迁的效益。

11.2.1　沽源县易地搬迁解决的关键问题及举措

易地扶贫搬迁政策在未来相当长一段时间内仍将是我国扶贫工作的重要抓手之一。目前来看，想要实现"稳现状""求发展""固增收"的后搬迁时代发展目标，还存在一定难题，例如安置房建设难度大、迁出土地资源闲置、后续配套设施不完善、缺乏稳定扶贫的长期机制、群众缺乏内生动力、刻板印象和坏习惯难以改变等。针对上述问题，既不能在建设方面偷工减料，又不能对群众强制执行。因此沽源县转变工作思路，突破易地扶贫搬迁工作"瓶颈"，着力解决后扶贫时代易地扶贫搬迁工作存在的难题，从而保证如期高标准完成易地扶贫搬迁任务。

1. 安置房建设难度大

众所周知，移民搬迁工作是一项系统性很强的工程，同时作为一个综合性工程，在安置房的选址、规划、建造以及移民搬迁的过程中必然会遭遇各个方面的困难，存在着许多的问题，例如建设手续多、工期长、缺乏施工标准等。这些问题都需要政府、建造商等多方的共同配合、统一协调，探索出解决问题的有效方法，才能够在很大程度上确保易地搬迁工作的有效开展，并为其后续的可持续发展提供切实有效保障。

易地扶贫搬迁工作形势严峻且复杂，并且成本较高，所以在选址过程中需要提前侦察地理位置和地形地貌。沽源县做足易地扶贫搬迁前期准备工作，合理规划、精心设计，妥善解决"搬到哪""怎么建"等现实问题。沽源县地理位置相较于其他贫困县来说存有先天劣势，全县平均海拔较高，最高海拔地区甚至超过2000 米，县扶贫、规划等相关政府部门以及建设施工单位经过多次考察和研讨，按照沽源县制定的城镇化发展方案和建设用地空间布局，选定最佳搬迁地址。同时，向当地村民请教、了解当地习俗和生活习惯，多次修改设计图纸，尽力满足搬迁户的个体化需求，确保村民搬迁后续事宜可以平稳过渡。

沽源县海拔高、气温低，冬天长夏天短，自然条件恶劣，年平均气温均在零摄氏度以下，冬季最低气温甚至达到零下 40℃以下，极端的自然条件严重影响着易地扶贫搬迁新址的整体有效施工进程。面对易地扶贫搬迁新址建设过程中审批手续繁杂、施工规模庞大、整体工期较长、施工工程量巨大和有效施工时间短的客观现状，沽源县率先探索出安置房建设新模式，即由乡级和村级进行组织、易地搬迁农户委托施工单位进行建造的"统一规范，自行建设"模式。这一模式以易地搬迁与乡级政府签订协议为前提，后由村党支部委员会和村民委员会组织易地搬迁农户与乡政府介绍的建设施工单位进行沟通，沟通达成后，施工单位与农户签订合同，开始进行建设工作，充分发挥各级干部的作用，在保证项目合理合法的前提下最大限度简化手续流程。同时，易地扶贫搬迁建设质量直接影响农村群众的生命安全，所以应当对建设质量进行严格监督。沽源县形成由县级部门、第三方监理企业、村民委员会以及搬迁户共同监督的监督体系。这一模式将以政府为主体进行总负责的方法转变为以搬迁户为主体自行建设的模式，顺利解决建设手续多、工期长和有效施工时间短的难题。

2. 迁出地资源浪费

"易地搬迁农户搬进新居，旧房、旧地该怎么办？""如何引导易地搬迁农户同意拆除、旧地复垦？""如何利用好迁出地耕地资源？"等一直是易地搬迁农户迁出后地方政府面临的主要问题。部分易地搬迁农户存在刻板印象，导致易地搬迁的农户出现村庄、城市用地均占用、均居住的现象，这是造成迁出地资源浪费的主要原因。尽管旧房拆除、旧地复垦后，国家会给予农户一定的经济补偿，但做好搬迁农户的思想工作才是推进拆旧复垦工作最重要的一环。搬迁户之所以不想拆，究其原因是部分易地搬迁群众担心自己适应不了新居住环境，如果村里的房子没了就等于没有了后路，担心丧失了村里的土地会丧失唯一的经济来源，从而无法生活。故土难离、旧房难舍是迁出地资源浪费、搬迁户存在顾虑的主要原因。

为此，沽源县组织专门的工作人员做好搬迁农户的思想引导工作，从加强后续配套设施、完善后续扶持管理入手，从根本上打消搬迁农户存在的顾虑。沽源县将搬迁安置和拆旧复垦两项工作同步推进，推动旧村土地复垦、复绿，加快土地对外流转，同时将复垦、复绿、对外流转的经济收入再用于易地搬迁中，借此契机，将整体易地扶贫搬迁资金流转起来，形成可持续发展的良性循环，持续完善易地扶贫搬迁后续工作。根据"十三五"期间数据统计情况，2020年沽源县列入易地搬迁增减挂钩项目的有100多个村庄，拆旧总面积将近10000亩，截至2020年底，将近7000亩土地完成复垦，300多亩土地完成复绿，超3600亩土地完成对外流转，实现收益超11亿元，大大缓解了沽源县易地扶贫搬迁的资金问题，同时，通过收益分配使得搬迁农户增收，拓宽了农户收入渠道，在一定程度上安抚了搬迁户的排斥情绪，增强了搬迁户的创收信心，稳定易地搬迁成效，促进沽源县整体向好发展。①

3. 缺乏长效脱贫产业

虽然近年来易地搬迁工作"搬得出"的任务已基本全部完成，但如何切实实现易地搬迁农户"要稳定""能致富""能发展"的目标？如何帮助所有搬迁人口实现增收致富、长期稳定脱贫不返贫的目标？如何解决易地搬迁农户搬进新居住点后产业发展的问题？这些都是后易地搬迁时期所需解决的。近些年来，党中央每年都在易地扶贫搬迁工作上下大力气，持续不断地加大专项资金投入力度。但还是出现了最典型的问题：易地搬迁工作只能解决搬迁对象的最基本住房问题，没有充分考虑易地搬迁农户搬迁入住后的长期生存和持续发展问题。在搬迁完成以后，当地缺乏长期有效的脱贫产业项目来保证搬迁户的可持续性发展，导致相关产业的设置与发展并不能真正与贫困户持续增收产生有效勾连，贫困户普遍缺乏主观能动性，进而产业发展创新驱动力时有不足，产业虽有壮大却仍然无法惠及农户，搬迁的人员无法获得稳定的就业，也就是说难以保障搬迁户获得能够养活自己的收入。此外，许多扶贫产业与当地的资源禀赋不匹配，导致农户收

---

① ［脱贫攻坚］126个自然村！26915人！盘点沽源易地扶贫搬迁成效！［EB/OL］. 澎湃新闻，https：//m. thepaper. cn/baijiahao_5339797，2019 – 12 – 25.

效甚微且难以保证收入持续。当地政府及相关部门缺乏对贫困户的就业指导与相关产业技术培训，使得搬迁户即使在产业中工作，也产生了不适应与挫败的感觉，易地搬迁农户缺乏足够、科学、系统的就业培训资源，要妥善解决这些难题还需要更加精准的措施。

为此，沽源县积极探索实现易地搬迁农户"要稳定""能致富""能发展"的新策略、新路子，始终坚持搬迁安置区和相关配套扶贫产业园区"同发展、同建设"这一理念，不光按部就班抓好安置区建设，同时还将配套的产业园区建设作为政府工作第一要务。一方面，大力组织搬迁群众再教育、相关产业技能培训工作；另一方面，重视对搬迁群众的思想教育工作，从根本上转变其生产观念，从而解决搬迁群众稳定就业的问题。另外，积极拓展多种形式的增收渠道，实现有劳动能力的易地搬迁农户产业就业全覆盖，无劳动能力的易地搬迁农户入股分红全覆盖，带动搬迁群众增收致富。沽源县还将易地搬迁安置区全都建在乡政府所在地、镇政府所在地、景点景区周边的村庄以及中心村周围，使农村人口有序向城镇集聚的规划得以实现，有效破解了收入来源少、增收方式少、居住条件差、基础设施不健全的难题。

沽源县持续加大项目融资支持力度，2020 年已经同步完成了多个安置区配套产业园区的建设工作，以产业带就业，充分带动了易地搬迁群众就近就业、就近发展、就近生产，增收致富效果明显，牢牢巩固了脱贫成果。同时，沽源县加强对易地搬迁农户中有劳动能力的人口的就业及科学技术培训，以激发脱贫群众内生动力，从"授人以鱼"到"授人以渔"，真正实现了具备劳动能力的搬迁群众"人人有岗，人人增收"的短期增收目标。此外，沽源县针对当地的自然环境进行合理开发，综合开发了山区地域，在推进易地搬迁工作的同时，着力开发旅游示范村，发展乡村旅游，增加经济创收点，带动区域经济发展，改善农民生产生活环境。

4. 后续配套设施不完善

易地扶贫搬迁是一项涉及多个方面的系统建设和社会建设工作，不仅仅需要解决好居住地和稳定就业的问题，新安置地的基础设施建设和公共服务设施建设问题同样需要重视。如何使迁入地基础设施和公共服务有效衔接是解决好居住地和稳定就业问题后的重点任务，如果搬迁地相关生活配套设施不够切合与完善，那就违背了整个公共服务环境的保障性初衷，造成的结果是无法保证搬迁户长期且稳定地增收甚至生存，这对易地扶贫搬迁防返贫机制的构建工作将产生极大阻碍。此外，如何解决户口迁移、医保和社保缴纳等问题，避免搬迁农户办理此事务"两头跑",这些都是要想实现"稳现状""求发展""固增收"的后搬迁时代的发展目标亟待解决的重要问题,简化办理事务的程序、尽快完善搬迁户的社会保障服务体系是搬迁户的强烈需求。

沽源县积极推进城乡一体化发展,在易地扶贫搬迁方面持续推进安置房配套工程城镇化,完善配套基础设施和公共服务设施,确保自来水入户、道路硬化、集中供热供气等基础配套设施同城市一致,并完善银行网点等公共服务。按照在保证基本建设的基础上,需要什么就补充什么的原则,高质量、高效率地解决易地搬迁群众最关心、最急愁盼的问题。持续完善交通物流、文化产业、教育教学、公共卫生等公共基础设施,同时,完成好户口迁移、医保和社保缴纳及使用等社会保障服务工作,将公共服务落到实处,确保易地搬迁农户能够就近从医、适龄儿童就近接受教育。

5. 思想融入、社区融入问题

易地搬迁农户从原本熟悉的生活地搬到一个新的环境,生产、生活方式都发生了巨大的变化,故土难离的情结和深深的思乡之情让自身思想自然难以进行快速的转变,甚至对易地搬迁工作表现出强烈的抵触情绪。搬迁到陌生环境,原本的社会关系被打破,甚至在不少迁入社区中会聚集不同原因迁入的群众,他们相互完全陌生,几乎毫无信任度,内部缺乏有效的沟通,对共同居住的社区自然没有强烈的认同感和归属感。为此,搬迁群众的思想融入、社区融入也是易地搬迁后续工作需要重点关注的问题之一。

沽源县积极引导和帮助搬迁农户转变老旧的"靠、等、要"的观念,改变生活方式,鼓励搬迁农户从"要我做""帮我做"到"我要做",帮助搬迁农户做好身份转变和观念转变,从村庄到城镇,从农户到市民,化解易地扶贫搬迁群众内心的自卑与不安,增强其幸福感、荣誉感和归属感,鼓励搬迁农户积极承担安置区治安等公共事务责任,充分发挥搬迁群众的自我能动性,鼓励搬迁群众用自己的双手去创造更美好的生活,增强其参与感和能动性。此外,沽源县着力提高社区服务管理水平,建立村民活动中心、党员活动室、支部办公室,确定包联联系人,使搬迁农户逐渐适应新的生活方式,稳定融入新社区,提高搬迁群众的幸福度,使搬迁群众真正融入搬迁新址的新环境中。

11.2.2 沽源县易地搬迁防返贫长效机制构建的成效

2021年底,通过对沽源县进行实地调研发现,沽源县研究制定了《关于持续做好搬迁集中安置区后续扶持和管理工作的实施意见》，该意见从加强配套园区建设、加大就业扶持、有序推进不动产登记等 8 个方面明确了重点任务，进一步明确项目资金的倾斜方向。针对易地搬迁规模大、数量多的问题，以及新区建设涉及面积广的特点，将 2021 年县住宅用地计划的重点放在易地搬迁房安置方面。沽源县积极实施易地搬迁工作，有效改变了以前"小、散、空、穷"的落后村情村况。

1. 完善配套设施，实现搬迁群众"能稳定"

沽源县对于"易地扶贫搬迁"安置新址的配套基础设施和公共服务设施建设工作，细致来看，主要发力点在提升配套基础设施方面，并加强市政市容基础设施建设，实现"三化"（道路硬化工作、环境绿化工作、街道亮化工作）目标；解决广大搬迁群众生产生活用水问题，确保自来水入户，完成自来水厂和管网建设工程；建设污水集中处理厂，集中处理全镇污水，杜绝"偷排""违排"等危害群众用水安全问题的发生；建设变电站和集中供热厂，实现集中供热、供电在搬迁群众中全覆盖。在健全基本公共服务方面，如就业、文化教育、公共卫生、医疗养老、社保低保、银行网点等公共服务，做到基本公共服务安置区全覆盖，使搬迁群众彻底告别之前办事"两头跑"的历史，进一步简化办事流程，不断提高服务单位办事效率。沽源县在安置搬迁户后加快落实搬迁群众不动产登记、户口迁移工作，尽早解决农村、城市均占地、均用地的问题；另外，在医疗、教育方面，沽源县推动医疗、教育人员队伍建设，提高医疗服务水平，确保易地搬迁农户能够就近从医、适龄儿童能够就近接受教育。

2021 年底，通过对沽源县 165 户脱贫户进行随机抽查，发现 165 户脱贫户中在大中型安置区的有 34 户，其中 22 户户籍迁到了安置点，占比 64.71%；33 户均办理了不动产登记；34 户均反映安置区幼儿园、上学、居民看病、交通出行非常方便或比较方便；没有搬迁户反映还需回原村种地、安置点生产生活不方便的问题。

2. 落实就业，实现搬迁群众"能发展"

沽源县政府采取多种措施，借助多方力量，落实搬迁群众就业问题。具体措施如：沽源县相关部门多次组织专场招聘会，鼓励企业积极参加，为搬迁群众提供服务业、制造业、餐饮业等多行业的就业岗位和招聘信息，力求将困扰搬迁贫困户的"就业难"问题得以妥善解决，帮助更多的贫困劳动力实现就业，实现易地搬迁人员稳定增收，切实增加脱贫群众经济收入。2021 年底，通过对沽源县

165 户脱贫户进行随机抽查，发现 165 户脱贫户中在大中型安置区的有 34 户，占比 20.61%，其中有劳动能力的贫困户全部实现了稳定就业，22 户认为搬迁后人均收入增长明显，占比达 64.71%。

3. 产业全覆盖，实现搬迁群众"能致富"

沽源县着力打造独具特色的农业园区，发展特色养殖，盘活闲置资源，建设专业养殖场；积极尝试运用扶贫产业资金投资入股的新模式，多种渠道并进保证搬迁群众收入稳步增长。实施退耕还草，对闲置土地进行高效流转，同时，坚持推进"两园同建"，带动搬迁群众就近发展生产。2021 年底通过对沽源县进行实地调研发现，沽源县坚持将搬迁小区产业与全县产业整体布局、一体推进的工作模式，该模式也获得明显的成效，已经实现 23 个集中安置区产业辐射带动全覆盖，带动搬迁群众就近发展生产，很大程度上缓解了易地搬迁后搬迁户的就业压力。

4. 落实社区管理，实现搬迁群众"能融入"

沽源县继续坚持"一切为了群众"的原则，加强安置区后续管理服务工作，借助大数据平台，实施社区到户、到人的网格化管理，进行资源优化利用，提升科学管理水平；建立社区物业管理机制，开展全民参与的专项活动，丰富社区群众的文娱活动，积极引导搬迁群众转变老旧的生活观念和生活方式，尽早适应搬迁后新生活的各方面变化；发掘新型社区治理模式，大力推行社区党组织、居民委员会、经济合作组织"6＋2"等集中安置区社区治理模式，下大力提升安置地社区管理服务水平，促进搬迁群众的整体融合，提高搬迁群众的归属感和满足感，不仅有利于对社区进行有效管理和治理，更有助于形成后搬迁时代农村社区管理方式的参考经验，为后续同类型工作推广实施提供重要参考借鉴。

11.2.3 沽源县构建易地搬迁防返贫长效机制的建议

1. 保障精准安置，促进可持续发展

随着国家整体脱贫工作进入攻坚期、深水期，扶贫也需要更加重视脱贫过程中的精细化工作。在易地搬迁方面，扶贫工作越来越重视易地扶贫搬迁政策的受益主体——建档立卡户的可持续性发展，即从"输血式"向"造血式"的过渡。当然，当前处于脱贫阶段的沽源县还存在诸多问题，对于相关问题，沽源县应当

充分了解搬迁人员的意愿和需求，并根据搬迁人员的个人意愿和个人能力，搬迁到能够使搬迁群众满意且长期居住的地方，当然在这个过程中也必然会参考搬迁目的地的自然环境与宜居程度。如果搬迁人员在短期内的生活经济来源是以务农为主，应当将这类群众就近安置在中心村；如果搬迁人员有相关技术能力优势，并且适合从事第二、第三产业，应当将这类群众安置在城镇或者农村新型社区；如果搬迁人员有着稳定的工作，并且其身体条件健康且有着较强的适应能力，应当将这类群众迁往城镇。沽源县应当充分发挥集中安置与分散安置的各自优点，因地制宜，发挥搬迁补贴政策的激励作用，通过政府的高位把控，以引入一些当地企业帮扶为抓手，政府企业一条心，不断完善、重新建造新的安置点，丰富与安置点配套的基础设施，使"易地扶贫搬迁"安置地尽早成为可以自我发展的新地区、新家园。

2. 增加群众参与度，提升社区自治水平

沽源县要加强搬迁群众自治的宣传教育工作，强化搬迁群众的自治意识，使搬迁群众树立"主人翁"意识，使搬迁群众掌握自治方法，持续落实易地搬迁安置区分级管理机制，形成健全的社区治理共同体，同时实行网格精细化管理，秉持群众自荐与选举原则，在易地搬迁安置区设立分布在各个层级的自治小组，建立社区自治组织，积极培养易地搬迁群众的当家意识，充分发挥党员群众、离退休干部、先进群众的带头作用，调动其他群众参与的积极性和主动性，增强搬迁贫困户对于新居住地的认同感和归属感，提高自身参与热情，健全群众自治机制，让搬迁群众真正成为社区治理的主人。

3. 加强后续帮扶工作，激发群众内生动力

沽源县在完成易地搬迁工作后仍应"咬定青山不放松"，要持续做好易地扶贫搬迁后续帮扶工作，保证既要做到"搬得出"，又要努力实现"稳现状""求发展""固增收"的后搬迁时代的发展目标，集聚政府、企业、农村群众等多方力量，构建易地搬迁防返贫长效机制。当然，若想获得可持续性发展，最重要的还是通过后续的帮扶工作来激发群众的内生动力，逐渐降低搬迁人口对政府、企业等外界帮扶力量的依赖。具体包括以下几点措施：

一是挖掘各方培训资源，对搬迁户开展多方面、多领域、全方位的就业培训、技能培训工作，同时要对培训效果给予一定的重视，及时对培训效果进行验收和反馈，不能让培训只停留在形式，而是要使搬迁群众真正学到一技之长，为后续持续增收提供劳动力基础保证。

二是政府部门应当搭建就业平台，张家口市就业局可以发挥引领作用，定期汇总，拓宽搬迁群众就业渠道，充分利用新媒体，如就业局官网、小程序、公众号等获取就业信息，为搬迁群众推荐适合的就业岗位，还可以通过组织宣讲会、招聘会等形式，搭建企业与搬迁群众面对面沟通的平台。同时，着力推进安置区"扶贫车间"建设、公益性岗位设置，重点关注就业有困难群体的就业问题，保障每位搬迁农户都能实现稳定就业、持续增收。

三是应该充分考虑自身发展现实情况，因地制宜，分析判断出特色产业并大力推广。受气候、地势等自然条件限制，沽源县可种植的农作物有限，横向发展受到限制，但是可以延长纵向发展链条，例如可以在马铃薯、藜麦等种植的基础上进行深加工，打造种植、加工、出售的全产业链条；在草莓、樱桃等种植的基础上，打造集采摘、观赏、旅游于一体的种植基地，促进一二三产业有效融合；发挥优质牧草的优势，大力发展养殖业，并引导搬迁群众积极参与，激发脱贫群众内生动力，从一味给予转为农户自己创造。发展产业是持续巩固脱贫成果，防止返贫致贫现象发生的根本做法，同样，产业的发展是稳固易地搬迁的重要举措，为搬迁群众提供产业帮扶岗位，有利于激发其创收动力，使其能在安置点住下去、想在安置点住下去。针对就业扶贫企业，应该建立激励机制，企业发展的本质就是获取利益，在为搬迁群众提供帮扶创造利益的同时，也不能损害企业自身利益。为此政府等有关部门应当给予其一定的政策优惠，例如税收减免、土地租用减免、贷款利率优惠等，持续增强企业为搬迁群众提供帮扶工作岗位的意愿，推动企业扶贫方式的可持续发展。创新产业扶贫利益联结机制，形成龙头企业引路、合作社带动、农户抱团等新型帮扶模式，带动更多脱贫群众参与到工作中，实现增收致富，持续巩固脱贫成果，构建好易地搬迁防返贫长效机制。

四是应该合理规划迁出地资源利用情况，盘活土地资源，提高迁出地的利用率，积极引领搬迁群众进行土地流转、将土地经营权对外出租，拓宽收入渠道。

11.3 构建健康防返贫长效机制研究
——以宽城满族自治县为例

11.3.1 宽城满族自治县健康防返贫解决的关键问题

第一，缺乏发展性医疗保障措施。2020 年，我国实现了伟大的"第一个百年奋斗目标"，即在全国范围内消除了绝对贫困。但是取得辉煌成就的同时，我们也不能忽视，脱贫攻坚取得全面胜利后，"健康问题"仍旧是我们面临的重要问题之一，健康问题导致的"因病致贫""因病返贫"仍对巩固脱贫成果具有较大威胁和风险冲击。我国现状表明目前较为完善的健康扶贫长效机制还没有建立起来，其配套的医疗保险体系也尚未全面建立，同时，一个稳定的健康扶贫项目融资体系尚未完全成型，谈及这点，我国部分地区的农村贫困患者的医疗费用报销保障仍未构建起完善机制，医疗费用大多仍通过政府逐年增补资金来支付，对于这一现状，目前可以借鉴的相对较为行之有效的做法是：政府在现有医疗保障政策以外，制定一系列附加补贴及临时性救助方案。但是这一做法却难以达成长期且稳定这一标准。鉴于此，我们必须以发展的、动态的眼光看待贫困问题，向消化"因病致贫"存量和预防"因病返贫"增量同时发力。也就是说，在未来下一阶段，既要巩固前期精准扶贫的成果，更要解决"因病返贫"的脆弱性问题。

第二，部分贫困地区脱贫人口的健康意识仍有较大提升空间，他们的疾病预防意识尚薄弱。据新华社（2018 年 7 月 3 日）报道，自从我国严格落实健康扶贫以来，已有 581 万因病陷入贫困或者因病重返贫困状态的人实现了脱贫①，这些人口是通过侧重于后端工程的医疗保障服务实现的脱贫。虽然从以上数据来看，健康扶贫在扶贫工作的实施进程中取得了显著的成果，但是其日益显露出的问题却也不可忽视，事实证明，这种以"物质"概念为重点的健康扶贫并没有从根源消除贫困。如果站在人类健康自然变化规律上来看，慢性病的发生与发展是一个或多个致病因素在一个人类整体生命周期中缓慢积累的过程，它容易出现在各年龄阶段人群疾病的并发症中，这一特性也决定了个人卫生健康管理是一个漫长而复杂的过程。这一管理过程反过来又受到农村家庭在应对健康风险方面的自然经济更易扰乱、健康更易扰乱和社会更易扰乱的限制。由于贫困地区的教育普遍处于较低水平，当地居民对"病理"的发生有着严重的认知限制，对于疾病的应对策略相对简单、缺乏针对性。在现实生活中，贫困家庭对一般慢性病的重视不够，当轻微疾病发展为严重疾病时，他们往往需要去更高一级医院接受治疗，这就导致医疗费用增加，而医疗成本的增加将进一步增加贫困家庭的支出负担和社会医疗费用。造成这一现象的主要原因是人们对慢性病的早期健康干预模式缺乏了解，导致人们因疾病而重返贫困。因此，在全面脱贫后，增强人民的健康意

---

① 健康扶贫重大阶段性进展 581 万因病致贫返贫户脱贫［EB/OL］. 人民网，http：//health. peo-ple. com. cn/n1/2018/0703/c14739 - 30106482. html，2018 - 07 - 03.

识，鼓励居民运动健身很有必要。

第三，社会保障救助力量有限。在社会援助方面，由于社会援助在医疗保障体系中没有固定的报销比例，同时它也不属于政府规定的政策范围，故而，社会援助是一种大众参与性很强的援助方式。对于那些负担不起医疗费用的贫困病人来说，社会的援助不仅可以减轻他们的医疗压力，还可以为农村贫困病人提供一种更多样化的方式，将他们的医疗费用降到最低。然而，由我国目前在该领域的现状可以看出，部分地区缺乏完善的社会援助管理机制，也就更不用谈机制的稳定性与长期性。在社会援助这一领域，主要的救助方式是媒体宣传，有时也会有临时自发捐赠的情况，因此，单靠社会层面的救济援助，对于患病贫困群众的医疗费用来说，仍旧是杯水车薪。

虽然国家层面已经制定并实施了诸多保障方案，也收获了良多实质性效果，但社会保障力度不足也会在很大程度上导致贫困情况的回归。因为在摆脱贫困后，虽然贫困地区的经济水平已经大幅提高，但仍处于弱势阶段。纵使人们可以解决衣食的问题，但他们很难通过自身的努力使自己的生活条件得到质的提升。此外，疾病造成的贫困现象随处可见，虽然新的农村合作社为这种现象的改善提供了一定保障，但保障的程度十分有限，许多情况下，它们无法达到能够满足人们需求的保障程度，这也是"因病致贫""因病返贫"时有发生的重要原因之一。

第四，健康扶贫的落实过程中基层组织未形成合力，政策实施的成效在不同的地域也参差不齐。我国的扶贫政策虽然成效明显，但是在全面脱贫后，贫困地区防返贫的任务依然很艰巨。在扶贫过程中，基层遇到的问题大体分为三种：一是干部问题。就目前的健康扶贫实施现状来看，部分干部存在"逆来顺受"的情况，从而导致对于政策的落实缺乏推陈出新的主动性，特别是部分乡村两级干部，更是习惯按部就班地落实政策精神，上面下发的通知如何写就在实际情况中如何做，极度缺乏主动思考，难以推动政策更加高效、科学地落实。同时，还存在部分选派干部到了基层目的地以后无法快速融入、适应基层的工作，故而这些干部在驻村后与村干部的工作无法达到最优的合力效果。二是业务指导问题。许多市级政府已经发布了一些相关政策性文件，但事实证明，这些政策性文件在实践中，存在不切实际、原则要求过多，针对性、合理性强的措施较少的问题。部分乡镇扶贫开发办公室的工作人员还存在人数较少的问题，大部分是从各部门调来的兼职人员，而他们的主要任务是整理基础数据、监督检查等，因此导致他们对健康扶贫的政策大多不熟悉，指导不准确。三是政策问题。健康脱贫在根本上还是需要依托于产业，而现状是政策和健康产业相结合得并不牢靠，而且健康脱贫在乡村振兴战略中的战略定位、体制机制也存在尚不完善的情况。在全面脱贫后，上述三个问题依然存在，在脱贫工作中防返贫现象的发生最为重要。所以，如何更好、更快地解决上述三个问题，就成为摆在巩固脱贫成果工作面前亟待解决的问题。

第五，健康扶贫效果考核机制缺乏整体相关性及评价科学性。首先，考核机制中考评人、被考评人和独立第三方评估机构三者之间缺乏整体协调性，且评估过程中的评估分工不清晰、标准不统一等问题时有发生。其次，根据指标体系的构建，评价差异不明显、不突出，评价指标大致相同，不完全适应当地情况。最后，监督检查过于频繁，且存档事务烦琐，导致基层干部准备接受检查的时间过长，主体工作滞后，形式主义问题严重。

随着脱贫攻坚取得全面胜利，健康扶贫上的问题已经由脱贫转变为防返贫的问题，然而防返贫体现在健康扶贫上的问题依然存在，主要存在着未对后续健康防返贫的成效作出科学的评估，无法制定出适合当前发展现状和程度的相关机制，导致在健康防贫的机制上还存在着不足，本部分拟解决的主要问题是在运用脱贫相关理论的基础上对我国医疗保障制度推进健康预防的成效进行有效评估，根据评价结果得出结论，总结健康与扶贫的相关经验，并最终应用于全面扶贫的后续工作，即建立"健康与扶贫"预防体系，增强健康意识。

11.3.2　宽城满族自治县健康防返贫长效机制构建的成效

通过对宽城满族自治县抽样 3 类 275 户农户的问卷调查及数据分析，对宽城县健康防贫项目实施情况进行调查，主要表现在基本医疗保障方面。在抽查 168 户脱贫户和 107 户非建档立卡户中，2021 年 98% 的农户参加了基本医疗保险（含大病保险），其中全部脱贫户医疗救助政策实现全覆盖，医保个人缴费均得到政府补贴。2022 年参加或预计参加基本医疗保险（含大病保险）的人群在贫困人口中的占比已达 99%。抽查 168 户脱贫户和 107 户非建档立卡户中，患病住院分别有 67 户 84 人、37 户 43 人，52 户脱贫户表示重病大病住院治疗政策没有变化。住院的 67 户脱贫户中，分别有 49 户、18 户、0 户认为住院看病后对家庭基本生活没有影响、有一定影响、影响较大，分别占 73.13%、26.86%、0；37 户住院的非建档立卡户中这一数字分别为 22 户、15 户、0 户，分别占 59.45%、40.54%、0。家中有慢性病病人的 82 户脱贫户、非建档立卡户中的 23 户边缘易致贫户均落实了家庭医生签约服务和慢病门诊报销政策。抽查的 28 个行政村均有标准化卫生室和合格村医，平时小病、常见病均可在就近村卫生室、乡镇卫生院满足就诊、取药、治疗等相关医疗需求。

总体来看，宽城满族自治县经济基础较好且近年来发展较快，在巩固脱贫攻坚成果当中稳定脱贫效果明显，其中子女教育、医疗保障、养老助老等城乡基本公共服务水平均稳步提高，进一步健全了社会保障体系，人民生活质量、医疗健康水平、居住环境得到显著提升。在健康扶贫方面，全县大部分脱贫人口通过参加基本医疗保险来保障居民健康，防返贫致贫工作压力相对较轻，发生规模性返贫风险较小，巩固脱贫成果基础比较牢固，下面将具体展示宽城满族自治县在健康扶贫工作中所取得的突出成就。

1. 优化疾病分类救治措施

通过指定定点医院，制定诊疗方案，加强质量安全管理，将大病专项救治模式推广为脱贫地区县域医疗机构针对患病群众医疗救助的规范性措施。做好大病专项救治与慢病签约服务管理的有效衔接，为大病患者提供系统连续、及时有效的医疗服务。根据国家的扶贫政策，扩大救治病种的范围，并将范围扩大到省、市医疗机构。继续大力做好家庭医生服务规范监督工作，因地制宜，灵活创新施行家庭医生考评机制，使家庭医生真正走进家庭，加强对慢病患者、老年病、精神类疾病的重点关注和健康服务工作，推动家庭签约医生医疗水平不断提高，整体服务队伍向"高质量服务型"转变。各地针对自身客观情况，灵活分配制定家庭医生服务方案和指导意见，持续扩大签约被保障人员范围，提供包括公共卫生、健康咨询、中医干预等在内的综合服务项目。

2. 完善住院先诊疗后付费政策

加强落实农村贫困地区住院患者在县域内实现"先诊疗后付费"政策和"一站式"结算等便民举措。在国家指导下，在有效防控制度风险的前提下，扩大"先诊疗后付费"制度实施覆盖面。严格规范医疗机构诊疗行为，坚决纠正过度医疗问题，引导居民有序合理就医。利用大数据，使医保经办机构和医保定点医院实现信息共享、互联互通，继续推进医保报销"一站式"结算方式。利用大数据技术手段，多部门加强重点人员信息共享，运用社会诚信体系建设的便利条件，重点监测恶意拖欠住院费用的人员，建立人员黑名单，保护定点医院合法权益。

3. 落实监测预警和帮扶机制

将制定的各项防贫监测和帮扶工作的政策落到实处，不断完善部门之间的信息互通互享，对数据在民政、扶贫、医保等部门之间进行核对，保障数据准确，充分发挥出基层医疗卫生机构在服务群众上的优势，重视并监测贫困人口和边缘易致贫人口在大病和重病救治上的情况，建立健全对于该类人群的致贫监测预警机制和帮扶政策，及时发现并跟进，继续做好"疾病早发现早治疗"及治疗康复的健康服务，继续落实好各项事前预警及事后救助措施。对照基本医疗保障标准，动态了解贫困地区乡村医疗卫生机构及人员变化，落实监测、填报、审核、复核、通报、整改的工作流程，及时发现工作中存在的问题，采取有效措施进行解决，帮助贫困人口得到及时的救治，弥补之前政策的不足。

4. 积极构建低收入人群常态化监测及健康帮扶机制

脱贫攻坚工作形势在变，与之相伴的相关兜底保障政策也要变，其中农村低收入人员确认办法优化、特困供养人员认定方案完善、农村低收入家庭认定和救助办法制定、调整优化兜底保障政策等都需要随着工作进展而实时更新。对于农村低收入人群的健康给予充分重视，加大帮扶政策力度，重点落实大病专项救治和家庭签约医生服务等措施。保障农村严重精神障碍患者的日常生活和疾病救治，建立清晰的工作台账，制定专属的管理措施。充分做好农村失能人的医疗照护、婴幼儿的托育管理和妇女儿童的医疗保障。建立健全儿童、青少年近视和肥胖等常见疾病防控系统，提高青少年的能动性，保障青少年的饮食健康和营养均衡，促进青少年健康成长。通过对近视和肥胖等青少年常见症状的监督和干预有效减少疾病的发生。同时开展儿童、青少年近视防控适宜技术试点工作，加强近视防控宣传教育，营造爱眼、护眼的良好社会氛围。

11.3.3　对宽城满族自治县健康防返贫机制构建的建议

第一，继续加强医疗卫生服务体系建设，其中需要重点规范与提升部分贫困地区医疗卫生服务能力。加强具有专业公共卫生特点的机构和组织的能力建设，带动贫困地区的医疗以及公共卫生服务水平进一步提升和完善。除此以外，还需要针对常见疾病、多发疾病等与人们切实相关的疾病进行有关专业和临床专科建设。加强贫困地区与周边城市之间的医疗资源共享和交流，加强远程医疗能力建设，积极拓展诊疗资源和咨询服务。针对贫困地区中医药相关服务的建设，进一步落实国家相关规划要求，激励新的医疗技术和其他资源能够进入贫困地区，带来优质的医疗卫生资源，更好地为贫困地区的人民提供服务，与贫困县的县级医院进行一对一定点帮扶，实施域内三级医院"点对点"负责机制，大力促进帮扶行动的推进和落实。

第二，切实提高医疗保障水平，加大贫困人口慢性病、大病药物报销比例，持续降低相关疾病药物支出占家庭开销费用占比。目前我国针对建档立卡贫困人口的大病、慢性病的政策逐渐取得了显著的成效，其中具体的措施主要有：针对贫困地区人口参加城乡居民基本医疗保险的优惠政策，其中低保户就医个人缴费部分大部分由城乡医疗救助给予补贴。在门诊方面，全面推行城乡居民基本医疗保险门诊统筹等措施，不断加大在相关政策范围内的救治医疗费、住院费等费用的报销比例以切实提高贫困地区城乡居民的基本医疗水平，保证该地区的基本医疗水平能够得到保障和提升。如遇到因为存在突发性的重大疾病，家庭无法支撑和负担，导致出现了严重贫困现象的贫困家庭，需要加大有关医疗救助的力度，例如积极引导社会慈善机构，借助慈善力量对特定情况的贫困人群进行针对性的重点帮扶和支持。此外，进一步地扩大重特大疾病的包含范围，推动各地区医保制度的改善，实施有效的分类救治，提供基本的康复帮助，在基层医疗机构中为建档立卡的有关人口设立健康卡和健康档案。

第三，进一步强化疾病预防控制工作，加大对公共卫生中常见传染病、地方病、慢性病的防治力度。对水源改造地区的地下水，坚持不定期抽查原则，实时监测群众用水中的菌落及重金属标准是否合规，重点审查已查明氟、砷超标的地区。政府对于建档立卡人口日常食用的合格碘盐出台补贴政策。在对于地方病的防治具体举措中，主要是针对大骨节病、克山病，以及可能存在人畜共患的各项传染病及季节性、地域性疾病进行事前预防和病后及时筛查检测。对于已经确诊患病的人群，要做好定期的随访和登记。不断地扩大有关疾病的筛查范围，对于可能患病的人群做好监控工作，同时对于后续的救治和救助，以及有关的服务工作也需要进一步地得到完善，从疾病的源头就做好有关的防控工作。此外，对于孕妇和新生儿方面的有关医疗制度和措施也需要进一步的完善和加强。针对妇女的乳腺癌和宫颈癌的免费筛查举措继续推进，并加大对已经患病人群的救助力度，合理利用好有关公益组织的公益举措，提升救助和康复水平。针对贫困地区人口的卫生方面，相关的教育和宣传也是十分重要的一环，要进一步地提高贫困群众健康水平和对有关医疗政策的了解和认识。不遗余力、持续深入地推进爱国卫生运动，大力组织卫生城镇评比工作，逐步提升群众"讲卫生""爱环境"的自身意识，不断推动城镇、乡村环境卫生整治提升行动，落实社保兜底政策，为贫困群众织好保障网。在做好政策落地的基础上，还需要进一步做好政策保障，减轻贫困人口的经济负担。

11.4　构建文化防返贫长效机制研究——以滦平县为例

11.4.1　滦平县文化防返贫解决的关键问题

文化贫困的产生主要是由于贫困地区本身的交通信息和通信设施落后，人们的思想、信息只在较小的地区相互传递，难以接触到更大的世界。并且贫困地区部分居民思想较守旧，阻碍了优秀文化在该地区的普及。此外，我国对贫困地区每年都会提供援助，每年都有免费的物资补助导致贫困地区一些村民可能产生惰性。同时，许多贫困地区的本地概念比较强烈，国家的移民政策、为其提供的工作机会常常不被接受。总体来说，目前导致出现文化贫困的原因主要分为两个层面：一个是物质层面，另一个则是精神层面，深度贫困地区的精神文化匮乏是造成该地区长期贫困的一个重要原因，更是增收脱贫的重要阻碍，当然，要解决这一问题，不仅要依靠简单的文化宣传或者初级的相关专业技能培训，还要通过教育普及、文化激励等教育文化相关的扶贫措施，以丰富贫困地区群众的精神文化世界。因此，在开展巩固脱贫攻坚成果的工作时，我们不但要重视对贫困地区物质需求的满足，还需要改变村民的思想观念。从精神层面摆脱原先固有"等、靠、要"思想，进而从根本上杜绝返贫现象的发生，让这些地区的贫困人口具备识别市场经济机遇的基本能力。本部分针对文化相对贫困问题，提出相应的解决方案，必须坚持完善文化设施建设，让文化造福于人民，解决文化贫困缺乏动力等现实问题。促进干部群众提高对贫困地区文化产业理论的认识，落实贫困地区文化产业发展要素，繁荣贫困地区公共文化，为相对贫困群体的扶贫工作提供方向。

文化扶贫作为整体扶贫工作的先导和重点内容之一，探索文化扶贫的有效方法，可以为我国扶贫工作的开展明确前进方向。文化扶贫的根本做法与根本目的就是消除落后的贫困文化，并且帮助贫困人口树立正确、科学的意识，实现有针对性的文化扶贫。除了积极探索文化扶贫方法以及明确发展方向外，各部门还要创新文化扶贫的方式方法与载体，只有全面统筹并打通文化扶贫环节中的各个节点，才能达到文化项目服务满足大众需求的目的，构建起文化扶贫良性的循环机制。

导致脱贫户返贫的一个很重要的原因就是"观念型返贫"，此观念是指贫困户多年来受家庭贫困观念及自身周围贫困环境的影响，在脱贫后，许多贫困家庭仍然提倡过多的风俗习惯，习惯于无劳动地收获。不难看出，贫困回归的根源还是在于观念，这是贫困代际传递理论的现实反映。

贫困代际传递理论是指贫困和导致贫困的因素会在一个家庭或群体中传递，这种现象会从父亲传给孩子，从上一代传给下一代。20 世纪 60 年代初，美国的刘易斯、米德、贝克尔和托马斯四位经济学家在对贫困进行长期研究后，经整合提出了著名的"贫困代际传递理论"。上述学者分别从文化贫困、社会政策和社会经济结构方面描述了孩子将从父母那里继承的一些价值观。而且由于家族中缺乏足够的经济资源，贫困地区的后代也就无法接受优质教育，这就直接导致了贫困地区许多家庭的后代子孙们仍然缺乏摆脱贫困的能力。这种缺乏摆脱贫困的能力在家庭内部代代相传的现象，学界通常称为贫困的代际传递。

回归贫困的观念性与贫困的代际传递密切相关。首先，家庭成员之间相互影响，一些安于现状或者自身无力摆脱贫困现状的父母会在不知不觉中影响孩子。其次，政府为贫困家庭提供了大量的帮扶，其中包括生活中各项领域的援助，但有些家庭的父母却为了继续享受这些政府帮扶而不愿脱贫，让不劳而获的习惯在自己的思想里生根发芽，并将这种依赖性思维传递给了他们的孩子。最后，贫困家庭受经济水平的限制，一般无法为子女提供高质量的教育，使他们难以摆脱长期贫困。即使在政府、企业等各种扶贫主体的帮助下，贫困人口在短时间内摆脱贫困，但从长远来看，由于他们自身文化水平、观念认知落后，或将再次陷入贫困。为防止观念落后而引发的返贫情况发生，必须通过文化扶贫的手段，以教育为抓手，从思想层面使脱贫人口建立观念更新机制和思想转化机制。

11.4.2 滦平县文化防返贫长效机制构建的成效

通过对滦平县抽样 3 类 245 户农户的问卷调查及数据分析，结果显示样本中农户"两不愁""三保障"不存在问题，饮水安全持续巩固，产业发展稳定，就业增收明显，脱贫户人均收入稳中有升，未发现返贫致贫现象。在义务教育保障方面，抽查 171 户脱贫户、74 户非建档立卡户，家中有义务教育阶段适龄儿童的分别为 50 户、31 户，分别有义务教育阶段适龄儿童 56 人、37 人，除 1 户因身体原因不具备上学条件外，均在校接受义务教育，无失学辍学情况发生。

总体来看，滦平县在巩固脱贫成果和乡村振兴工作两者有效衔接过程中，切实做到了落实主体责任、稳定主要政策、抓好主要工作，巩固拓展脱贫攻坚成果取得明显成效。

1. 加大控辍保学力度，实现学生零掉队

一是进一步强化明确控辍保学责任，大力开展控辍保学"七长"责任制，将责任层层细化，各层级签订控辍保学责任书，逐级上报落实责任。健全县、乡、村、校四级适龄儿童台账，及时更新完善未入学适龄儿童情况，对流动适龄儿童，特别是对已举家外出但户籍仍保留在原乡镇（街道）的适龄儿童，建立专门台账，做到底数清楚。二是实施控辍保学动态监测机制、失学辍学学生报告机制，确保能够及时发现失学辍学学生，有针对性地劝返，对于底子差的劝返学生，降低学习重心，指导他们顺利毕业；愿意学技术的学生，帮助其融入职业教育学校，在顺利完成义务教育的同时，引导走向职业教育；对于残障儿童，通过随班就读和送教上门方式，确保平等接受义务教育。做到及时发现、快速响应、动态清零。

2. 继续下大力气推行"后搬迁时代"各项相关稳定性后续工作

一是严格落实控辍保学，对所有纳入易地扶贫搬迁的在校学生建立在校生台账，积极做好国家相关教育资助政策的宣讲与解读工作，定期组织了解适学儿童上学需求的行动，包括学前教育减免，义务教育阶段贫困学生"两免一补"，普通高中、中职学生"三免一助"和贫困家庭大学生国家生源地信用助学贷款等政策宣传，做到不漏户、不漏人，持续落实好搬迁户子女教育帮扶措施，精准落实教育惠民政策，满足搬迁群众对教育的需求。二是不断完善学校配套设施建设，合理布局安置地教育资源，切实提升易地扶贫搬迁安置点学校教育教学质量和服务水平，全力保障全县安置点孩子有学可上、上得好学。

3. 持续抓好后续帮扶工作

一是继续严格落实义务教育阶段的控辍保学，宣传各项优惠政策，做好教育资助工作，并持续抓好后续帮扶工作，对已实施项目继续做好跟踪服务，确保项目效果显著可持续。二是努力推进校企融合、校企合作，加强贫困家庭的职业教育使毕业生实现有质量的稳定就业。

4. 完善对边缘人口的监测机制及帮扶机制

灵活运用大数据监测需要资助或正在被资助学生的情况，主动与各扶贫工作相关部门对接，定期与全国学生资助管理信息系统、河北省脱贫攻坚综合信息系统、全国学生学籍管理系统进行比对，完善好教育与扶贫数据"双向比对"机

制，形成防贫监测预警体系，做到精准识别、精准资助，确保建档立卡、脱贫不稳定户、边缘易致贫户等贫困家庭学生有学上、零掉队，资助不漏一人，及早统计审核数据，及早申请资助金，确保教育资助金及时足额发放到位。

11.4.3 对滦平县文化防返贫机制构建的建议

我国目前所制定的文化扶贫工作思路，其最终目的为尽可能地缩小脱贫地区与非贫困地区群众文化思想上的差距。只有文化思想上得到提高进步，才能从根本上催生出脱贫群众的内生动力。但是提升脱贫群众的文化思想境界，我们必须做到因地制宜，综合全面地评估调查好当地社情民意，切不可完全生搬硬套，防止政策落地出现"水土不服"。应当依据各贫困地区群众受教育程度、文化产业分布及建设运行情况等客观现状，确定贫困地群众文化思想缺口，从而对症下药，从文化思想建设缺口入手，有针对性地进行思想文化提升工作，以达到文化扶贫的最终目的，从根本上杜绝返贫情况发生。

第一，加强精神文化建设，营造出"人人好学"的良好文化氛围。从现有的返贫理论研究的成果来看，导致返贫现象出现的重要原因之一就是文化建设的缺失。文化缺失不仅会导致贫困，更会引发返贫现象的发生，以此造成"贫困—脱贫—返贫"的恶性循环。文化氛围的缺失是造成贫困以及返贫的一个重要因素，它造成了代际贫困的恶性循环，在落后的农村地区更是如此。而造成文化贫穷的原因包括两方面——自然环境客观因素以及自身人为因素。自然因素可以由其他的扶贫措施如易地搬迁来解决，而后天人为因素必须靠大力推动文化建设来解决，这也是文化建设阻断返贫的重点研究领域。

第二，提升文化自信心，培养正确文化价值观。全民脱贫后，脱贫户虽然在物质生活上暂时脱离了贫困状态，但是，脱贫群众对文化水平的提升缺乏信心，更不用提通过提升文化素养来增加摆脱贫困的能力与自信。而且，贫困地区的政府工作人员和群众仍需提高对文化产业理论的认识，要充分认识到文化产业发展基础薄弱、文化产业在贫困地区难以推广等问题难以在短时间内消除。可针对特定对象进一步提出加强贫困地区文化教育扶贫、注重文化扶贫精准落地、注重正确文化价值观培养等一系列对策，这些相应对策和建议的有效实施，将帮助贫困地区的人们在巩固脱贫成果、阻断返贫情况发生方面发挥一定的作用。

第三，共建物质文化与精神文化。从表面上看，贫困和返贫是经济问题，但在更深层次上，它们往往有着深厚的文化根源。事实上，大多数贫困地区距离经济发达地区较远，属于偏远地区，在交通、信息传输等方面多有不便。这些地区的人民不仅贫穷率较高，而且有着单调的精神和文化生活。"文化扶贫"就是帮助贫困地区从物质、文化、精神层面脱贫，提高当地人民素质，形成扶贫的思想"屏障"，扶贫的同时还可以从根本上防止家庭再次陷入贫困。"文化防返贫"旨在形成一种观念、一种理念，真正从文化层面激发出脱贫户摆脱贫困的志向与动力，从思想上杜绝脱贫后再返贫现象的发生。

第四，消除落后文化，树立正确理念。在全面脱贫阶段，文化扶贫是扶贫工作的先导和重点内容之一，而在以乡村振兴为大背景的防返贫阶段，文化建设同样扮演着举足轻重的角色。在综合扶贫后期，从文化的角度探索有效的扶贫方式，可以理清我国扶贫工作后期的思路。内因是决定因素，外因只是变化的条件。只有充分发挥贫困地区的主体性，激发出脱贫户的自身动力，增强他们彻底摆脱贫困的意愿，让他们意识到增产增收摆脱贫困是他们的责任之一，他们才能积极思考脱贫致富的方法，实现自己的潜力开发，实现作为一名"社会人"的价值。在中国扶贫开发的过程中，如何调动贫困农民脱贫的意愿，让他们发自内心地想要与贫困做斗争，坚持志向和智慧的双重支撑，激发贫困农民的内生动力始终是关键。文化扶贫与脱贫就是要消除之前固有的、落后的贫困文化，塑造出一种全新的、正确的价值观念。要达到文化项目服务满足大众需求的目的，还要创新文化扶贫的方式方法与载体，才算是有针对性的文化扶贫，并实现构建起文化扶贫良性的循环机制的最终目标。

11.5　构建社会保障防返贫长效机制研究——以丰宁满族自治县为例

11.5.1　丰宁满族自治县社会保障防返贫解决的关键问题

改革开放以来，我国的扶贫工作总思路经历了农村扶贫改革、工业化、城镇化、扶贫开发和全面建成小康社会几个阶段。2020 年中国消除了绝对贫困，但我们仍需冷静思考，部分相对贫困依然存在。因此，我们有必要持续构建一个缓解相对贫困的政策体系，包括实施基于基本公共服务均等化的扶贫政策、面向发展型低收入群体的援助政策和有利于低收入群体增加收入的产业政策，以及真正适合贫困地区脱贫后续发展的区域政策。

2020 年我国全面建成小康社会，标志着所有贫困地区和生活在现有贫困线以下的人都摆脱了贫困，需要对扶贫目标和扶贫标准进行相应调整和重新分类，并根据需要采取的措施，借鉴发达国家的经验，我们确定了两类扶贫目标群体。

一是"特困供养"群体，即农村"五保"人员和城市"三无"人员、残疾人、重病患者。由于自身客观特殊原因，致使上述群体不可能（或短期内不可能）重新进入劳动力市场，进行独立工作和独立生存。这一群体大致属于"一类贫困群体"。出于"公共保护"和社会正义的需要，他们是"自然"扶贫政策的目标群体。

二是可能因某种原因暂时陷入贫困的潜在群体，以及摆脱贫困后可能重返贫困的潜在群体。对于这类群体，仍需建立该群体的档案卡，进行动态管理和跟踪，平时给予必要的关注和帮助，增加劳动收入比例，降低补贴收入比例，检查收入来源是否稳定，落实入户调查补贴。为了识别和认定这些群体，应该改革现行的评分制度。应尽可能减少"边缘户"的数量，并开放"边界距离"。要及时将扶贫工作纳入扶贫目标管理，加强扶贫与精神支持的结合，确保扶贫工作具有可持续的内生动力，与乡村振兴有效衔接。

11.5.2 丰宁满族自治县社会保障防返贫长效机制构建的成效

通过对丰宁满族自治县抽样 3 类 230 户农户的问卷调查及数据分析，结果显示样本中农户"两不愁"和"三保障"不存在问题，饮水安全持续巩固，产业发展稳定，就业增收明显，脱贫户人均收入稳中有升，未发现返贫致贫现象。在"两不愁"方面，抽查的 147 户脱贫户、83 户非建档立卡户均反馈吃饭穿衣没有任何问题，三餐食物不愁，四季衣物不缺，"两不愁"持续巩固无问题。在义务教育保障方面，抽查 147 户脱贫户、83 户非建档立卡户，家中有义务教育阶段适龄儿童的分别为 30 户、25 户，分别有义务教育阶段适龄儿童 37 人、32 人，目前均在校就读，接受义务教育，无失学辍学情况发生。在基本医疗方面，抽查 147 户脱贫户和 83 户非建档立卡户，2021 年 100%参加了基本医疗保险（含大病保险），其中全部脱贫户医疗救助政策实现全覆盖，医保个人缴费均得到政府补贴。抽查的 147 户脱贫户和 83 户非建档立卡户中，患病住院分别有 27 户 32 人、19 户 20 人，26 户脱贫户表示现在重病大病住院治疗政策没有变化。住院的 27 户脱贫户中，分别有 22 户、5 户、0 户认为住院看病后对家庭基本生活没有影响、有一定影响、影响较大，分别占 81.48%、18.52%、0；19 户住院的非建档立卡户中这一数字分别为 13 户、6 户、0 户，分别占 68.42%、31.58%、0。家中有慢性病病人的 62 户脱贫户、非建档立卡户中的 15 户边缘易致贫户均落实了家庭医生签约服务和慢病门诊报销政策。抽查的 15 个行政村均有标准化卫生室和合格村医，平时小病、常见病均可在村卫生室、乡镇卫生院实现就近就诊、就近拿药、就近治疗。在住房安全方面，一方面建立农村住房三级巡查制度，对老旧房屋和在建农村房屋加强巡查；另一方面对系统内的监测对象开展每季度排查及第三方鉴定。经排查发现的 129 户危房户中，25 户通过投靠亲友的方式解决，剩下的 104 户目前房屋建设已经竣工并完成验收。抽查的 147 户脱贫户中 101 户在攻坚期享受过危房改造政策，现住房均为安全住房。在饮水安全方面，抽查的 15 个行政村全部通自来水，自来水及其他来源的水均无问题。抽查的 147 户脱贫户和 35 户一般户中，使用自来水农户分别为 61 户、15 户，其余 86 户、20 户通过自家水井和集中取水点取水，日常饮水安全无问题，均能得到保障。在人均收入方面，抽查 71 户监测户家庭，人均年纯收入核算 10253.33 元，是纳入监测标准线的 1.55 倍；抽查 111 户监测户以外的脱贫户家庭，人均年纯收入核算 13899.62 元，高出全县 2021 年脱贫户家庭人均纯收入 16.33%，超过当地农村低保及脱贫标准。在群众认可度方面，抽取的 147 户脱贫户当中，145 户对脱贫后的帮扶工作持非常满意及比较满意态度，占比 98.64%；抽取的一般户中 35 户监测户均对纳入监测后给予的帮扶工作非常满意和比较满意；抽取的 48 户其他户当中，47 户对本村（安置点）基础设施、公共服务和人居环境非常满意和比较满意，占比 97.92%。总体认可度为 97.65%。整体来看，丰宁满族自治县巩固脱贫攻坚成果情况得到群众的普遍认可。

整体来看，丰宁满族自治县在巩固拓展脱贫攻坚成果同乡村振兴有效衔接过程中落实主体责任、稳定主要政策、抓好主要工作，持续加强完善社会救助体系工作，继续保持兜底政策稳定，不断健全社会救助体系建设，分层分类实施社会救助，精准落实救助政策，巩固拓展脱贫攻坚成果取得明显成效。

1. 完善低保对象识别认定办法

规范救助标准动态调整机制，及时按照上级政策要求，稳步提高保障及补助标准。健全按户识别与按人保障相结合的实施手段，对农村低收入人口中无法独自维持日常最低生活群体或部分丧失劳动能力的农村特殊困难群体，依照相关标准经评估后纳入低保范围，开展统一救助；开展支出型贫困低收入家庭认定，在核算困难家庭收入时，扣减家庭成员因病因残申请前 12 个月发生的刚性支出以及必需教育费用，教育费用扣减后符合救助条件的部分纳入救助范围；鼓励有劳动能力的低保对象参与就业，对有劳动能力的低保对象，落实产业扶持、就业促进等措施，进一步提高政策精准性，及时将符合低保政策的人员全部纳入低保范畴，巩固兜底保障脱贫成果。

2. 全面落实特困人员"早发现、早干预"，大力推行集中救助供养政策

加大对特困对象的识别认定和保障力度。对有法定赡养、抚养、扶养义务人的对象，确认其丧失赡养、抚养、扶养能力的，要依据特困供养认定政策纳入特困供养范围；明确各乡镇、村集体对于救助、供养特困人员的照料护理责任；进一步加大全失能、半失能特困供养人员的集中供养工作；实施好特困人员供养服务设施（民政服务中心）的改造提升工程，推进护理型设施改造，并使之满足疫情等特殊时期的隔离条件和物资保障要求。

3. 充分发挥临时救助制度作用

进一步完善临时救助备用金制度，强化资金的统筹和安排力度，持续下拨备用金，保障各乡镇备用金不低于 50000 元；整体简化对于待救助人员资格的评价认定流程，对符合特定救助条件的返贫人员优先启动临时救助，实施临时救助后生活仍然困难的，按照相关规定及时列入救济范围；充分利用大数据工具，对可能出现贫困或返贫情况的群众加大监测力度，力求做到事前早发现、早干预、早救助。建立健全主动发现、快速响应机制，紧急情况解除后，再按规定补齐审核审批手续；对符合条件的困难群众及时发放价格临时补贴，着重做好临时救助和低保政策两者的衔接工作，对出现返贫情况的群众，可根据具体情况由救助单位先行拨款开展临时救助工作，经临时救助后独自生活仍难以维系的，按规定纳入低保范围。

4. 深入开展低收入家庭救助

全面开展低收入家庭认定工作，通过整合各部门信息，及时对存有医疗、教育、住房、就业等专项问题困难群众给予针对性救助。以低保、特困人员、低收入家庭等信息为基础，建立健全低收入人口信息台账，增强民政部门与医疗部门、教育部门、住房城乡建设部门、人力资源社会保障部门数据的实时共享整合，采取"主动识别、精准识别"的工作原则，对符合条件的困难群众及时给予针对性救助。

11.5.3　对丰宁满族自治县社会保障防返贫机制构建的建议

首先，在确保高质量、全覆盖地实现扶贫目标的同时，建立一套能够精准预测贫困和彻底摆脱贫困的长效机制尤为重要。在不久的将来，至少在"十四五"期间，当前的社会保障政策仍然需要进一步地优化、调整，重点是"三个整合、一个框架"。

（1）将不同项目的资源整合到非付费社会救助体系中。比如，许多分散的救济项目，如城乡居民最低生活保障、农村居民"五保"、临时救助、医疗服务、就业补贴、特殊群体补贴、养老补贴、伤残津贴等，都需要整合资源，防止由于过于分散所带来的种种不便。为了放大政策效果，还应该减少社会救助叠加支出不足导致的社会救助水平失衡现象。

（2）整合缴费和非缴费机构的资源，即协调社会保险和社会救助的扶贫功能，并在同一支出数据平台上对其扶贫功能进行划分，让每个人都能够实现通力合作，防止语调不同、步子不齐的现象发生。目前导致上述问题发生的主要原因是没有全国统一的计量口径，无法统一量化社会保障对于扶贫的帮扶效果。因此，关于如何更好地发挥社会保障扶贫的基本功能，如何最大限度地规划好现有资源在扶贫工作中的投入和回报，如何改进社会保障制度使其更好地为贫困人员兜底，并如何实现社会保障制度的发展与改革，尚没有特别明确的科学理论指导，使相关工作人员无据可依，难以开展具体工作。

（3）加强中央和地方政府之间的法治联结关系，让扶贫政策在公共财政框架内发挥作用，使扶贫各项政策更合规合情，促进各项政策在群众中落地生效。以立法的形式确定中央和地方政府在扶贫中的作用，减少相关政策法规制定时的随意性、不合规性。结合全国统一推行的税制改革进程，积极稳妥地因地制宜调整中央和地方政府之间的相关税收，结合本县具体情况，灵活、适当地提高地方税收比重，合理划分中央和地方政府的行政和财政权力，地方政府也要勇担扶贫责任，当好扶贫工作的第一责任人。

其次，社会保障制度的运行效果不仅与经济因素有关，还与区域环境、人口结构、保障制度的可持续性、公平性、资源配置、投资环境等一系列因素密切相关。因此，在对社会保障体系进行评价时，应综合考虑这些因素，构建系统的指标体系，得出全面、客观、准确的结论。在此之前，学者们构建的保障效果评价体系中一部分是重点评价社会保障能够发挥的功能性丰富程度，另一部分则是重点评价社会保障的实际运行带来的效果，这些做法虽然对于我国社会保障制度的支出水平和保障规模具有一定的参考意义，但对社会保障水平的描述或多或少是片面和单一的。它不能完全代表社会保障发展的水平和差异，因为中国社会保障体系的合理结构是一个多层次、多参与的多维结构。所以，我们十分迫切地需要一个真正贴合我国社会保障工作现状及发展方向的评价体系，以便于从更加丰富的多重视角，运用一系列更加科学的分析评价方法，对我国社会保障工作的推进与完善进行全面的研究。

在评价的基础上，深入研究社会保障扶贫模式的应用效果。为了真正评估好社会保障工作对整体扶贫工作的效果及影响，就需要在评价指标选取过程中，采用定量指标与定性指标相结合的原则，运用层次分析法进行逐个赋权，然后再建立出一套科学、完整的绩效评价指标体系，对农村社会保障扶贫效果进行评价，只有这样才能更全面地反映中央扶贫专项资金的使用情况。

最后，中国正在通过有针对性的扶贫、有针对性的援助和有针对性的退出，进行前所未有的扶贫努力。随着扶贫目标的完成，扶贫工作已由之前的"重帮扶"转入目前的"防返贫"阶段。如何激发出脱贫群众的内生增收动力、建立何种预防贫困的长效机制，避免贫困的发生，是脱贫攻坚总体任务的下一个发力点。因此，从完善保障性扶贫措施的角度来看，当务之急是探索如何避免再次陷入贫困，建立防止再次陷入贫困的长效机制。

解决现有扶贫问题、防止脱贫户再次陷入贫困的重要举措之一就是升级完善现有的社会保障体系。坚持把落实重大政策措施作为巩固脱贫攻坚成果的重要保障，精准施策、统筹用力，实现教育、医疗、住房、就业等保障政策应享尽享、全面覆盖。为实现与乡村振兴的有效衔接，还要加大资金投入，进一步加快水、电、路等基础建设，持续加强教育、卫生、文化等基本公共服务，在脱贫稳定达标的基础上进行全方面提升，普惠更多群众。

第一，加强医疗保障，进一步推进大病统筹及医疗扶贫工作。全面落实基本医疗、大病、机构、救助、商业补充保险"五个层次保障"，减轻贫困人口医疗负担，切实解决扶贫问题，通过以上举措实现全面升级改造现有社会保障体系的目标。

第二，积极尝试以村一级发展集体经济，以农村"两委"① 为主导，发展具备本村特色的相关"拳头产业"。以村集体的名义，建立"农民专业合作社＋生产团体＋农民"的新型合作模式，在招商引资方面，积极探索引进业主发展型扶贫产业，鼓励贫困户参与入股，增加农民工收入，提升贫困村发展动力，达到更

---

① "两委"即村党支部委员会和村民委员会。

佳的扶贫成效。要在专项资金、措施落实、资源统筹、集体经济发展、监督考核等方面建立健全规章制度，制定细则，使扶贫工作规范化，保障扶贫工作安全有效运行。通过发展社会保障体系，完善收入分配机制，明晰所有制，盘活经营权，保障收入权，行使监督权，确保人民实际收入持续稳定增长。实施扶贫攻坚、扶贫政策、扶持援助，形成预警和稳定扶贫的长效机制。

第四篇

研究结论篇

第四章

第十三节 虫

第12章

研 究 结 论

12.1　乡村振兴战略背景下防返贫机制构建的规划

2021年2月25日，习近平总书记在全国脱贫攻坚总结表彰大会上庄严宣告：我国脱贫攻坚战取得了全面胜利，现行标准下9899万农村贫困人口全部脱贫，832个贫困县全部摘帽，12.8万个贫困村全部出列。[①] 脱贫攻坚战解决了中国农村地区长期存在的贫困人口的基本生存发展难题，乡村振兴则注重对中国农村的物质和精神面貌的彻底更新，在牢牢把握脱贫攻坚的"接力棒"的基础上追求中国农村全方位的脱胎换骨。要激发广大贫困民众脱贫与振兴的内生动力，实现乡村地区的可持续发展，解决乡村地区人民的基本社会矛盾，关键在于巩固脱贫攻坚成果的同时实现乡村的繁荣发展，具体而言，需要把握好"如何用乡村的进一步发展振兴来巩固扶贫成果"这个基本问题。我国农村地区的扶贫工作持续时间长、投入力度大，长期积累的扶贫实践经验尤其是新时代以来精准扶贫的实践经验启示我们：农村地区的发展必须立足实际，保持不同政策的配合和互动。脱贫攻坚成果来之不易，只有尽快形成相互支撑、良性互动的有效衔接机制，乡村地区才能迎来最终的脱胎换骨，而这一衔接机制便是本书所述的防返贫机制。而如何在乡村振兴战略背景下实现防返贫机制的有效构建，成为理论界与实务界共同关注的课题。

对于乡村振兴战略背景下防返贫衔接机制构建的必要性与可行性已经在本书

---

①　习近平：在全国脱贫攻坚总结表彰大会上的讲话［EB/OL］.中华人民共和国中央人民政府网站，https：//www.gov.cn/xinwen/2021－02/25/content_5588869.htm，2021－02－25.

的第 4 章节进行了详细阐述，而党中央和国务院在制定和出台的多项政策文件中不断强调要做好乡村振兴战略和防返贫衔接机制构建的配合工作，即利用乡村振兴战略推进过程中释放的巨大红利不断提升农民收入水平，缩小收入差距，坚决避免出现规模性返贫的现象，使相对贫困问题得到有效解决。由此可见，乡村振兴战略和防返贫衔接机制构建的配合工作在制度设计与政策实践方面存在着密不可分的内在联系，而防返贫机制充分利用了脱贫攻坚的成功经验来构建有助于彻底解决返贫的问题，能够促进乡村振兴战略的有效实施，不但是构建防返贫长效工作机制的基本前提，也是做好脱贫攻坚和乡村振兴衔接工作的必要条件。

乡村振兴与防返贫衔接机制构建两大战略设计的最终目的都在于实现乡村的繁荣发展，实现共同富裕。要想做好乡村振兴战略和防返贫衔接机制构建的配合工作，至少要从以下方面去把握：目前，乡村振兴战略成为农村工作持续推动的重点，脱贫攻坚已经圆满收官，并为我国广大农村未来发展奠定了深厚基础。经过前期脱贫攻坚经验的积累，全国人民包括贫困人民一起迈入小康社会，第一个百年奋斗目标如期完成。此举不但为乡村振兴打下物质基础、为后期工作开展积累了宝贵经验，更是实现全面振兴的必要前提。第二个百年奋斗目标的内容更加丰富、全面，达成标准也更为严格、科学。原有的工作思路、方法可能并不能完全适用于这个时期，因此，需要在巩固原有工作的基础上，实现全方位的革新，以期完成长远奋斗目标。无论是脱贫攻坚还是全面实现乡村振兴，其实质均是服务于实现农村现代化的阶段性工程，其目标存在一致性，在有效衔接中存在合理性。因此，脱贫攻坚的扶贫举措与乡村振兴的"五个目标"① 完全一致，前期的扶贫实践为后期乡村振兴的工作开展提供了大方向指引，或者说大方向一开始就已经确定，无论是精准扶贫还是乡村振兴，必须依照大方向的指引前行。脱贫攻坚既产生了全面建成小康社会的胜利果实，也播下了种子——脱贫攻坚的智慧与经验，而这些种子，也必定在乡村振兴的伟大工程中开花结果。

12.1.1 乡村振兴和防返贫衔接机制有机配合的整体框架

本书中所指的防返贫长效机制是为了使农村特殊困难群体在持续巩固脱贫成效的同时，不发生返贫风险，而构建的整体框架是由政府进行顶层设计，由社会进行监督与指导，由家庭与个体进行落实与反馈等多元主体共同参与的一系列操作办法和运作机制，对于乡村振兴和防返贫衔接机制有机配合的落实需着重在以

---

① "五个目标"指产业振兴、人才振兴、文化振兴、生态振兴和组织振兴。

下五个领域中实践：

  （1）乡村振兴与产业防返贫长效机制的有机配合；

  （2）乡村振兴与易地扶贫搬迁防返贫长效机制的有机配合；

  （3）乡村振兴与健康防返贫长效机制的有机配合；

  （4）乡村振兴与文化防返贫长效机制的有机配合；

  （5）乡村振兴与社会保障防返贫长效机制的有机配合。

12.1.2　乡村振兴与产业防返贫长效机制的有机配合

  产业振兴是乡村振兴的物质基础，乡村产业振兴，就是要形成绿色安全、优质高效的乡村产业体系，为农民持续增收提供坚实的产业支撑。根据前期实践积累的成功经验，社会公认的扶贫方式在实施精准扶贫过程中主要有两种，即外源式扶贫和内源式扶贫，其中作为外源式扶贫主要方式之一的产业化扶贫要发挥其主导作用。所谓产业化扶贫，就是要深入贯彻"因地制宜"的理念，利用资源优势，借助龙头企业的力量，发挥市场主导作用，构建产业脱贫长效机制。对于广大农村地区，尤其是脱贫基础较为薄弱的地区，应根据这一理论充分挖掘自身资源禀赋，寻求"比较优势"，并在此基础上推动一二三产业深度融合，为地区找到防返贫内生动力，不断增加收入，提升脱贫的稳定性与持续性。

  产业防返贫长效机制领域讨论的主要问题是在全面脱贫后的乡村振兴这一大背景下产业扶贫如何对防贫做出的贡献进行评估与评价、在全面脱贫后的乡村振兴背景下产业扶贫有什么成功且可取的经验，以及如何将个别的成功案例推广为通用路径。并依据产业扶贫目前所取得的成效，探讨出如何用更加科学、更加合理的方式进行产业化发展，为前期积累的脱贫成果提供坚实保障以及优化产业防返贫效率的具体举措。

1. 产业振兴与防返贫长效机制有机配合的必要性与可行性

  在脱贫攻坚过程中，产业扶贫发挥出了良好作用，且覆盖范围十分广泛，与此同时也形成了一系列行之有效的产业脱贫经验。一方面在利用产业发展脱贫过程中，各地积累了不同程度的产业基础，这些基础在后续防返贫长效机制构建中发挥着重要作用，但简单地继承原有产业基础或按原有路线发展不能满足解决相对贫困的目标要求，因此需要将产业扶贫向产业振兴推进，而在这个过程中，产业振兴与防返贫长效机制的有效配合是十分必要的。另一方面工业扶贫的成功经验对于乡村振兴背景下的产业防返贫长效机制构建同样适用。利用产业发展使贫困群众获得脱贫以及致富的内生动力经过实践证明是可行的。在产业振兴过程中，产业发展的效益将得到进一步提升，农民在本地区产业发展中的话语权将得到进一步增强，这将进一步提升其积极性与主动性，这是解决相对贫困问题的重要前提，因此，推进乡村产业振兴与防返贫长效机制的有机配合在实践与逻辑上是具备可行性的。

2. 产业振兴与防返贫长效机制有机配合的主要内容

产业振兴的实质就是将市场作为发展导向，并且依托于龙头企业，利用"因地制宜"的资源优势，不断发掘地区特色，在市场竞争中寻求相对优势，使各个企业能够长久发展，以此来促进农民增收，由摆脱贫困向走向富裕进行深度转变。

其一，产业振兴如何使边缘户脱离相对贫困状态？上述已经提到扶贫方式包括外源式和内源式两种，而产业扶贫从某种程度上来说就属于外源式扶贫这一类别。那么产业振兴是如何在对边缘户的脱贫工作中做出贡献的呢？通过产业化方式的引导，政府、企业、农户三者被有机地结合起来，并且能够结合成为一个相辅相成、相互发展的结合体。具体而言，政府在三者中发挥着牵头作用，是结合体得以形成的关键，其配套设施的健全与相关服务的落实也深度影响了政企农三者结合的效果；企业是三者中最具备活力的主体，是关键一环，其自身的可持续健康发展是结合体得以长久存在且发挥作用的内在要求。贫困人口的就业机会得以增加，家庭收入得以提高，生活水平得以改善，从而促进了边缘户脱离相对贫困的状态。

另外，产业振兴利用带动就业的方式可以有效提升防返贫内生动力。产业振兴存在着较为明显的自身优势，我们应充分发挥产业振兴的龙头带动作用，促使边缘户向脱离相对贫困状态的目标靠近。

其二，为什么说产业振兴在防返长效机制构建工作中有非常明显的优势？在脱贫攻坚时期，产业扶贫方式就发挥出了良好的作用，并为脱贫户长久脱贫提供了内生动力，这也是防返贫长效机制构建的内在逻辑。在乡村振兴阶段，发展产业仍是关键点与重点，并且提出了更高要求——产业振兴，在新的发展阶段，产业振兴将接续扶贫阶段的脱贫效果，发挥出明显优势。与产业扶贫不同的是，产业振兴将致力于解决"相对贫困"问题，不断缩小收入差距。产业振兴的提出是具有里程碑意义的，产业振兴理论最早是基于农业产业化经营而提出的，而扶贫战略措施是作为我国脱贫工作的战略性指导思想被提出的，旨在依托于龙头企业的"头雁"作用而带动产业发展，从而推进产业化在农村地区的发展进度，重塑产业化发展的结构，帮助、引导有需求的农民能够在相对较低的门槛下进入市场并常驻市场，通过以上的手段，就能够实现稳步提升易返贫农民脱贫后收入的长远目标。产业振兴这一理念的应用具有很重要的现实意义，一方面，产业振兴措施更多依靠市场，符合市场需求和经济发展规律，具备较强的内生驱动力；另一方面，也促进了以往的救济式扶贫向开发式扶贫的转变，从源头上防止了脱贫后返贫现象的发生。

其三，产业振兴的脱贫效果为何具有差异化？产业振兴能够保证脱贫易返贫人口较快增收达标，同时它也是巩固长期脱贫成果的有效举措。那么实施产业振兴的策略，为何最终的效果却参差不齐？其原因就在于：产业振兴的实施要因地制宜、一乡一业、一户一策实现差异化发展，要坚持特色发展、市场导向、主体引领、利益共享、政策创新。政策落实的偏差或者与实际结合不精准必然会导致扶贫效果上的差异。

通过以产业经济学理论为基础，我们应分多个角度从不同的层面对乡村振兴背景下产业扶贫的国内各项措施与各类经验进行深入探讨、分析，并进一步分析各地产业扶贫效果产生差异的深层次原因，尤其是"因地制宜"对于防返贫效果差异的产生有何影响。通过对这一问题的探讨，对脱贫攻坚中产业振兴工作注重差异化提出建议，避免"一刀切"。

3. 产业振兴与防返贫长效机制有机配合的主要措施

（1）发展壮大乡村产业。在脱贫攻坚过程中，各个地区均形成了一定规模的乡村产业，这些产业在扶贫过程中发挥了重要作用，但受制于时间紧、任务重等客观因素，乡村产业规模普遍较小，且分布较为分散。因此，在产业振兴与防返贫长效机制配合过程中，应首先利用好原有的乡村产业基础，在巩固中不断发展壮大，提升产业效益。在发展壮大过程中应注意产业发展与当地资源禀赋的匹配性，既要注重经济效益，也要重视生态效应。寻找乡村产业发展的比较优势，在乡村振兴过程中实现产业规模与效益的持续扩张。

（2）推动农村产业深度融合。原有扶贫产业的另一相对不足还体现在产业间的联系不足。如前文所述，乡村振兴服务于农村现代化，而促进农村产业深度融合是实现农村现代化的必经之路。农村地区具备发展第一产业的巨大优势，应在后续防返贫长效机制构建过程中，推进第一产业与二三产业的深度融合，不断提升经济附加值。在具体实践中，可以根据本地区与相邻地区的不同比较优势，由政府牵头，实现区域间的产业深度融合。此外，政府还应为产业融合提供必要的配套设施，如交通、营销网络建设等，为产业深度融合扫清障碍。

（3）发掘新功能、新价值。在乡村振兴战略重点推进过程中，乡村具备更为广阔的发展空间，其自然环境与历史文化等要素将成为其后续高质量发展的关键。相较于城市风光，农村自然风光将在旅游产业发展过程中具备比较优势。因此，各地政府应结合时代发展潮流，在产业振兴过程中不断发掘新功能、新价值，打造特色产业、"网红"产业、数字农业等，为农村地区产业振兴注入新活力。

（4）打造新载体、新模式。在产业振兴推进过程中，产业发展的方式与目标都会有所不同。如前文所述，农村产业需要在不断发展壮大的基础上实现产业间深度融合，并为未来长久发展不断挖掘新功能、新价值，而这些依靠传统农业联合体或合作社平台是无法满足的。因此，应对现有的农业园区、工业园区等进行升级改造，打造农村产业深度融合的平台载体，丰富平台载体的功能结构，并在此基础上深度探索产业融合新模式。

4. 产业防返贫长效机制研究思路框架

本部分为全面脱贫后防返贫长效机制研究中的产业扶贫措施研究，首先在产业振兴的相关理论基础上，对相关县区实地做法、举措的相关数据、经验进行总结、分析。其次结合数据以及科学的数据理论分析，对产业振兴的机制、内生动力、效果差异等方面进行进一步阐述。最后对产业化措施对于全面脱贫后防贫所产生的作用和效果予以评估，从而总结相关经验，为实现产业振兴与防返贫长效机制的有机配合提供借鉴，相关研究的思路框架如图 12 - 1 所示。

12.1.3　乡村振兴与易地扶贫搬迁防返贫长效机制的有机配合

随着时代的变迁，社会处于不断发展的过程之中，而同样地，扶贫工作也越来越关注困难家庭的可持续发展，即从"输血式"向"造血式"的转变。受当地气候、地理位置、海拔等因素的影响，我国部分地区拥有的基本资源不足以发挥"造血"功能，因此，对于这些地区开展的扶贫工作必然是独特的，如果在原住地进行产业扶贫必然是"治标不治本"的，而易地扶贫搬迁能够改变这一先天固有因素，让"因地制宜"成为可能，因此，易地扶贫搬迁是这些地区脱贫的根本出路。

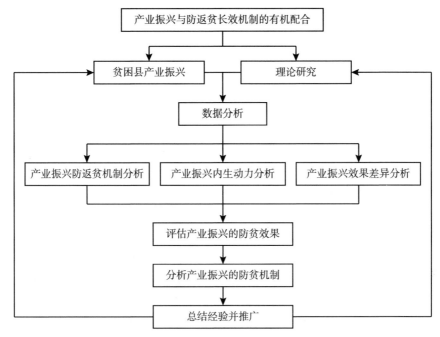

图 12－1　产业防返贫长效机制研究思路框架

当前脱贫攻坚已经圆满收官，对于易地搬迁群体，应做好后续防返贫机制构建，并持续推动搬迁安置点的乡村振兴。易地扶贫搬迁政策的提出与落实对于解决"一方水土养活不了一方人"这一历史性难题做出了巨大贡献，使得"因地制宜"成为可能。易地搬迁政策在部分地区落实以后，将更加注重居民搬迁后的生产生活质量，着力解决就业保障、医疗保障、教育保障问题。在易地搬迁过程中以及安置区群众后续保障服务过程中总结的一系列成功经验，让易地搬迁政策在我国乡村振兴的关键时期发挥保障脱贫人口不再返贫的作用。

对搬迁户的后续扶持提供基本保障是易地搬迁政策实施的重要方面，同时也是保障脱贫户不再返贫的有力渠道。本部分的研究主要包括以下内容：了解易地扶贫搬迁；对易地扶贫搬迁政策实施的现状以及所遇到的问题、困难进行调研与统计；分析问题、困难产生的影响与原因等，旨在为后续持续帮扶提出相关建议，重点总结成功的经验，提出保障后续帮扶持续性的扶贫措施。

1. 乡村振兴与易地搬迁防返贫长效机制有机配合的必要性与可行性

易地扶贫搬迁是现阶段乡村振兴背景下防止脱贫户返贫的一个重要方面，是实现全面建成小康社会承诺的重要手段。要加大对易地扶贫搬迁的后续支持力度，建立预防贫困现象再发生并帮助搬迁农户致富的长效机制，顺利转变扶贫战略和工作体系。作为精准扶贫工作中的"五个一批"之一，该政策主要针对"一方水土不能供养一人"的现象，通过为贫困群众提供新的生产、生活地点以帮助其实现脱贫，获得长久发展，该政策更加关注搬迁后的生产生活质量，重点解决就业保障、医疗保障等。易地扶贫搬迁政策与当地其他脱贫防返贫措施相比，具有投资少、效益大、可持续性强的特点。与脱贫攻坚时期不同，对于易地搬迁实现的目标，在防返贫长效机制构建与乡村振兴战略重点推进时期提出了更高要求，要使搬迁群众真正获得发展，真正获得脱贫与致富的长久可能性。而易地搬迁工作目标的实现有赖于长期减贫防返贫机制的构建，乡村振兴战略的不断推进为在易地搬迁地区有效构建防返贫长效机制提供了坚实保障，为其长久发挥作用提供了可能性。

易地搬迁防返贫长效机制的有效构建在乡村振兴战略重点推进时期仍是我国乡村工作的重要内容。然而，不可忽视的是，随着时间与发展目标的变化，搬迁安置点还存在着诸多亟须解决的问题，如长久规划的建立与当地文化的重塑等，综合来看，目前乡村振兴战略与防返贫机制配合不足是当前我国很多地区需要解决的重点问题。

2. 乡村振兴与易地搬迁防返贫长效机制有机配合的主要内容

易地扶贫搬迁仍然是我国乡村振兴战略重点推进时期农村工作的重要组成部分。不可否认的是，此项工作仍然存在后续援助措施薄弱、缺乏稳定扶贫的长期机制、搬迁户缺乏内生动力、刻板印象和坏习惯难以改变等问题，因此，要想实现乡村振兴战略与易地搬迁防返贫长效机制的有机配合，需要重点研究并解决以下问题：

其一，搬迁选址资源浪费。众所周知，移民搬迁工作是一个系统性极强的工程，同时作为一个综合性工程，在移民易地的过程中必然会遭遇各个方面的突发性困难，存在着许多的问题，需要多方的共同配合、统一协调，探索出解决问题的有效方法，也只有以此为前提，才能够在最大程度上确保扶贫搬迁工作有效开展，并为其后续的可持续发展提供有效保障。我国的易地扶贫搬迁工作形势严峻复杂，在选址过程中需要提前侦察地理位置和地形地貌，而且多是几个地区同时进行设计和施工，后期保障工作比较困难。由于时间紧、任务重，设计图纸和工作安排又十分耗费时间，不能保障正常的工作模式，因此易地搬迁缺乏准确性。后续识别工作应当引入第三方评估或交叉评估，反向制约和规避精准识别中诸如精英俘获的问题。

其二，缺乏长效防返贫产业。许多搬迁安置区的产业与当地的资源禀赋不相匹配，导致收效甚微且难以长期持续，故而搬迁的人员无法获得稳定的就业，也就是说难以保障搬迁户获得能够养活自己的收入。产业发展模式创新动力不足，产业与搬迁户的利益联结机制设置不够流畅，往往出现产业壮大却仍然无法惠及农户的情况。

相较于原住区，搬迁区的资源禀赋具备一定优势，但这并不意味着搬迁区可以满足搬迁群众的全部需求，尤其是在乡村振兴阶段，搬迁群众更期望获得更为主动、可持续的创收途径，这对搬迁区的发展提出了一定挑战。增强内源式防返贫效果尤其重要的一点是提高防返贫的内生动力，这也是提高国家财政资金使用效率的有力保障。但是搬迁空间有限，无法实现当地就业等情况全国各地不一，也就导致各地区缺乏统一的易地搬迁标准，加大了扶持产业发展与就业保障的难度。

其三，后续配套设施不完善。虽然我国在近年来不断加大易地搬迁专项资金的拨付力度，但是仍然难以帮助所有搬迁人口实现脱贫致富、长期稳定不返贫的目标。部分地区并未为搬迁群众制定长久的发展计划，如未发展配套产业、保障措施并不完善等，这些条件将会制约搬迁群众的后期持续发展。也有一些地区，在搬迁完成以后对搬迁群众进行项目培训时缺乏足够、科学、系统的就业培训资源。搬迁地安置配套设施不完善，公共服务环境缺乏有效保障，造成的结果同样也是无法保证搬迁户长期且稳定地增收甚至生存，也就谈不上保证易地搬迁效果。此外，现实情况是还有许多农民从事农业和养殖业或者其他相关行业，但是在这些农民搬迁后，搬迁地附近缺乏牲畜围栏、田地等相关行业的必需场地，从而阻碍了他们的行业发展，也就导致这些搬迁人员难以获得能够维持生计的经济来源，最终结果就是，如何保证搬迁群众的持久发展成为亟须解决的问题。

本部分以原贫困地区享受易地扶贫搬迁政策的贫困户为研究对象，尤其是建档立卡户将作为重要的研究样本，对于样本地区的贫困户在易地扶贫搬迁工作开展以来，产生的问题、困难进行探讨，旨在通过落实易地扶贫搬迁，强化后续帮扶支持举措，着力加强产业配套和就业安置，形成易地搬迁长效研究机制，从根本上首先保证政策的落实，其次也要让搬迁政策的后续长期可持续发展改进方案在我国乡村振兴的关键时期发挥应有的价值。

3. 乡村振兴与易地搬迁防返贫长效机制有机配合的主要措施

易地扶贫搬迁属于精准扶贫阶段的重要内容，也是实现全面建成小康社会这一目标的有效手段之一，而其后续维持工作更是防止返贫现象发生的重中之重。

"走出去、稳定致富"目标的实现需要以正确地处理好易地扶贫搬迁工作及后续为前提。本部分研究主要分析了易地扶贫搬迁后相关人员的整体情况，其中重点研究搬迁后户主所面临的后续发展问题，并且根据实际出现的相关问题，提出一些在该领域下防返贫的相关政策建议。主要包括以下内容：

其一，保障精准安置。随着国家对于防返贫工作的不断深入开展，防返贫工作越来越重视易地扶贫搬迁政策的受益主体——"搬迁户"的可持续发展，即从"输血"向"造血"的过渡。将根据搬迁人员的个人意愿和生活能力，搬迁到能够长期居住的地方，当然在这个过程中也必然会参考搬迁目的地的自然环境与宜居程度。如果搬迁人员在短期内的生活经济来源是以务农为主，就近安置在中心村；如果搬迁人员有相关技术能力优势，并且适合从事第二、第三产业，应当在城镇或者农村新型社区安置；如果搬迁人员有着稳定的工作，并且其身体条件健康有着较强的适应能力，将迁往城镇。应充分发挥集中安置与分散安置的各自优点，因地制宜，发挥搬迁补贴政策的激励作用，通过政府的高位把控，以拉入一些当地企业帮扶为抓手，根据搬迁安置点的实际情况与发展规划，对其进行改造与进一步完善，提升搬迁安置点的综合能力，以此解决搬迁群众的后续发展问题。

其二，持续推进产业振兴。建立激励机制，政府应当在税收、用地等方面对于龙头扶贫企业给予优惠政策，在处理政府和企业的关系时一定要兼顾企业的利益，实现企业防返贫模式长效化。企业直接为迁入居民提供劳动岗位，建立防返贫生态圈。政府提供引导资金，银行发放贷款，企业落实培训，吸纳贫困户就业。创新防返贫模式，借鉴或糅合企业和产业扶贫已经成熟的实践经验，如公益组织模式、产业开拓模式、具备综合改善能力的易地搬迁模式、特困群体和弱势民生保障模式、政企合作的新模式等。

其三，完善配套设施。当地政府应在结合本地区实际经济发展情况与未来发展规划的基础上，根据搬迁区的实际问题，切实回应群众需求，进一步完善配套设施。具体而言，相较于原住区，搬迁安置点的自然条件与社会条件相对更好，具备发展不同产业的潜力，但目前缺乏促进产业深度发展的配套设施，如针对农业等第一产业与深加工等第二产业的营销网络体系，制约了搬迁群众的增收效果。推动农村经济持续快速发展，为后续持续防返贫提出进一步实施的相关建议，重点总结成功的经验，最后得出能推广至全省防返贫的结论。

描述和分析易地搬迁政策实施以来全国各地的发展情况，分析在该政策实施的过程当中遇到的各类问题，以及这些问题对于政府、企业、搬迁人员带来的影响和原因，并且针对这些问题，根据实际发展条件与现实可能性，给出相应的解决建议。比如，对于技术设施不够完善、运维人才人手不足或经验难以胜任、电子商务在农村发展缓慢等阻碍农村经济稳定、持续增长的问题，也要探究出现问题的原因，增加技术和资本投资的力度，并且从加强基础设施建设、培养高素质且愿意到基层工作的技术人才、推动农村电子商务快速发展等方面入手有针对性地解决这些问题，以达到农村经济持续、快速发展的目的，同时也要对进一步实施后续持续援助提出相关的建设性意见，重点总结全国的典型成功案例、经验。

4. 易地搬迁防返贫长效机制研究思路框架

本部分研究通过梳理易地扶贫搬迁理论成果和实践基础，实地调查走访，了解易地搬迁贫困户的现状、存在的问题及原因，并且进一步分析全国各地的成功案例、成功经验，最终得出较为通用可借鉴的思路、方法，并提出河北省易地搬迁防返贫的长效机制，研究思路框架如图 12 - 2 所示。

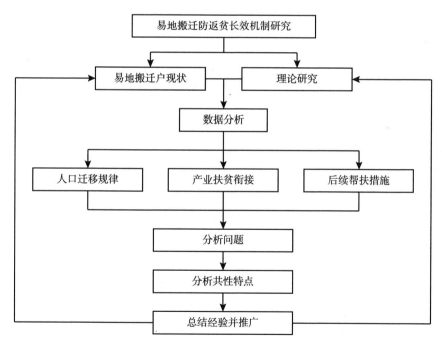

图 12 - 2 易地搬迁防返贫长效机制研究思路框架

12.1.4　乡村振兴与健康防返贫长效机制的有机配合

乡村振兴战略中的生态振兴目标内含人民健康要义。精准扶贫阶段的健康扶贫作为外源式扶贫的方式之一，通过科学、充分地发挥其与其他扶贫方式的协同作用，展现出良好的脱贫效果，应在乡村振兴战略背景下有效构建防返贫长效机制。本部分研究的主要思路是在运用防返贫相关理论的基础上，合理、科学、有效地评估我国健康防返贫的成效以及健康防返贫各项政策所依托于国内医疗保障制度的合理性、有效性，然后根据评估的结果得出相应的结论，再根据定性的评估结论总结在健康防返贫这一领域的相关经验，尤其是在健康防返贫落实过程当中全国上下的典型案例、经验，最终将所总结的科学经验应用于乡村振兴阶段的健康防返贫这一领域的后续帮扶工作中，以保障健康防返贫机制的长期性、稳定性，即在政府层面要制定更加完善的健康防返贫保障机制，在受众人群层面要切实提升农村人口的健康保障意识。

1. 乡村振兴与健康防返贫长效机制有机配合的必要性与可行性

其一，缺乏发展性医疗保障措施。在脱贫攻坚过程中，医疗保障措施为众多贫困家庭提供重要保障，为我国的脱贫事业做出了重要贡献，但脱贫攻坚时期的医疗保障措施在很大程度上是"超标"的，不具备可持续性，脱贫户仍存在因健康问题再次返贫或致贫的可能性，因此，长期有效的发展性医疗保障措施必不可少。根据我国现状，目前较为完善的健康防返贫长效机制还没有建立起来，其配套的医疗保险体系也尚未全面建立，同时，一个稳定的健康防返贫项目融资体系尚未完全成型，谈及这点，我国部分地区的农村贫困患者的医疗费用报销仍未构建起完善机制，大多仍通过政府逐年增补资金来支付，目前已经在实践的较为有效的做法是在原有的医疗保障政策之外额外给予临时性诊疗费用的附加补贴，但这种临时性的补贴并不具备可持续特点，需要其他长久措施对其进一步补充。因此，在乡村振兴战略重点推进过程中，应不断探索以为居民健康实现长久保障，避免因疾病等问题而造成的相对贫困程度加深，甚至再次陷入绝对贫困的现象。

其二，部分相对贫困地区脱贫人口的健康意识仍有较大提升空间，他们的疾病预防意识尚薄弱。

其三，社会保障救助力量有限。从我国现状可以看出，在各地区都缺乏完善的社会援助管理机制，也就更谈不上机制的稳定性与长期性，在社会援助这一领域主要的救助方式是媒体宣传，有时也会有临时自发捐赠的情况，因此，社会援助并未充分发挥出作用，仍需进一步提升。

虽然国家已经在扶贫防返贫工作方面作出了很大的努力，也收获了良好的防返贫效果，但社会保障力度不足也会在很大程度上导致脱贫人口中贫困情况的回归。因为在摆脱贫困后，虽然贫困地区的经济水平已经大幅提高，但仍处于弱势阶段。此外，疾病造成的贫困现象随处可见，虽然新的农村合作社为这种现象的发生与改善提供了一定的保障，但保障的程度十分有限，许多情况下，它们无法达到能够满足人们需求的保障程度，仍需进一步提升。

其四，健康防返贫的落实过程中基层组织未形成合力，政策实施的成效在不同的地域也参差不齐。我国的防返贫政策虽然成效明显，但是在乡村振兴战略实施背景下，相对贫困地区防返贫的任务依然很艰巨。在防返贫过程中，基层遇到的问题大体分为三类：一是干部问题。二是业务指导问题。三是政策问题。在全面脱贫后乡村振兴战略重点推进时期，上述三个问题依然存在，在防返贫工作中防规模性返贫现象的发生至关重要。因此，在后续工作中，解决上述三个问题依然很重要。

其五，考核机制不合理、不科学。首先，评估主体、政府和独立第三方评估之间缺乏协调，由此产生的过度考核与重复评估问题会浪费人力资源，基层人员负担过重会影响其工作效率，由此影响防返贫与乡村振兴的推进。其次，根据指标体系的构建，评价差异不明显、不突出，评价指标大致相同，不完全适应当地情况。最后，监督检查过于频繁，且存档事务烦琐，导致基层干部准备接受检查的时间过长，主体工作滞后，形式主义问题严重。

本部分研究从健全和补充健康脱贫政策来解决返贫问题的角度出发，在健全和补充健康脱贫政策工作的前期，主要以制定相关措施为主；其次，注重宣传的引导作用，不断加强健康意识宣传；最后，加大对于基层干部的培训深度、力度，着力提高基层干部的思想认识，强化政策站位，同时对于医疗机构工作人员更要强化这两方面的认知。健康防返贫长效机制构建过程中，要从完善健康预防制度、健全疾病治疗能力体系和提升医疗保障支付能力三个维度，对成效进行评估后建立有利于完善和发展后续防返贫的长效机制，有效提升全体居民的健康意识，在全面实施农村战略的过程中，完善相对贫困地区县域城镇化战略，激发农村发展活力，出台符合当地实际情况的措施。

2. 乡村振兴与健康防返贫机制有机配合的主要内容与措施

其一，将"健康中国2030"建设与健康防返贫相结合，完善健康预防制度体系。目前，我国已经建立了较为科学、完善的针对全体公民的医疗保障体系，从主体和内容上可分为医疗保险和医疗救助，两者相辅相成。在健康防返贫领域，基本医疗保险、大病保险和城乡居民医疗救助构成了农村贫困人口的基本保障体系。

在实际工作中，应当不断开拓思路，具备全局思维，具体而言，在健康防返贫过程中，应当将工作的重点放在预防上，提升农村居民体质是落实健康防返贫的重要举措，也是健康中国的重要内容。

其二，加紧构建完整的医疗服务体系，着力提升疾病预防、治疗能力。从"精准防贫"视角提出医疗保障体系降低脆弱性的思路，可以为乡村振兴时代优化社会保障扶贫政策提供方向。在考察新农合、大病保险、医疗救助等医疗保障制度的减贫效果时，构建起多层次医疗保障体系、"精准防贫"的实现机制和政策框架，有助于为乡村振兴时代医疗保障"防贫"提供科学的决策依据。当前，在我国相对贫困群体中，无论城市还是农村，导致贫困脆弱性的一个突出原因就是"因病致贫"和"因病返贫"。从更长远的角度来看，政府必须高度重视和积极面对全面脱贫后的新问题，即如何破解曾经出现频率极高的"因病致贫"和近来频频出现的"因病返贫"难题。因此，在夯实精准扶贫的基础上，探讨大病保险"精准防贫"的内在机理和因病致贫返贫的破解机制，完善大病保险制度，实现"精准防贫"就具有重要的现实意义。

其三，在乡村振兴背景下应该继续关注因病致贫、因病返贫的问题。在当前乡村振兴的大背景下，农村贫困患者医疗保障体系仍存在问题和风险。反贫困理论曾明确指出，单纯通过社会救助这一方式对贫困人口进行帮扶，虽然使得脱贫更加快速、简易，但是也更容易消除贫困人口的内生发展动力，从而让他们脱贫的积极性达不到预期，造就一群对社会福利过度依赖的无动力之人，这样做是弊大于利的。尽管农村贫困患者医疗保障体系仍存在问题和风险，但也有一些贫困群体由于对政策优势的认识不到位，创造财富的动力减弱，从而拖缓了脱贫的进程。通过对这一问题的讨论，我们不仅可以更深入地了解医疗发展的防返贫效果，而且可以为我国健康防返贫工作实现协调发展的目标提供一些参考建议。

3. 健康防返贫长效机制研究思路框架

健康防返贫长效机制研究思路框架如图 12-3 所示。

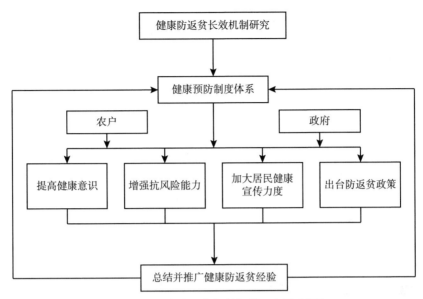

图 12 - 3 健康防返贫长效机制研究思路框架

12.1.5 乡村振兴与文化防返贫长效机制的有机配合

文化振兴是乡村振兴的精神基础，为乡村振兴提供持续的精神动力，同时也是文化防返贫长效机制发挥有效作用的重要保障。本部分研究通过分析相对贫困地区存在的现象与问题，总结目前导致文化贫困的原因有两种，一种是物质层面，一种则是精神层面。两者相比较而言，精神层面的文化贫困成因更为复杂、形成时间更为长久，因此，解决起来更加困难，而这同时也是乡村振兴背景下文化防返贫机制的工作重点。要想解决文化贫困这一难题，就不能依靠单一方式，应当多措并举，久久为功。针对文化相对贫困问题，必须坚持完善文化设施建设，让文化造福于人民，解决文化贫困缺乏动力等现实问题。提升基层政府对于贫困文化的深层次认识，从而促使其提升对于先进文化的宣传与培育重要性的认识，不断建设并繁荣当地文化，彻底摆脱贫困文化的不利影响。

1. 乡村振兴与文化防返贫长效机制有机配合的必要性与可行性

文化防返贫是防返贫工作的先导和重点内容之一。探索文化防返贫的有效方法，可以明确我国防返贫工作的开展方向。文化防返贫的根本做法与根本目的就是消除落后的贫困文化，并且帮助相对贫困人口树立起正确、科学观念，实现有针对性的文化防返贫。要达到文化项目服务满足大众需求的目的，还要创新文化防返贫的方式方法与载体，最终目标是要构建起文化防返贫良性的循环机制。

导致脱贫户返贫的一个很重要的类型就是"观念型返贫"，即这种返贫现象的深层次或本质原因来自其长时间形成的思想观念。贫困回归的根源性还是在于观念，这是贫困代际传递理论的现实反映。

回归贫困的观念性与贫困的代际传递密切相关。首先，家庭成员相互影响，一些安于现状或者自身无力摆脱贫困现状的父母会在不知不觉中影响孩子。其次，在扶贫过程中，政府对贫困家庭的各类援助是综合的、无偿的，但有些家庭的父母却为了继续享受这些政府帮扶而不愿脱贫，让不劳而获的习惯在自己的思想里生根发芽，并将这种依赖传递给了他们的孩子。最后，贫困家庭受经济水平的限制，一般无法为子女提供高质量的教育，最终使他们难以摆脱长期贫困。即使在政府、企业等各种扶贫主体的帮助下，贫困人口在短时间内摆脱贫困，但从长远来看，由于他们自身文化水平、观念认知落后，或将再次陷入贫困。为防止"观念返贫"，必须通过文化防返贫的手段，以教育为抓手，帮助脱贫人口建立观念更新机制和思想转化机制。

2. 乡村振兴与文化防返贫长效机制的有机配合的主要内容与措施

其一，营造文化氛围，加强文化建设。文化对人的影响具备潜移默化、深远持久的特点，但目前乡村地区的防返贫文化建设仍存在一定不足。文化缺失不仅会导致贫困，更会引发返贫现象的发生，以此造成"贫困—脱贫—返贫"的恶性循环。

其二，提升文化自信心，培养正确文化价值观。全民脱贫后，贫困户虽然在物质生活上暂时脱离了贫困状态，但是，脱贫群众对文化水平的提升缺乏信心，更不用谈通过提升文化素养来增加摆脱贫困的能力与自信。在实际工作中，基层政府与村委应发挥有效配合，持续进行正确文化价值观的培养。这些对策和建议的有效实施，将帮助相对贫困地区的人们在避免重新陷入贫困方面发挥一定的作用。

其三，共建物质文化与精神文化。贫困问题的形成原因较为复杂，既受到物质层面的影响，也受到文化层面的制约。事实上，大多数相对贫困地区距离经济发达地区较远，当地的群众不仅物质较匮乏，而且精神和文化生活也比较单调。"文化防返贫"就是帮助贫困地区从物质、文化、精神层面不断提升，提高当地人民素质，形成防返贫的思想"屏障"。

其四，消除落后文化，树立正确理念。在全面脱贫阶段，文化扶贫是扶贫工作的先导和重点内容之一，而在以乡村振兴为背景的防返贫阶段，文化建设同样扮演着举足轻重的角色。在防返贫时期，从文化的角度探索有效的防返贫方式，可以理清我国防返贫工作的思路。内因是决定因素，外因只是变化的条件。不断加强宣传教育，改变落后文化思想观念，提升相对贫困群众增收的积极性与内生动力。文化防返贫就是利用先进文化的力量，不断革新人民的思想观念，逐渐消除贫困文化的影响。实现有针对性的文化防返贫，要达到文化项目服务满足大众需求的目的，还要创新文化防返贫的方式方法与载体，最终目标是要构建起文化防返贫良性的循环机制。

3. 文化防返贫长效机制研究思路框架

研究思路框架如图 12 – 4 所示。

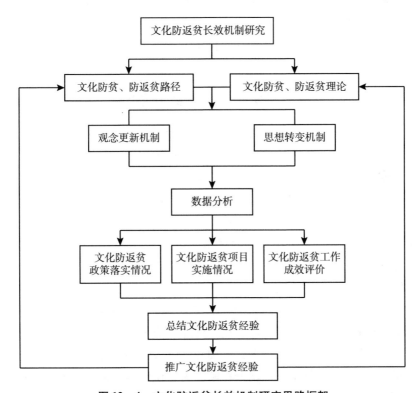

图 12 – 4 文化防返贫长效机制研究思路框架

12.1.6 乡村振兴与社会保障防返贫长效机制的有机配合

1. 脱贫攻坚与社会保障防返贫长效机制衔接的必要性与可行性

明确社会保障的未来发展方向，充分发挥政策的作用，是社会保障防返贫工作的重中之重。改革开放以来，中国的减贫目标一直是消除绝对贫困，它经历了农村扶贫改革、工业化、城镇化、扶贫开发和全面建成小康社会几个阶段，在当代中国，要想切实地实现乡村振兴，社会保障在防返贫中发挥着非常重要的作用。

本部分研究主要通过调查，切实了解社会保障防返贫资金的有效使用情况，客观反映社会保障资金的实际防返贫成效；总结社会保障防返贫工作经验，形成社会保障防返贫相关理论，最终推广先进经验，为相对贫困地区的社会保障防返贫机制工作提供适当的对策。

随着社会的发展，我国的各项保障措施逐渐完善，领域也不断细分，在防返贫事业中贡献着各自的力量。

2. 乡村振兴与社会保障防返贫长效机制有机配合的主要内容

脱贫攻坚圆满收官以后，所有贫困地区和生活在现有贫困线以下的人都摆脱了贫困，需要对扶贫目标和扶贫标准进行相应调整和重新分类，根据需要采取的措施，借鉴发达国家的经验和实践，我们确定了两类重点防返贫目标群体。

一是"特困供养"群体，即农村"五保"人员和城市"三无"人员、残疾人、重病患者。由于特殊原因，该群体不可能（或短期内不可能）重新进入劳动力市场，基本丧失了独立工作和生存的能力。这一群体大致属于"一类贫困群体"，返贫风险较大。出于"公共保护"的需要，他们是"自然"防返贫政策的目标群体。

二是可能因某种原因暂时陷入经济困难的潜在群体，以及摆脱困难后可能重返困难的潜在群体。对于这类群体，仍需建立该群体的档案卡，进行动态管理和跟踪，平时给予必要的关怀和帮助，增加劳动收入比例，降低补贴收入比例，检查收入来源是否稳定，落实入户调查补贴。为了识别和认定这些群体，应该改革现行的评分制度。应尽可能减少"边缘户"的数量，并开放"边界距离"。要及时将防返贫工作纳入防返贫目标管理，加强防返贫与精神支持的结合，确保防返贫工作具有可持续的内生动力，与乡村振兴有效衔接。

在脱贫攻坚事业中，我们主要解决的是绝对贫困问题，即绝对收入过少引发的生活基本保障问题，而防返贫与乡村振兴战略推进过程中，解决的是相对贫困问题，即收入差距过大，要努力实现中等收入群体迅速扩大，城乡居民社会福利进一步均等化。

3. 乡村振兴与社会保障防返贫长效机制有机配合的主要措施

第一，在缴费型社会保险体系内，加强各类保险防返贫功能与资源利用的整合。例如，养老保险和医疗保险的支出应与防返贫效果相协调，而不应成为防返贫政策中的两个"孤岛"。特别是国家医疗保障局成立后，要加强部门间的合作，克服体制碎片化、功能碎片化的发展趋势。

第二，将不同项目的资源整合到非付费社会救助体系中。比如，许多分散的救济项目，如城乡居民最低生活保障、农村居民"五保"、临时救助、医疗服务、就业补贴、特殊群体补贴、养老补贴、伤残津贴等，都需要整合资源，防止由于过于分散所带来的种种不便。为了放大政策效果，还应该减少社会救助叠加支出不足导致的社会救助水平失衡问题。

第三，整合缴费和非缴费机构的资源，即协调社会保险和社会救助的防返贫功能，并在同一支出数据平台上对其防返贫功能进行划分，让每个人能够实现通力合作，防止语调不同、步子不齐的现象发生。目前的情况是没有统一的统计口径，很难量化社会保障的防返贫效果。因此，关于如何更好地发挥社会保障防返贫的基本功能，如何最大限度地发挥有限资源在扶贫中的投入和产出，如何改革社会保障制度，如何实现社会保障制度的改革，没有特别明确的科学理论，让人无从下手。

贫困人口是农村社会中相对弱势群体，升级完善现有社会保障体系，是解决扶贫问题、防止脱贫人口再次陷入贫困的重要举措。

一是加强医疗保障，进一步推进医疗防返贫长效机制构建。全面落实基本医疗保险、大病保险、医疗机构免费、医疗救助、商业补充保险"五个层次保障"，减轻脱贫人口医疗负担，切实解决相关问题。

二是进一步推进教育防返贫，完善多元教育机制。一方面，要全面落实对相对贫困家庭学生的各项资助政策，确保"不缺一人"，通过教育能从根本观念上推动下一代贫困家庭摆脱贫困。另一方面，要了解贫困人口的受教育程度、年龄结构和就业意向，整合培训资源，帮助他们掌握技能，提高其就业创业的能力。

三是发展村级集体经济，建设村级主导产业，壮大村级产业。以村集体的名义，建立农民专业合作社＋生产团体（集体股东）＋农民（土地股份）的新型合作模式，在招商引资方面，引进业主发展产业，鼓励农户入股，增加农民工收入，提升脱贫村发展动力，达到更佳的扶贫成效。要在专项资金投入、社会资源统筹、集体经济发展、保障措施落实、严格监督考核等方面建立规章制度，制定细则，使扶贫工作规范化、制度化、长效化，系统保障扶贫资金安全有效地运行。通过发展社会保障体系，完善收入分配机制，明晰所有制，盘活经营权、保障收入权、行使监督权，确保人民实际收入持续稳定增长。实施扶贫攻坚、扶贫政策、扶持援助，形成预警和稳定防返贫的长效机制。

4. 社会保障防返贫长效机制研究思路框架

研究思路框架如图 12 - 5 所示。

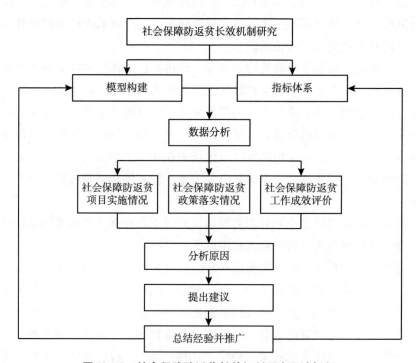

图 12 - 5　社会保障防返贫长效机制研究思路框架

12.2　总　　结

12.2.1　理论升华：建立体系化中国特色反贫困理论

党的十九届六中全会指出，"坚持理论创新"是中国共产党积累的宝贵历史经验。[①] 我国乡村已经进入全面脱贫向乡村振兴的过渡阶段，但因为总体的建设还处于起步阶段，我们能够搜集掌握的资料尚且不足，在借鉴国内外发展经验上面也有待进一步丰富。因此，伴随着中国百年反贫困实践的推进，中国特色反贫困经验还需要不断积累，中国特色反贫困理念还需要不断创新，中国特色反贫困思想还需要不断丰富，以达到由量变到质变的转变，促成中国特色反贫困理论的建立与完善。在反贫困事业的新阶段，在中国共产党的伟大领导下，应当以马克思主义反贫困理论为丰厚滋养，一方面，认真总结百年反贫困经验，科学总结百年反贫困规律，着力锻造百年反贫困模式，逐步建立中国特色反贫困理论体系，为全球反贫困事业贡献中国智慧；另一方面，锐意改革、积极进取、致力发展，及时把握新情况、创建新理念、研究新问题、破解新难题，实现新阶段反贫困实践的创造性转化，推动中国反贫困理论体系日益健全。

12.2.2　机制创新：建立解决相对贫困的防返贫长效机制

伴随着绝对贫困的消除，相对贫困问题跃然纸上，如何建立起防返贫长效机制必将成为未来推动反贫困事业的重点和难点。相比于绝对贫困，相对贫困的甄选识别更为困难、表现形式更为广泛、致贫原因更为复杂、解决过程更为漫长。新时代推进共同富裕，必然要以稳定脱贫基础、提升脱贫成效可持续性为重要内容，这就要求加紧构建解决相对贫困的长效识别机制，精准识别返贫人口和边缘致贫人口；着力建立解决相对贫困的长效保障机制，重点解决低收入群体的社会保障问题，促进基本公共服务均等化；在机制构建不断巩固与乡村振兴不断发展过程中，持续激发农民群体致富的内生动力，不断提升其收入水平，缩小收入差

---

① 中共中央关于党的百年奋斗重大成就和历史经验的决议（全文）[EB/OL]. 中华人民共和国中央人民政府网站，https：//www. gov. cn/zhengce/2021 – 11/16/content_5651269. htm，2021 – 11 – 16.

距，解决相对贫困问题。

12.2.3　路径探索：寻找同乡村振兴有效衔接的实践路径

伴随着脱贫攻坚取得全面胜利，巩固拓展脱贫攻坚成果成为新阶段的反贫困工作重点。一方面，巩固拓展脱贫攻坚成果和乡村振兴有效衔接是解决脱贫成果脆弱性问题的迫切要求；另一方面，巩固拓展脱贫攻坚成果同乡村振兴有效衔接也是实现共同富裕最终目标的必然要求。此外，脱贫攻坚留下的宝贵经验和基础设施为同乡村振兴有效衔接提供了可能性。本质上来看，巩固拓展脱贫攻坚成果与加快实现乡村振兴是一个路径的两个方面，重点在于产业扶贫与乡村产业振兴、就业扶贫与乡村人才振兴、教育扶贫与乡村文化振兴、绿色扶贫与乡村生态振兴、党对扶贫工作的领导与乡村组织振兴如何实现有效衔接的问题。

参 考 文 献

[1] 安晓明. 新时代乡村产业振兴的战略取向、实践问题与应对 [J]. 西部论坛, 2020, 30 (06): 38-47.

[2] 常丹. 防范和化解易地扶贫搬迁后续风险的对策研究 [J]. 西昌学院学报 (社会科学版), 2021, 33 (03): 56-61.

[3] 常莉. 防返贫机制研究 [D]. 郑州: 郑州大学, 2018.

[4] 陈东辉. 文化扶贫的现实困境与有效路径探讨 [J]. 黄河科技大学学报, 2017, 19 (03): 38-41+25.

[5] 陈端计, 杨莉莎, 史扬. 中国返贫问题研究 [J]. 石家庄经济学院学报, 2006 (02): 166-169.

[6] 陈发明. 统筹推进脱贫攻坚与成果巩固 [N]. 经济日报, 2019-08-20 (013).

[7] 陈光顺. 文化事业与文化产业的关系及其协调发展 [J]. 中学政治教学参考, 2008 (06): 42-43.

[8] 陈菊, 伍林生, 江杨岗. 健康扶贫可持续路径探析 [J]. 卫生经济研究, 2019, 36 (04): 7-9+12.

[9] 陈卫. 中国人口负增长与老龄化趋势预测 [J/OL]. 社会科学辑刊, 2022-09-17: 1-12, http://kns.cnki.net/kcms/detail/21.1012.C.20220908.1728.018.html.

[10] 陈文辉. 发挥保险业助推扶贫开发的积极作用 [N]. 人民日报, 2016-11-04.

[11] 陈厦. 王院村: 创新村级组织力建设 巩固拓展脱贫攻坚成果 [J]. 理论与当代, 2019 (08).

[12] 陈小娟. "互联网+文化扶贫"的现实挑战与创新路径 [J]. 行政管理改革, 2020 (12): 50-56.

[13] 陈艳菊. 新时期支持易地搬迁后续扶持的有效路径 [J]. 农业发展与金融, 2021 (11): 50-52.

［14］陈正辉，章征科．健康脱贫接续保障的挑战及应对——以贫困治理环境的转变为背景［J］.安徽行政学院学报，2020（03）：99－104.

［15］陈智妃，梁英．双平台联动信息管理实现返贫预警的几点思考［J］.电脑知识与技术，2020，16（20）：231－233.

［16］程明，钱力，吴波."后扶贫时代"返贫治理问题研究［EB/OL］.重庆理工大学学报，2020－03－26，http：//kns.crki.net/kcms/detai1/50.1205.t.20200325.1834.004.html.

［17］褚夫运．有效解决因病致贫返贫难题坚决打赢扶贫攻坚战［J］.唯实，2018（02）：40－42.

［18］崔学华．构建长效扶贫机制巩固拓展脱贫攻坚成果［N］.河南日报，2019－12－06（009）.

［19］丁军，陈标平．构建可持续扶贫模式治理农村返贫顽疾［J］.社会科学，2010（01）：52－57.

［20］丁胜．巩固拓展脱贫攻坚成果［N］.贵阳日报，2020－01－20（007）.

［21］董春宇，栾敬东，谢彪．对返贫现象的一个分析［J］.经济问题探索，2008（03）：176－178.

［22］董玉峰，兰翔英，邱硕．河北省防返贫实践、阻碍因素及推进对策［J］.中共石家庄市委党校学报，2022，24（04）：42－46.

［23］窦凌．文化脱贫：从"小康"向"现代化"迈进的重要着力点［J］.理论与当代，2021（05）：61－64.

［24］杜国明．巩固拓展脱贫成果 铺就振兴基石［N］.黑龙江日报，2018－08－24（009）.

［25］段小力．返贫的特征、成因及阻断［J］.人民论坛，2020（03）：90－91.

［26］范和生．返贫预警机制构建探究［J］.社会建设，2017（12）：57－63.

［27］范和生．返贫预警机制构建探究［J］.中国特色社会主义研究，2018（01）：57－63.

［28］范周．推进文化事业和文化产业全面发展［J］.红旗文稿，2022（09）：40－42.

［29］方国武，谢英豪，沈琳．乡村文化振兴视域下安徽农业文化传承与发扬路径研究［J］.安徽农业大学学报（社会科学版），2020，29（06）：23－28.

［30］冯丹萌，陈洁．脱贫之后如何防止返贫——基于三省四县的调查［J］.

农村工作通讯，2019（01）.

[31] 冯丹萌，高强. 全面脱贫下多维防返贫网络体系构建 [J]. 当代经济管理，2021，43（08）：60-63.

[32] 耿达. 民族地区脱贫攻坚与乡村振兴有效衔接的文化路径——基于一个少数民族村寨的文化扶贫实践 [J]. 思想战线，2021，47（05）：130-139.

[33] 龚曼，等. 脱贫人口返贫问题对策之可持续脱贫 [J]. 山西财经理论探讨，2018（09）：5-6.

[34] 苟颖萍，白冰. 习近平精准扶贫思想浅析 [J]. 西南交通大学学报（社会科学版），2017，18（03）：122-128.

[35] 郭红建. 从精准扶贫看完善农村社会保障制度的紧迫性 [J]. 今日财富，2021（08）：213-214.

[36] 郭俊华，王阳. 乡村振兴背景下农村产业政策优化调整研究 [J]. 经济问题，2022（01）：85-92.

[37] 郭琳，张艳荣. 巩固贫困地区脱贫质量长效机制构建研究——以河北W县为例 [J]. 资源开发与市场，2020，36（06）：606-610.

[38] 郭志杰，方兴来，杨世枚，等. 对返贫现象的社会学考察 [J]. 中国农村经济，1990（04）：56-60.

[39] 郭志杰，方兴来，杨世枚，李绵珂. 中国农村经济 [J]. 1990（04）：54-58.

[40] 韩凤. "三精准四联动" 助力健康扶贫 [J]. 中国卫生，2018（01）：92-93.

[41] 郝彦丰. 筑牢底线防返贫 有效衔接促振兴 [N]. 榆林日报，2022-06-08（002）.

[42] 何红梅，王晓波，刘志隆. 自然灾害对农村贫困影响的经济分析 [J]. 甘肃农业，2011（04）：21-22.

[43] 何鹏. 公共政策视角下的文化扶贫研究 [D]. 武汉：武汉大学，2021.

[44] 何淑萍. 河北省 "防贫保" 防返贫效果调查分析 [D]. 石家庄：河北经贸大学，2021.

[45] 洪江. 我国返贫现象与原因探析 [J]. 青海社会科学，1999（03）.

[46] 胡起望. 民族地区的返贫现象及其原因 [J]. 中央民族学院学报，1991（04）：20-21.

[47] 胡守勇. 面向乡村振兴：文化扶贫研究的回顾与展望 [J]. 图书馆，2021（12）：60-67.

［48］湖南湘西：全力做好易地扶贫搬迁"后半篇文章"［J］. 宏观经济管理，2021（09）：33－34.

［49］黄国武，仇雨临，肖喻心. 深度贫困地区健康扶贫研究：以四川凉山州分级诊疗为例［J］. 中央民族大学学报（哲学社会科学版），2018，45（05）：121－129.

［50］黄云平，谭永生，吴学榕，温亚昌. 我国易地扶贫搬迁及其后续扶持问题研究［J］. 经济问题探索，2020（10）：27－33.

［51］黄祖辉. 新阶段中国"易地搬迁"扶贫战略：新定位与五大关键［J］. 学术月刊，2020，52（09）：48－53.

［52］贾亚男. 拉美国家社会保障制度扶贫效应及对中国的启示［D］. 河北：河北大学，2020.

［53］蒋和胜，李小瑜，田永. 阻断返贫的长效机制研究［J］. 川吉林大学社会科学学报，2020，60（06）：24－34＋231－232.

［54］焦国栋. 遏制我国农村返贫现象的若干举措探析［J］. 中州学刊，2005（04）：88－90.

［55］黎红梅，田松鹤. 易地扶贫搬迁农户承包地处置方式选择及其影响因素——基于湖南省搬迁农户调查［J］. 吉首大学学报（社会科学版），2019，40（01）：39－48.

［56］黎吕珍. 激发贫困群众脱贫内生动力探析［N］. 合作经济与科技，2020（02）.

［57］李斌，李辉. 我国农村易地扶贫搬迁研究现状、热点及展望［J/OL］. 中南民族大学学报（人文社会科学版），2022－04－08.

［58］李波. 推进产业振兴巩固拓展脱贫攻坚成果［N］. 鄂州日报，2019－12－06（006）.

［59］李冬慧，乔陆印. 从产业扶贫到产业兴旺：贫困地区产业发展困境与创新趋向［J］. 求实，2019（06）：81－91＋109－110.

［60］李可大. 以基层党建为引领不断巩固稳定脱贫成果［C］. 中国浦东干部学院中国特色社会主义研究院、党建先锋网编委会. 第三届学习习近平总书记党建重要论述暨基层党建创新研讨会论文集. 中国浦东干部学院中国特色社会主义研究院、党建先锋网编委会：北京先锋城市基层党建研究中心，2018：216－218.

［61］李梅英. 产业兴旺是巩固拓展脱贫成果的根基［N］. 西藏日报（汉），2019－08－20（006）.

［62］李腊梅，李靖．贫困脆弱性视角下保险防治返贫的作用机理与实现路径［J］．海南金融，2020（09）：57－66.

［63］李实，詹鹏，杨灿．中国农村公共转移收入的减贫效果［J］．中国农业大学学报（社会科学版），2016，33（05）：71－80.

［64］李士强．预防返贫确保稳定脱贫［J］．中国经贸导刊，2018（10）：44－45.

［65］李小云．巩固拓展脱贫攻坚成果的政策与实践问题［N］．华中农业大学学报（社会科学版），2021（02）．

［66］凌国顺，夏静．返贫成因和反贫困对策探析［J］．云南社会科学，1999（05）：38－39.

［67］刘汉成，陶建平．倾斜性医疗保险扶贫政策的减贫效应与路径优化［J］．社会保障研究，2020（04）：10－20.

［68］刘晋如，朱炳元．新中国成立以来我国教育扶贫的历程、经验及启示［J］．广西社会科学，2021（01）：61－66.

［69］刘明月，汪三贵．产业扶贫与产业兴旺的有机衔接：逻辑关系、面临困境及实现路径［J］．西北师大学报（社会科学版），2020，57（04）：137－144.

［70］刘姝问．贫困地区全面脱贫后持续发展与返贫防控对策研究［J］．知识经济，2018（14）：20＋22.

［71］刘威，刘昌平．社会保险与农村老年健康：参保会提升老年人健康水平吗？——基于多元有序Logistic模型的实证研究［J］．社会保障研究，2018（02）：47－53.

［72］刘晓刚．镇村干部是巩固拓展脱贫成果工作的主体［J］．农家参谋，2019（16）．

［73］刘妍．防范"沙漏式返贫"的金融支持研究［J］．中国保险，2020（11）：37－42.

［74］刘玉安，徐琪新．从精准扶贫看完善农村社会保障制度的紧迫性［J］．东岳论丛，2020，41（02）：74－82.

［75］刘玉安，徐琪新．从精准扶贫看完善农村社会保障制度的紧迫性［J］．社会科学文摘，2020（04）：14－16.

［76］刘泽宇．构建"后小康时代"防返贫长效机制研究［J］．农村经济与科技，2021，32（15）：124－127.

［77］刘倬．巩固拓展脱贫成果 提升脱贫攻坚能力［N］．辽宁日报，2019－

12 - 19（005）．

[78]卢盛峰，陈思霞，时良彦．走向收入平衡增长：中国转移支付系统"精准扶贫"了吗[J]？经济研究，2018，53（11）：49 - 64．

[79]吕彦萍．巩固脱贫成效的五个风险点应当重视[N]．各界导报，2019 - 06 - 18（003）．

[80]罗利丽．农村贫困人口反弹与可持续性发展机制的缺失[J]．贵州社会科学，2008（12）：76 - 79．

[81]骆行，王志章．民族地区精准脱贫与乡村振兴融合路径探索——以贵州道真自治县为例[J]．贵州民族研究，2018（10）．

[82]莫光辉，凌晨．政府职能转变视角下的精准扶贫绩效提升机制建构[J]．理论导刊，2016（08）：17 - 20 + 32．

[83]莫光辉，张菁．精准扶贫第三方评估长效机制建构策略[J]．苏州大学学报，2018，6：113 - 120．

[84]莫广刚．以乡村人才振兴促进乡村全面振兴[J]．农学学报，2019（12）．

[85]牟秋菊．产业扶贫衔接乡村产业振兴探析[J]．安徽农业科学，2022，50（05）：237 - 239．

[86]彭琪，王庆．精准扶贫背景下返贫问题的成因及对策——以湖北省W区L村为例[J]．贵阳市委党校学报，2017（06）：45 - 50．

[87]彭腾．论我国农村居民"因灾返贫"[J]．南方农村，2013，29（10）：69 - 73．

[88]祁仕会．深度贫困村巩固拓展脱贫攻坚成果提升脱贫质量的实践与思考[J]．农家参谋，2019（14）．

[89]乔建军．习近平关于文化扶贫重要论述的研究[D]．成都：西南交通大学，2019．

[90]冉秋霞．后扶贫时代防返贫的机制构建与路径选择[J]．甘肃社会科学，2021（05）：222 - 228．

[91]冉洋．贵州返贫状况、原因及抑制措施探讨[J]．贵州民族研究，1999（04）．

[92]任亚萍．易地扶贫搬迁社区社会治理路径探析——以武威市为例[J]．甘肃农业，2022（03）：98 - 101．

[93]沈林．我国农村社会保障制度研究[J]．现代交际，2020（04）：68 - 69．

[94] "十三五"易地扶贫搬迁：伟大成就与实践经验 [J]. 宏观经济管理，2021（09）：4-9.

[95] 孙晗霖，刘新智. 巩固拓展脱贫攻坚成果的理论逻辑与实现路径——基于脱贫户可持续生计的实证研究 [J]. 山东社会科学，2021（06）.

[96] 孙贺. 文化扶贫的逻辑机理与推进路径 [J]. 东岳论丛，2018，39（11）：33-37.

[97] 孙爽. 夯实乡村振兴的产业基础——访中国农业科学院农业经济与发展研究所农业政策研究室副主任赵一夫 [J]. 时事报告，2019（08）：44-45.

[98] 唐成杰，伍林生. 健康扶贫背景下农村贫困患者医疗保障体系存在的问题及对策 [J]. 医学与社会，2019，32（09）：118-122.

[99] 唐任伍，肖彦博，唐常. 后精准扶贫时代的贫困治理——制度安排和路径选择 [N]. 北京师范大学学报（社会科学版），2020-01.

[100] 田铭钊. 2020年后健康扶贫接续机制建设初探 [J]. 中共乌鲁木齐市委党校学报，2020（03）：28-32.

[101] 涂圣伟. 易地扶贫搬迁后续扶持的政策导向与战略重点 [J]. 改革，2020（09）：118-127.

[102] 万国威. 新时代我国扶贫开发常态化机制的展望 [J]. 人民论坛，2020-01.

[103] 万仁泽. 多维贫困视角下健康保险防返贫实践路径研究 [D]. 贵阳：贵州财经大学，2019.

[104] 汪辉平，王增涛，马鹏程. 农村地区因病致贫情况分析与思考——基于西部9省市1214个因病致贫户的调查数据 [J]. 经济学家，2016（10）：71-81.

[105] 汪磊，许鹿，汪霞. 大数据驱动下精准扶贫运行机制的耦合性分析及其机制创新——基于贵州、甘肃的案例 [J]. 公共管理学报，2017，14（03）：135-143+159-160.

[106] 汪三贵，郭建兵，胡骏. 巩固拓展脱贫攻坚成果的若干思考 [N]. 西北师大学报（社会科学版），2021（05）.

[107] 汪三贵，胡联. 产业劳动密集度、产业发展与减贫效应研究 [J]. 财贸研究，2014，25（03）：1-5+31.

[108] 汪三贵，刘明月. 健康扶贫的作用机制、实施困境与政策选择 [J]. 新疆师范大学学报（哲学社会科学版），2019，40（03）：82-91+2.

[109] 王长松，彭永樟，彭柳林，陈旭阳. 巩固脱贫攻坚成效面临的困难和

问题及其对策建议——以江西省为例 [J]. 江西农业学报, 2020. 32（04）: 146 - 150.

[110] 王刚, 贺立龙. 返贫成因的精准识别及治理对策研究 [J]. 中国经贸导刊, 2017（08）: 37 - 38.

[111] 王玮. 巩固拓展脱贫成果 多管齐下防止返贫 [N]. 黑龙江日报, 2018 - 09 - 27（004）.

[112] 王晓毅. 2020 精准扶贫的三大任务与三个转变 [J]. 人民论坛, 2020（02）: 19 - 21.

[113] 王晓毅. 现代化视角下中国农村的减贫逻辑和过程 [J]. 甘肃社会科学, 2021（01）: 16 - 23.

[114] 王瑜, 娄雨璠. 乡村振兴战略下职业教育防返贫治理体系的内容建构 [J]. 教育与职业, 2021（18）: 12 - 18.

[115] 王榆青. 关于我国返贫问题的探讨 [J]. 云南财经与会计, 2000（08）: 12 - 15.

[116] 魏亚丽. 我国农村社会保障制度存在的问题及建议 [J]. 农村经济与科技, 2018, 29（11）: 234 - 235.

[117] 巫林洁, 刘滨, 唐云平. 产业扶贫对贫困户收入的影响——基于江西省 1047 户数据 [J]. 调研世界, 2019（10）: 16 - 20.

[118] 吴炳魁, 化解"因病致贫, 因病返贫"风险的策略研究 [J]. 就业与保障, 2017（09）: 20 - 21.

[119] 吴振磊, 李钺霆. 易地扶贫搬迁: 历史演进、现实逻辑与风险防范 [J]. 学习与探索, 2020（02）: 131 - 137 +2.

[120] 伍晓俭. 精准扶贫视角下图书馆文化扶贫路径研究 [J]. 图书馆学刊, 2019, 41（10）: 40 - 43.

[121] 习近平总书记关于易地扶贫搬迁的重要指示和讲话精神摘编 [J]. 宏观经济管理, 2021（09）: 1 - 3.

[122] 肖泽平, 王志章. 脱贫攻坚返贫家户的基本特征及其政策应对研究——基于 12 省（区）22 县的数据分析 [J]. 云南民族大学学报（哲学社会科学版）, 2020. 37（01）: 81 - 89.

[123] 谢治菊. 农村精准扶贫中的大数据应用困境及改进策略 [J]. 中共福建省委党校学报, 2017（08）: 64 - 71.

[124] 邢瑞强. 贫国退出: 政策蕴含、机制解构与发展扶持政策接续 [J]. 河海大学学报（哲学社会科学版）, 2017（05）.

［125］熊凤水，朱梦梦．产业扶贫与产业振兴有机衔接：逻辑关系、衔接困境与发展路径［J］．皖西学院学报，2022，38（01）：48－53．

［126］熊契．精准扶贫过程中脱贫退出与管理的实践与思考［J］．清江论坛，2017（03）．

［127］徐超，黄佳佳．大数据背景下医疗保险基金审计方法研究——以H省的审计项目为例［J］．财政监督，2018（19）：65－70．

［128］徐小言，钟仁耀．农村健康贫困的演变逻辑与治理路径的优化［J］．西南民族大学学报（人文社科版），2019，40（07）：199－206．

［129］颜廷武．返贫困：反贫困的痛楚与尴尬［J］．调研世界，2005（01）：37－39．

［130］杨亚静．贫困地区新农村建设中的文化扶贫研究［D］．长沙：中南大学，2013．

［131］袁银传，康兰心．论新时代乡村振兴的产业发展及人才支撑［J］．西安财经大学学报，2022，35（01）：98－107．

［132］曾小溪，汪三贵．打赢易地扶贫搬迁脱贫攻坚战的若干思考［J］．西北师大学报（社会科学版），2019，56（01）：123－131．

［133］曾小溪，汪三贵．论决胜脱贫攻坚的难点和对策［J］．河海大学学报（哲学社会科学版），2019，21（06）：10－17＋109．

［134］张继平，刘娟萍．高质量高等教育扶贫与防返贫的长效机制研究［J］．中国民族教育，2021（04）：27－29．

［135］张璟，许竹青．扶贫与社会保障制度结合的减贫国际经验启示［J］．世界农业，2019（02）：9－14＋106．

［136］张玲，王建忠，马丽岩．脱贫摘帽的贫困县扶贫成效巩固提升路径研究［J］．产业与科技论坛，2018（22）．

［137］张明铭．健康扶贫工程精准拔除因病致贫"病根"［J］．人口与计划生育，2017（10）：31－32．

［138］张琦．防止返贫，巩固拓展脱贫成果是关键［N］．社会科学报，2019－04－11（001）．

［139］张琦，孔梅．"十四五"时期我国的减贫目标及战略重点［J］．改革，2019（11）：117－125．

［140］张琦．稳步推进脱贫攻坚与乡村振兴有效衔接［J］．人民论坛，2019（S1）．

［141］张琦，杨铭宇，孔梅．2020年后相对贫困群体发生机制的探索与思考

[J]. 新视野, 2020 (02).

[142] 张琦, 张涛, 李凯. 中国减贫的奇迹: 制度变革、道路探索及模式创新 [J]. 行政管理改革, 2020 (05).

[143] 张诗瑶. "后脱贫时代"防止返贫长效机制研究 [J]. 农村经济与科技, 2020, 484 (31): 226 – 227.

[144] 张腾, 蓝志勇, 秦强. 中国改革四十年的扶贫成就与未来的新挑战 [N]. 公共管理学报, 2018 (04).

[145] 张现苓, 翟振武, 陶涛. 中国人口负增长: 现状、未来与特征 [J]. 人口研究, 2020, 44 (03): 3 – 20.

[146] 张晓山. 巩固拓展脱贫攻坚成果应关注的重点 [J]. 经济纵横, 2018 (10).

[147] 张艳荣, 宋卫信, 李晓宁. 关于返贫问题研究 [J]. 陕西农业科学 (农村经济版), 2001 (02): 8 – 10.

[148] 张远航, 范和生. 易地扶贫搬迁政策执行问题探讨——以安徽省 W 镇为例 [J]. 青岛农业大学学报 (社会科学版), 2019, 31 (01): 29 – 34.

[149] 张召华, 王昕, 罗宇溪. "精准"抑或"错位": 社会保障"扶贫"与"防贫"的瞄准效果识别 [J]. 财贸研究, 2019, 30 (05): 38 – 47.

[150] 章文光. 用好脱贫户分类监测巩固脱贫成效 [J]. 人民论坛, 2019 (22): 62 – 63.

[151] 郑瑞强, 曹国庆. 脱贫人口返贫: 影响因素、作用机制与风险控制 [J]. 农林经济管理学报, 2016 (06): 619 – 624.

[152] 郑小明. 学习十九大精神 巩固扶贫成果 续写脱贫攻坚新篇章 [J]. 老区建设, 2017 (19).

[153] 郑泽玉. 全面脱贫背景下农村返贫阻断长效机制构建研究 [D]. 济南: 山东师范大学, 2021.

[154] 中央党校习近平新时代中国特色社会主义思想研究中心. 以乡村人才振兴推进农业农村现代化 [N]. 光明日报, 2018 – 10 – 29.

[155] 朱柏萍, 安林瑞, 于建军. 西部欠发达地区脱贫攻坚第三方评估工作中存在的问题及建议 [J]. 甘肃农业, 2019 (11).

[156] 朱火云. 城乡居民养老保险减贫效应评估——基于多维贫困的视角 [J]. 北京社会科学, 2017 (09): 112 – 119.

[157] 朱一湄. 社会保障制度现状及完善策略 [J]. 劳动保障世界, 2020 (17): 27 – 28.

［158］专访国务院扶贫办主任刘永富"返贫",是没有根本脱贫［EB/OL］.
http/www. govcn/guowuyuan/vom/2016 – 03/21/content_5055815htm, 2016 – 03 –
01.

［159］左停. 聚焦特殊困难群体 巩固拓展脱贫攻坚成果［N］. 中国社会报,
2019 – 06 – 06（004）.

［160］左停, 李颖, 李世雄. 巩固拓展脱贫攻坚成果的机制与路径分析——
基于全国117个案例的文本研究［J］. 华中农业大学学报（社会科学版）, 2021
（02）: 4 – 12 + 174.

［161］David Dawe. Irigation. poverty and inequality in rural China［J］. *The Australian Journal of Agricultural and Resource Economics*, 2005.

［162］Heidary Fatemeh, Gharebaghi Reza. Ideas to assist the under priviledged dispossessed individuals［J］. *Medical Hypothesis*, *Discovery and Innovation in Ophthalmology*, 2012, 1: 15 – 17.

［163］Hick Rod. Three perspectives on the mismatch between measures of material poverty［J］. *The British Journal of Sociology*, 2015, 66: 7 – 12.

［164］James Peter, Arcaya Mariana C., Parker Devin M., Tucker – Seeley Reginald D., Subramanian S. V. Do minority and poor neighborhoods have higher access to fast-food restaurants in the United States［J］. *Health & amp*, *Place*, 2014, 29: 77 – 85.

［165］Khan A. R. Inequality and poverty in China: in the age of globalization［J］. *Inequality and Poverty in China in the Age of Globalization*, 2001.

［166］Nahmias R. Women in poverty considerations for occupational therapy［J］. *Work（Reading, Mass.）*, 1994, 4: 18 – 21.

［167］Rosensteinrodan P. W. *Notes on the theory of the "Big Push"*［M］. Palgrave Macmillan UK: Economic Development for Lat in America, 1961: 121 – 132.

［168］Sen A. *Poverty and Famines: an essay on entitlement and deprivation*［M］. New York: Oxford university press. 1981: 157 – 168.

［169］Silverman Kenneth, Holtyn August F., Jarvis Brantley P. A potential role of anti-poerty programs in health promotion［J］. *Preventive Medicine*, 2016, 92: 44 – 47.

后　记

贫困是全球性的问题与挑战。自新中国成立伊始，尤其是改革开放后，党中央高度重视各地扶贫减贫工作，始终把脱贫任务作为全党的工作重心。令人宽慰的是，我国于 2020 年实现现行贫困标准下的全部脱贫。在党中央的实施部署下，未来脱贫致富的既定目标指日可待。但所谓"打江山易，守江山难"，如何巩固当前脱贫攻坚成果、如何有效防返贫监测成为亟待解决的问题，同时也是本书的创作初衷。

笔者自工作以来，从事脱贫与乡村振兴领域研究已有二十余年。在河北大学任职时期，多次组织参与河北省巩固脱贫成果后评估第三方评估实地调研活动，真正走进基层、走进乡村，切身处地地了解当下我国农村地区的实际情况，并由点到面，将河北省农村的具体问题映射到全国农村的共性问题上。驻村期间，这段时间真正体验了与民共处、与民共情、与民共乐的感觉。在感受淳朴乡风的同时，农村的疾苦同样深入人心。小小年纪就辍学打工的少年、残疾却无子女照料的老人、身患重症却只能瘫在床上的患者，太多的苦难依旧存在于现实生活中，如此亲身体会为本人继续研究脱贫问题坚定了决心。我了解农村百态，明白农民心中所想，愿脚踏实地地为人民谋幸福、为所辖地区农民谋福利，希望带领他们从小康到致富，同时也希望中国早日实现共同富裕，早日实现幼有所育、学有所教、劳有所得、病有所医、老有所养、住有所居、弱有所扶的伟大愿景。为此，笔者参与筹划建设河北省乡村振兴研究院，希望通过打造一支愿意为我国乡村振兴事业奋斗的科研团体以为河北省，乃至全中国的脱贫、防返贫事业贡献自身的一份力量。

本书的成稿，离不开各级领导与专家的悉心指导和大力支持，在此，感谢河北省乡村振兴研究院、河北大学燕赵文化研究院和河北大学数字经济与管理研究院的支持，感谢河北省社科基金重大项目"我省精准扶贫典型案例研究"和河北省教育厅重大攻关项目"全面脱贫后防返贫长效机制研究"的支持。同时，也离不开我和研究团队在过去几年时间内对于贫困问题的研习和对我国脱贫攻坚工作的努力，在此表示衷心的感谢。

　　我们期望该书的出版能够促使理论界和实务界更加关注中国防返贫事业的发展，共同为我国脱贫攻坚及共同富裕目标出谋划策，推动我国农村地区经济增长、农民增收，让更多的农民早日过上更加幸福的生活。